基于可持续发展的
西藏牧户肉羊养殖行为研究

◎ 孙前路 乔娟 李军 著

中国农业科学技术出版社

图书在版编目（CIP）数据

基于可持续发展的西藏牧户肉羊养殖行为研究／孙前路，乔娟，李军著 . —北京：中国农业科学技术出版社，2021.1
ISBN 978-7-5116-5137-2

Ⅰ.①基… Ⅱ.①孙…②乔…③李… Ⅲ.①肉用羊-畜牧业-研究-西藏 Ⅳ.①F326.3-65

中国版本图书馆 CIP 数据核字（2021）第 019134 号

责任编辑	贺可香
责任校对	马广洋
责任印制	姜义伟　王思文

出 版 者	中国农业科学技术出版社
	北京市中关村南大街 12 号　邮编：100081
电　　话	（010）82106638（编辑室）　（010）82109702（发行部）
	（010）82109709（读者服务部）
传　　真	（010）82106650
网　　址	http://www.castp.cn
经 销 者	各地新华书店
印 刷 者	北京建宏印刷有限公司
开　　本	710mm×1 000mm　1/16
印　　张	11.25
字　　数	215 千字
版　　次	2021 年 1 月第 1 版　2021 年 1 月第 1 次印刷
定　　价	68.00 元

◢◣版权所有·翻印必究◢◣

摘 要

西藏草原肉羊产业是西藏农牧经济的重要组成部分,正处于转结构、调模式的关键时期,产业可持续发展面临着草原退化、技术落后、肉羊商品化经营不足等多种约束。草原肉羊产业可持续发展的最核心主体是牧户,本研究以推进肉羊产业可持续发展为目标,分析牧户草原生态环境保护、养殖技术应用及肉羊商品化经营行为等影响因素,对肉羊产业可持续发展具有重要意义。

本研究基于可持续发展理论、农户行为理论和外部性理论构建分析框架,厘清了牧户肉羊养殖行为与肉羊产业可持续发展的机理,在查阅文献、咨询专家和实地调查的基础上,梳理了西藏肉羊产业发展的历程与特征,综合案例分析方法、TOPSIS 熵值法、半非参数估计方法、S-Logistic 模型、广义有序连续比模型、异构选择模型等,重点从牧户养殖行为层面评估了西藏肉羊产业可持续发展状况,分析了牧户草原生态保护行为、肉羊养殖技术采用行为和肉羊商品化经营行为,提出了促进西藏肉羊产业可持续发展的政策建议。

本研究的主要结论:西藏肉羊产业可持续发展综合指数偏低,平均值仅为51.27,且牧户间差异较大,牧户草原保护行为、养殖技术采用行为以及肉羊商品化经营行为对产业可持续发展正向作用明显;西藏草原生态环境相对脆弱,牧户参与意愿与行为偏弱,牧户生计水平提高与草原生态环境保护的矛盾尚未较好解决;西藏肉羊养殖技术相对落后,牧户对肉羊养殖技术的需求和采用水平总体偏低,副产品粗加工技术需求稍高;西藏肉羊产业市场发展相对滞后,牧户肉羊市场供给不足,牧户销售渠道不畅,肉羊商品化经营程度不高,交通距离、宗教信仰等因素影响较大。据此提出的政策建议是增强牧户草原生态环境意识,引导牧户参与环境保护;加强牧区肉羊养殖技术推广,提高牧户肉羊养殖技术接触面;加强肉羊养殖基地和农牧市场建设,丰富销售渠道;优化奖补政策、规范草原流转流程、拓展牧户专业合作社覆盖面。

本研究的主要创新点:在研究对象上依据丰富的调查数据,基于可持续发展对西藏牧户肉羊养殖行为进行分析,进一步丰富了畜牧经济研究对象;在研究内容上以压力—状态—效应—响应模型为基础,从牧户肉羊养殖行为层面对西藏肉羊产业可持续发展进行评估,并从牧户草原生态环境保护、养殖技术和肉羊商品化经营三个层面对牧户行为进行探讨。在研究方法上将 TOPSIS 熵值法、半非参数估计方法、S-Logistic 模型、广义有序连续比模型、异构选择模型引入西藏牧户肉羊养殖行为实证分析中，获得的研究成果既能为丰富和完善肉羊产业发展理论研究提供重要借鉴，也能为牧户在推进草原生态环境保护、技术采用和肉羊商品化经营等方面提供科学依据。

目 录

1 导 论 …………………………………………………………… (1)
　1.1 研究背景与意义 ………………………………………… (1)
　1.2 国内外相关文献综述 …………………………………… (3)
　1.3 研究目标与研究内容 …………………………………… (12)
　1.4 研究方法、数据来源与技术路线 ……………………… (14)
　1.5 研究创新 ………………………………………………… (16)
2 理论基础与分析框架 ………………………………………… (18)
　2.1 概念界定 ………………………………………………… (18)
　2.2 理论基础 ………………………………………………… (20)
　2.3 分析框架 ………………………………………………… (25)
　2.4 小 结 …………………………………………………… (31)
3 西藏草原肉羊产业发展历程和特征分析 …………………… (33)
　3.1 西藏肉羊产业发展历史回顾 …………………………… (33)
　3.2 西藏肉羊产业发展的基本特征分析 …………………… (36)
　3.3 小 结 …………………………………………………… (51)
4 牧户养殖行为视角的西藏肉羊产业可持续发展评价 ……… (52)
　4.1 牧户层面的可持续发展的评价思路 …………………… (52)
　4.2 评价指标体系的构建 …………………………………… (53)
　4.3 数据来源与评价方法 …………………………………… (57)
　4.4 牧户养殖行为影响下的西藏肉羊产业可持续发展评价 … (60)
　4.5 小 结 …………………………………………………… (63)
5 牧户草原生态环境保护意愿与行为研究 …………………… (65)
　5.1 分析框架 ………………………………………………… (65)
　5.2 牧户草原生态环境保护意愿分析 ……………………… (66)
　5.3 牧户草原生态环境保护行为分析 ……………………… (76)
　5.4 小 结 …………………………………………………… (93)

6 牧户养殖技术需求意愿与采用行为研究 …………………………（95）
　　6.1 分析框架 ……………………………………………………（95）
　　6.2 牧户养殖技术需求意愿分析 ………………………………（97）
　　6.3 牧户肉羊养殖技术采用行为分析 …………………………（112）
　　6.4 小　结 ………………………………………………………（127）
7 牧户肉羊商品化经营意愿与参与行为研究 ……………………（128）
　　7.1 分析框架 ……………………………………………………（128）
　　7.2 牧户肉羊商品化经营现状的案例分析 ……………………（130）
　　7.3 牧户肉羊商品化经营行为的影响因素分析 ………………（135）
　　7.4 小　结 ………………………………………………………（145）
8 主要研究结论与政策建议 ………………………………………（146）
　　8.1 主要研究结论 ………………………………………………（146）
　　8.2 政策建议 ……………………………………………………（149）
　　8.3 不足与展望 …………………………………………………（155）

参考文献 ………………………………………………………………（156）

1 导　论

1.1 研究背景与意义

1.1.1 研究背景

（1）西藏草原传统肉羊养殖呈现低水平的可持续发展模式

①西藏高寒的草原环境下灾害频发可周期性自然减少草原肉羊数量。西藏是我国五大牧区之一，2017年实现畜牧业产值92.17亿元，连续6年占据第一产业的半壁江山。在畜牧产业内部，2017年肉羊产业产值达16.59亿元，仅次于牛产业发展水平。但是，西藏草原海拔高、气候多变、自然灾害（尤其是雪灾）频发，对草原肉羊养殖数量影响较大，动辄上万头肉羊被冻死。如2005年西藏雪灾冻死1.66万头（只）牲畜，2009年那曲雪灾造成42 626头（只）牲畜死亡，2017年日喀则雪灾造成4 343头（只）牲畜死亡。雪灾等自然灾害给牲畜养殖牧民家庭带来巨大损失，一定程度上也减少了西藏草原肉羊及牲畜总量，缓解了草原生态压力。

②西藏恶劣的草原生态环境促使牧户形成以惜杀惜售为特征的肉羊养殖模式。西藏草原牧草种类少、质量差，牧户肉羊养殖效率偏低、资本积累相对缓慢。对牧户而言，肉羊养殖数量减少意味着家庭财富缩水，牧户通过减少屠宰量、降低出售量的方式来维持或增加肉羊饲养规模。在雪灾等自然灾害来临时，牧户利用肉羊"抱团取暖"的方式提高抗风险能力、保持家庭财富稳定，从而逐步形成惜杀惜售的肉羊养殖模式。

③自然灾害与牧户行为交互作用形成西藏草原肉羊产业的低水平可持续发展模式。对单一牧户而言，惜杀惜售养殖模式在满足家庭羊肉消费需求的同时，家庭肉羊养殖规模相对稳定，在没有自然灾害的年份养殖数量能实现缓慢增加。但几年一遇的雪灾又将肉羊养殖量拉回到历年的平均水平。

因此，在牧户肉羊养殖数量缓慢增加和自然灾害的共同影响下，西藏传统草原肉羊养殖呈现低水平可持续发展态势。

（2）随着外部环境变化，西藏草原肉羊养殖的低水平可持续发展模式被打破

①生态环境退化使草原肉羊养殖可持续发展的自然环境恶化。由于牧户的过度放牧和各种缘由的滥垦、滥采等使西藏草原优质牧草种类不断减少、各类牧草质量变差、单位面积产草量下降、草原荒漠化和沙化问题严重，从而使西藏草原肉羊产业发展的自然基础环境恶化严重。

②居民羊肉消费需求增加和肉羊养殖效益提高加大了西藏草原肉羊产业可持续发展的阻力。一方面，居民收入和生活水平提高使食物消费结构发生变化，羊肉在居民肉类消费中的比重呈上升趋势，并将呈刚性增长。2017 年，西藏城镇居民家庭羊肉平均消费超过 14kg。旅游人口增加，羊肉需求显著提高。近十几年来，进入西藏的游客骤升，2017 年达 2 561 万人次，持续增加的游客不仅扩大了羊肉熟食消费，对羊肉其他制品需求也大大提高。另一方面，西藏持续增加的游客数量打破原有羊肉消费市场均衡。西藏居民和游客对肉羊消费需求的增长，导致羊肉价格上升和肉羊养殖效益增加，刺激牧户扩大养殖规模，从而使西藏草原肉羊养殖的低水平可持续发展模式被打破，加大了可持续发展阻力。

（3）深入分析牧户肉羊养殖行为和影响因素是促进西藏草原肉羊产业可持续发展的有效途径

牧户肉羊养殖行为是影响西藏肉羊产业可持续发展的最直接因素，牧户行为决策与生计联系紧密。理论上，西藏肉羊产业可持续发展能增加牧户的长远利益，也有利于牧户的长远发展，但现实中受政策性、技能性和基础性因素制约，西藏草原肉羊养殖牧户生计水平的提高速度不增长反而下降（黄涛等，2010）。尽管生态补偿政策可一定程度上缓解牧民财富增长的需求，但迫于生计压力牧户环境不友好的养殖行为频发并成为阻碍西藏草原肉羊产业可持续发展的重要约束力量。因此，在牧户肉羊养殖中，牧户养殖行为对肉羊产业可持续发展的影响如何？哪些养殖行为有助于促进西藏肉羊产业可持续发展？这些行为的影响因素是什么？这些问题的回答与解决能够从根本上引导牧户养殖行为向环境友好转变，推进肉羊产业可持续发展。

1.1.2 研究意义

（1）理论意义

本研究有助于进一步丰富草原肉羊产业可持续发展的经济理论。本研究基于肉羊产业持续发展为目标，以可持续发展理论、农户行为理论和外部性理论为基础，对牧户行为影响下的西藏肉羊产业可持续发展进行综合评估，对牧户草原生

态环境保护行为、肉羊养殖技术采用行为及肉羊商品化经营行为进行理论探讨和实证分析，由此产生的一系列研究成果将为我国肉羊产业转型与升级、肉羊产业持续发展提供理论借鉴。

（2）现实意义

本研究将有助于为西藏畜牧管理部门提供在开展草原生态环境保护、养殖技术推广和引导牧户肉羊销售等层面的决策依据。本研究将研究目标设定为从牧户行为层面推进肉羊产业可持续发展，在此分析框架下研究牧户草原生态环境保护意愿与行为、养殖技术需求与行为以及肉羊商品化经营行为，为西藏牧户层面下推进草原肉羊可持续发展提供翔实的数据、案例和经验借鉴，以便引导牧户结合家庭实际优化肉羊养殖相关环节行为。从长远来看，牧户肉羊养殖行为的优化不仅能在一定程度上提高养殖效率、优化草原牧区资源配置、改进肉羊养殖技术和提高牧户肉羊商品化经营程度，也能为西藏肉羊等家庭畜牧养殖提供政策优化借鉴，从而推进西藏畜牧产业可持续发展。

1.2 国内外相关文献综述

依据本研究选题"基于可持续发展的西藏牧户肉羊养殖牧户行为研究"检索文献，没有直接相关的研究成果，但用本研究选题的关键词和关键词之间的逻辑关系组成的关键词继续检索文献，相关研究成果较多。为进一步明确本研究的目标和内容，从如下几方面对已有相关研究成果进行综述。

1.2.1 关于肉羊产业可持续发展的理论与实证研究

（1）肉羊产业可持续发展的理论研究

肉羊养殖对产业可持续发展有着重要影响，其中草畜平衡和牧户生计是关键。在草畜平衡方面，自然因素、产权因素、人口因素影响较大。如李秉龙和薛建良（2012）基于制约草原肉羊养殖可持续过程中的核心症结是"草—畜"平衡的理论基点，构建影响草畜平衡的基本要素体系，研究结果显示影响草畜平衡的关键因素是自然因素和产权因素，直接因素是人口因素和市场因素，共同因素是政策因素和技术因素以及要素间的双向影响性和变化性。在牧户生计方面，养殖补贴、公共服务、供求关系备受关注。如李秉龙和李金亚（2014）依据 Peacock 和 Sherman（2010）构建的环境、经济、社会可持续发展框架并结合草原肉羊产业实际，构建了以肉羊养殖、牧户生计、生态环境为核心的草原肉羊产业可持续发展的基本分析框架，并从养殖补贴、生态补偿、公共服务的维度构建了制度解释框架，研究发现只有家庭承包"分"清楚，后续草地使用制度更新、新型经营主体发育、生态补贴、社会化服务和生态补偿才能跟进。有研究认为肉羊产业可持续发展是生态、社会、经济共同作用的结果，在可持续发展中也受到文化和区域等因素的制约（Sossidou et al.，2013）。丁丽娜（2014）依据肉羊养殖、羊肉供求与消费的相关理论，从羊肉养殖、羊肉消费和羊肉进出口三个维度构建了我国羊肉市场供求分析框架，并利用局部均衡模型预测羊肉市场，认为肉羊养殖可持续是羊肉供给的基础条件。

（2）肉羊产业可持续发展的实证研究

可持续农业系统是指农业活动在经济、环境和社会上具有可持续性（Sossidou et al.，2013），肉羊产业可持续发展的实证研究也主要围绕养殖效率、环境保护和满足社会需求三个层面展开。

在养殖效率层面，效率评估是众多学者关注的焦点之一。Theodoridis等（2012）利用包络分析法对58家肉羊养殖场养殖效率进行评估，发现养殖场资源配置偏低，技术效率平均水平为0.76。耿宁和李秉龙（2013）利用随机前沿分析方法分析了我国26个省份肉羊养殖技术效率，发现我国肉羊养殖存在效率损失，不同区域肉羊养殖效率差异明显，中东部养殖效率相对较高；也有学者运用拓展的索罗模型和C-D生产函数，分析了全国108个牧业县肉羊养殖的全要素生产效率，发现全要素年际波动趋于平缓，资本投入对养殖效率影响显著（韩振等，2019）。在肉羊产业投入分析上，肉羊养殖的技术进步率和科技进步贡献份额测算尤为重要，研究发现我国肉羊养殖技术效率逐年增长，科技进步份额占45.9%，肉羊产业发展处于"粗放型"和"集约型"之间（刘玉凤等，2014），同时纯技术效率处于较高水平且波动较小并具有良好规模效应，但全要素生产率每年以2.2%的速度下降（徐芳，郝庆升，2018）。

在环境保护层面，草地资源限制是肉羊产业可持续发展的重要制约因素。研究发现草原资源限制主要体现在草原退化、草原自然灾害频发以及草原牲畜超牧（张目和朱国亮，2004）。资源限制导致的生态恶化使得牲畜在啃食过程中将沙粒吸到身体内，容易形成"沙结核"，不利于牲畜生长发育，对肉羊可持续发展存在隐患。因而，草原生态系统的"平衡性"和"非平衡性"受到广泛关注。在干旱和高度可变的生态系统中，降水等非生物因素对植被生物量和物种组成的影响大于放牧，且在潮湿、气候变化较小的草原区，草的丰富度和多样性都随着与水的距离变化而变化（Fernandez Gimenez，Allen-Diaz，1999）。另外，放牧对草原生态环境"平衡"的影响较小，但会影响草原牧草种类构成（Ellis，Galvin，1994）。那么，如何促进草畜平衡，一些学者也做了实证研究。与单一湖羊养殖系统相比，能值分析法对"秸秆—羊—田"循环的可持续性进行评估发现，环境负载率降低程度达67.66%（朱冰莹等，2019）。

在满足社会需求层面，随着人们消费理念的转变，羊肉的鲜嫩、多汁、味美、营养丰富、胆固醇低开始受到消费者关注（李秉龙，夏小平，2011），中国城市家庭正成为羊肉消费激增背后的关键推动力量（Chen et al.，2018），羊肉消费需求呈扩大趋势。研究发现居民羊肉消费的收入弹性为0.39，价格弹性为-0.242（Sahin，2014），且自1990年以来我国人均羊肉消费水平持续稳定增加，且增速远高于世界平均水平（丁丽娜，肖海峰，2013）。在收入对居民羊肉消费影响上，通过居民羊肉需求测算，发现城镇居民羊肉消费的收入弹性小于1，而农村居民羊肉消费收入弹性大于1，因此随着居民收入水平提高，羊肉消费越发普遍（陈琼，2010）；到2020年我国羊肉人均需求量将从2002年的1.11kg增加到2.39~2.46kg，到时将出现羊肉短缺（陈永福，2004）。另外，在肉羊产业发展的对策方面，调整养羊业的养殖模式和产品结构，提高羔羊肉比例（石国庆等，2007），抓好肉羊养殖基地建设，提高肉羊养殖的集约化和专业化（康凤祥，高雪峰，2008），注重良种改良，健全良种繁育和技术推广体系（张立中，2005；张德鹏，2007），加强加工环节的无公害处理，控制产品污染（刘芳，2006）以及实现产业化经营，延长产业链（刘玉满，2008；吴建尼玛等，2008）等，均对肉羊可持续发展有重要作用。

1.2.2 关于肉羊产业可持续发展的影响因素研究

（1）草原生态环境

已有研究将草原生态环境对肉羊产业可持续发展的影响局限于气候本身的变化规律。从生态学来说，外界环境是肉羊的生存条件，也是牧户的肉羊养殖基础（李秉龙，薛建良，2012），影响牧户肉羊养殖的环境主要包括自然生态环境和社会生态环境，已有文献对自然生态环境的影响更为关注。

①气候变化。气候变化对草原畜牧业可持续发展影响很大，草原渐变的暖干趋势致使植被生长面临严峻挑战。在气候变化中，气温的上升将直接导致草原畜牧业养殖水平的下降（Frank et al.，2001），降水、气温变化幅度的加大导致预测更难，同时旱灾、高温、雪灾的协同影响严重威胁着草原畜牧业的发展（张倩，2011），但是，牧户对气候变化感知较晚，2000年牧户对降水量减少、气温升高等感知较为明显，降水的频率和空间差异也开始受到牧户关注（汪韬等，2012）。为了应对气候变化，转牧、远距离租用牧场及购买草饲料成为牧户的首选，但长期来看，牧户的适应能力降低了。

②草原产草量。草原产草量测算与牧户感知已经获得相关学者关注。如金云翔等（2011）利用MODIS-SDVI遥感数据对锡林格勒草原2005—2009年产草量进行测算，发现年平均干草单产567.23kg/hm²，且不同草场类型产草量变化大。

尽管部分草原产草量有所增加（张旭等，2011；樊江文等，2010），但载畜量的增加较产草量的增加要多已经得到共识。同时，牧户已经认识到草原退化时间、退化程度和退化表现，"草稀了""草矮了""草品种少了"构成了牧户对草原退化的整体认知（周圣坤，刘娟，2009）。

③牧草品质。牧草品质直接关系着肉羊的生长速度和体重，每年的6—9月退化草原区绵羊增长速度最快，这是因为这一时期牧草质量最好，而在12月至翌年1月，牧草品质最低，绵羊体重基本回到一年前（锡林图雅，2009）。西藏草地牧草具有低粗脂肪、低粗纤维、高无氮浸出物、高粗蛋白的特点，营养价值较高（石岳等，2013），这为西藏草原肉羊产业可持续发展提供了较好的条件。

（2）肉羊养殖技术

肉羊品种改良步伐较慢，羔羊数量提升困难。在品种选育上，Fogarty（1995）认为肉羊数量性状的遗传规律是肉羊品种种质的反映，性状遗传参数也是确定选种的依据，但改良难度较大。也有学者认为我国肉羊产业尽管相继引进美利奴、特克赛尔、夏洛莱、无角陶赛特、萨福克、波尔山羊等品种，但良种化程度依然较低（郭立宏等，2012）。同时，按照育种的经济目标，毛用羊的经济性状主要分为毛用性状、繁殖性状和生长发育性状三种，对优秀细毛羊而言，三者的比例约为7：2：1，繁殖性状较少对毛用羊育种存在较大制约（柳楠等，1999）。但由于遗传受母羊生理状态、公羊精液质量、营养水平及其他外在因素影响，而且母羊的多胎性状也不能真正遗传，羔羊数量难以有效提升（孙伟等，2008）。在品种选择上，利用无角陶赛特、特克赛尔等父本改良小尾寒羊品种，在保证多胎的同时提高产肉量（张金松等，2014）。实践中，牧户在关注母羊的产羔次数和产羔个数的同时，对羔羊性状也较为关注，而肉羊品种选择本身就是牧户肉羊技术需求的表现（Marsh et al.，2004）。

根据农业技术推广体系理论，技术需求拉动的效果要远高于技术供给。那么，什么类型的技术才是牧户所需要的？哪些因素影响牧户技术需求？石晶和肖海峰（2014）依据内蒙古等6省（自治区）入户调查数据，利用技术需求影响因素模型分析发现，疾病防控类技术、肉羊繁育技术和饲料营养补给技术需求程度较高，同时这些技术需求与牧民的性别、文化水平、是否参加技术培训相关。我国肉羊养殖中技术效率仅为0.609 4（孙致陆，肖海峰，2013），远低于美国肉羊技术效率水平（0.88）（Qushim, Gillespie, McMillin, 2015），但样本本身可能出现偏差，只能从效率损失中显示出国家间肉羊饲养效率的差异；肉羊良种化、养殖规模、养殖年限和人力资本对技术效率有显著正向影响（耿宁，李秉龙，2013），在提高牧户养殖对肉羊产业可持续发展上有重要影响。

(3) 市场环境

肉羊产业的发展受市场环境因素影响较大,肉羊市场对肉羊产业的影响强调羊肉消费。已有研究表明羊肉户外消费比例较大,且需求具有扩大趋势,价格和销售渠道在羊肉市场中占有重要地位。如 Worley 等(2004)认为影响消费者选择的决定性因素是价格差异,因而居民羊肉消费对收入极其敏感,相对于其他肉类而言更富有弹性(王文智,武拉平,2013)。同时,尽管在消费结构上存在户外消费高、地域与季节差异大等问题,但总体消费量的增加直接带动了羊肉价格的上升(丁丽娜,肖海峰,2013),预计到 2025 年,我国羊肉价格将在 2015 年的基础上上涨 40.31 个百分点,供求缺口也将进一步增大,价格上升的预期较为明显(丁丽娜,肖海峰,2014),价格上升对牧户扩大养殖规模有较大的引导作用。但对于牧区而言,肉羊养殖数量的扩大将直接影响草畜平衡,最终影响肉羊产业的可持续发展。

销售渠道是另一个影响肉羊产业发展的市场因素。在肉羊从养殖到销售的过程中,养殖环节成本比例最高,屠宰、加工、收购等环节进一步提高了羊肉的成本(赵娜等,2013)。在既定市场需求情况下,较高的成本促使减少交易环节,这一观点也得到 Gillespie 的验证。因而,在牧户销售肉羊的过程中销售者更倾向于增加交易数量、减少中间环节,在保证获利的同时也限制了羊肉价格的过度上升,有利于肉羊产业的可持续发展(Gillespie et al.,2014)。

牧户视角的市场影响主要集中在牧户市场认知和饲养环节上。利用美国 1 600 份调查数据对牧户的养殖设施、市场实践、价格认知、风险认知等进行了分析,认为与传统农业经营相比,山羊更受牧户喜爱,这与山羊肉的市场前景较好有关(Gillespie et al.,2013)。但在饲养前景得到认同的同时,牧户缺乏羊肉品牌的认知,这是因为饲养环节限制因素较多,由于养殖规模的限制和扩大规模意愿的矛盾,牧户认知度偏低(李秉龙等,2013)影响了草原肉羊产业的可持续发展。

1.2.3 关于牧户养殖行为与草原肉羊产业可持续发展的关系研究

(1) 牧户养殖行为研究

牧户肉羊养殖行为受多种因素影响。综观国内外文献,牧户养殖行为研究主要基于农户行为理论、期望效用理论及农户"理性经济人"等特性(Pratt,1964;Arrow,1970)。牧户肉羊养殖行为属于经济行为,同样符合上述假设,相关学者据此展开牧户肉羊养殖行为分析。研究发现,牧户肉羊养殖行为主要受牧户自身特征、牧户家庭承包家庭收入水平、草地资源、政策制度、市场等因素的影响(龚大鑫等,2012;尚华,2012)。研究发现由于牧户收入增长相对缓慢,而家庭支出需求增加较快，家庭收入渠道单一是影响牧户养殖行为改变的重要因素（王丽佳，刘兴元，2016），同时牧户对家庭收入预期不稳定也会改变养殖行为（郑华伟等，2008），而草地资源则制约着牧户行为选择（尚华，2012）。在政策制度方面，牧户在草原生态环境保护政策中的获益程度对牧户的政策响应程度呈正相关关系，研究表明牧户获益越多越愿意选择圈养舍饲（龚大鑫等，2012），同时由于牧户追求自身利益最大化，提高禁牧草地监管对牧户行为决策有强烈的约束性和导向性（聂学敏，李志强，2013）。在市场层面，当牧户从市场差异中获得较多收益时，牧户通过减少载畜量、提高牲畜质量的激励越高（李祥妹等，2019）。

（2）牧户养殖行为对肉羊产业可持续发展的影响

牧户肉羊养殖行为直接影响草原肉羊产业可持续发展。纵观国内外文献，草地退化是牧户养殖行为的最直接后果，内在原因是具有增长型机制的草业经济活动对草地资源需求的无限性和具有稳定型机制的草地生态环境对资源供给的有限性之间的矛盾（徐敏云，2014）。如李惠梅等（2013）认为，牧户拥有的生计资本影响其生计策略，进而表现出不同的环境态度和行为选择模式，牧户收益越高，对资源的消耗越大，草原生态环境退化越严重。同时，由于社会保障不健全，牧户生计水平偏低，增加了牧户偷牧、过牧的概率，牧户对草原生态环境保护意愿较差，不利于肉羊产业的可持续发展（李先东，李录堂，2019）。2000年开始，国家实施了一系列草畜平衡政策来遏制草原退化，重建草原生态环境，但还不能完全解决牧民因生计问题而超载及过牧和草原生态、经济可持续发展之间的内在不协调性矛盾（杜三强，2019）。

1.2.4 关于西藏肉羊产业相关研究

（1）草原退化严重

青藏高原草原退化的原因主要有自然因素和人为因素两类，其中人为因素主要为超载过牧和过度樵采等，该观点认为由于西藏地处高寒，煤、石油等常规能源匮乏，薪材短缺，牧户燃料所需基本以畜粪、草皮为主，致使动物粪便不能及时还田，土壤肥力不足，草产量受到一定影响（邵伟，蔡晓布，2008）。另外，商品经济不发达、牲畜出栏周期长也对草地产生压力（张建国等，2004）。自然因素主要集中在以下几个方面：在气候特征上，温度的上升到对牧草作用并不明显，蒸发的加剧加重了牧草对水的胁迫，随着降水量减少，草地气候趋于暖干化，劣等牧草上升，草原退化加剧（杨秀海，2009）；在动态变化与动力机制上，由于西藏草地土壤粗骨性强，干旱、大风等是草原退化的外在动力（蔡晓布等，2007；李辉霞，刘淑珍，2005；陈涛等，2011）。空间变化与差异方面，草地植被基本呈未退化→轻度退化→中度退化→重度退化→极度退化方向演进，且存在县域差异（戴睿等，2003；李辉霞，刘淑珍，2007a；李辉霞，刘淑珍，2007b）；草原退化评价方面，退化草地越严重 TM5 波段值越高，草地植被越好 TM4 值越高（李辉霞，刘淑珍，2007c），同时发现草原退化不仅表现在植被覆盖度的降低，还表现为植株的矮化。除上述研究外，还有学者从水源、干草生产力、植被覆盖度、人均经济收入、超载率、产草产值及是否是重点保护区等多个方面对休牧区和禁牧区的界定标准进行了详细阐述（杨汝荣，2004）。这些研究为西藏草原退化治理模式构建提供了多维度借鉴，但也至少存在两方面的不足：其一，研究草原退化以程度描述、自然因素影响、空间变化为主，缺乏牧户放牧行为的影响，而牧户牲畜养殖规模、草地生态环境保护认知与肉羊产业可持续关系极为密切；其二，草地承载力是影响牧草资源的重要指标，青藏高原草地肉羊养殖数量较多，牧户肉羊养殖规模大小直接影响草原的退化程度，进而影响肉羊产业的可持续发展。

（2）牧户不理性特征明显

不理性的放牧行为影响肉羊产业的可持续发展。理论分析上，以"公地悲剧"为切入点，以牧户间放牧行为为基础，构建了 5 个博弈模型，在理论上分析了牧户的最优决策为"一报还一报策略"（孙自保等，2012）；通过对牧草生长—消费模型的分析，认为由于政策的不稳定和非连续性，牧户对草地使用权的预期不高，出现了草地使用的"非理性"现象，因而产权明晰[①]尤为必要（宋波等，2005）。实证分析上，通过对那曲 60 户牧户的调查，认为由于牧户文化程度低、家庭母畜与出栏率低，因而降低草地放牧压力最有效的方式是提高牲畜的出栏率和商品率（白玲等，2012）；也有学者通过农户评估法，对甘南牧区纯牧民和半农半牧民的环境意识、环境变化感知及环境变化原因进行了分析，牧户对环境重要性认识明确，但在养殖中却较少考虑，并且对环境恶化的感受及产生的原因认识具有较大不同（赵雪雁，2009）。通过对西藏牧户草原退化认知与牧户放牧行为进行解析，认为尽管牧户已有生态保护认识，但会将草原退化原因与生态保护的责任推向政府，缺乏约束家庭肉羊养殖规模的激励（孙前路等，2013）。

（3）牧户特征影响草原生态环境保护

牧户特征对生态保护意愿有重要影响。如在交通状况方面，家庭所在地与城镇距离每减少 50km，牧户参与生态保护的可能性将降低 10% 左右，这是因为家

[①] 近几年，西藏草地承包到户开始实施，但在草地承包到户的过程中很多问题突显，如不同家庭间草地隔离往往使用铁丝围栏，由于养殖户承包草地面积较大，围栏使用量较多，围栏购买费用较高；另外，用于划分养殖家庭草地承包边界的围栏往往成为野生动物的杀手，很多藏羚羊在迁徙中丧生

庭所在地越靠近城镇，牧户对生态恶化印象越不明显，加上牧户自身利益最大化追求，生态保护响应较低（李惠梅等，2013a）。宋春桥等（2012）也发现距离（那曲镇）中心3km的周边地区植被破坏退化严重，公路沿线附近人类活动强烈的植被区域退化更加严重。家庭生计方面，生计水平较低的牧户将被动地选择机会损失小和风险小的限制性放牧方式，而生计水平较高的家庭更愿意选择产业移民的生态保护方式，牧户选择生态补偿决策中家庭福利因素影响较大（李惠梅等，2013b），同时草原退化也会对牧户生计产生影响。由于草地的退化，草原肉羊缺乏优质草料，肉羊陷入"夏饱、秋肥、冬瘦、春死"的恶性循环，牧户生计波动较大，放弃游牧的生计方式日渐形成（覃志敏，陆汉文，2012），因而拓展牧户生计依赖途径对草原畜牧业可持续发展有重要意义。教育水平方面，教育能够提高受教育者的人力资本存量、就业质量和收入水平（王小鲁，樊纲，2005）。文化程度较高意味着牧民接受新思想和适应环境变化的能力较强，具有较高的信息处理能力（王霞等，2011）。牧民的文化程度较低，影响了牧民对相关政策的认识程度和参与程度（张振敏，2013），制约了养殖模式的转变（张立中，王云霞，2004）和牧区畜牧业的发展（马军，2009）。随着西藏牧民受教育文化年限的增加，对草原生态环境的重视程度呈显著增长趋势（赵雪雁，2009），同时对"退牧还草"工程的认知度也与受教育年限密切相关（李云龙等，2013），提高教育水平也往往是研究肉羊可持续的落脚点。

1.2.5 关于肉羊产业发展的相关研究方法

畜牧业发展研究方法也非常丰富，经历了由定性分析向定量分析的转变。如学者通过总结畜牧业发展的某些问题，并结合自身畜牧业知识提出解决问题的方法（周立华等，2001；王国宏，张新时，2003），也有学者基于统计年鉴数据或入户调查数据，运用描述性统计性分析、交叉分析以及关联性分析对某一畜牧业发展问题进行简单的定量分析（李建平，罗其友，2002；王舒婷等，2012），也有学者利用计量分析方法对某一产业的某些具体问题的影响因素或意愿等进行分析，基本采用多元回归模型、Probit模型、二元Logit模型等（刘晓昀，李娜，2007；王可山，李秉龙等，2007）。随着研究的不断深入，有序Logit模型也出现在相关实证研究中，甚至出现了随机参数的Logit模型（Ellen Van Loo et al.，2011）。

在肉羊产业发展研究上，除基本的定性分析与描述性分析外，又通过相关统计数据的梳理并运用描述统计方法（张立中，2004）、利用相关统计数据并运用比较分析方法（姜法竹，于海龙，2005）对肉羊产业发展进行分析。在牧户决策方面，构建相关博弈模型来分析肉羊产业发展问题，如肉羊家庭博弈模型

（湛志伟，2004）、牧户不同博弈策略比较模型（孙自保等，2012）、最优反应动态模型（杨松武，2013）及集中行动博弈模型（Ratner et al.，2013）等。在羊肉价格方面，利用指数函数方法对肉羊产业发展进行分析，如运用特征价格指数函数对羊肉价格变动的影响因素进行测算（Doolarie et al.，2005）。在农户视角方面，运用 Logit 模型（Nell et al.，2002）和二元 Logit 模型（Zhang，2012）等方法对牧户的行为进行研究；在肉羊技术效率方面，随机前沿分析方法也在肉羊饲养效率上得到应用（耿宁，李秉龙，2013）。在肉羊养殖成本收益方面，成本收益分析方法较为常见（隋雪，董雪艳，2014；程支中，2009；郭天龙等，2014）。

1.2.6 国内外研究现状评价

（1）已有文献的借鉴价值

通过国内外文献的回顾发现，国外学者对可持续发展理论研究也日趋成熟，相关评估方法也较多，并且国内学者将可持续发展理论引入国内肉羊产业也较早。总体上看，国内外肉羊产业可持续发展相关研究从概念界定、作用机制、影响因素到组织实施、发展目标再到政府开展的推进措施，全面阐释了肉羊产业可持续发展的历史脉络，理清了产业发展中相关主体间的关系，形成了较为成熟的肉羊产业可持续发展理论，为本研究的顺利进行奠定了较好的基础。

此外，在本研究中，关于肉羊产业组织的效益与质量提升（常倩，2018）、肉羊产业市场绩效（王士权，2017）、居民羊肉消费行为（徐秋艳，2017）、肉羊产业链优化（叶云，2015）、羊肉品牌化及其效应（董谦，2015）等研究进行了大量的实地调研和分析，为本研究产业链分析、养殖技术采用、肉羊商品化经营等的进一步推进奠定了重要基础。尤其是关于可持续肉羊生产（李秉龙，薛建良，2012）和肉羊产业发展动力机制（李秉龙，夏晓平，2011）的分析，为本研究发现问题、寻找切入点提供了研究假设和论证研究问题的现实依据。

（2）已有文献的不足

第一，从牧户养殖行为层面关注肉羊产业可持续发展的不足。从畜牧产业可持续发展研究来看，学者们对牧户养殖行为与承载力关注的焦点比较集中，而肉羊产业是畜牧产业的重点产业，与之相匹配的牧户养殖行为研究较少，形成研究盲点；从产业链来看，草原肉羊产业环节多，前端育种环节和后端流通环节对养殖环节有较强的依赖，因而养殖环节可持续发展是整个肉羊产业可持续发展的基础，但已有研究忽略了可持续发展背景下牧户肉羊养殖行为和影响因素的分析。因而，有必要就牧户肉羊养殖行为展开分析，以聚焦牧户肉羊养殖行为作为关键点来拓宽肉羊产业可持续发展的研究范畴。

第二，关于畜牧产业可持续发展评估的研究较多，但缺少牧户肉羊养殖行为层面的可持续发展评价。虽然对影响畜牧产业可持续发展因素的认识已形成共识，但将牧户养殖行为与影响因素对接的研究较少。在产业可持续发展评估上，宏观层面相关可持续发展评估居多，缺少牧户养殖行为影响下的草原肉羊产业可持续发展评估，使得虽然牧户行为影响肉羊产业可持续发展已经成为共识，但牧户养殖行为与可持续发展之间的定量关系难以确定。在肉羊产业可持续发展影响因素上，人口、草原生态环境、技术、市场、政策等宏观分析较多，单一因素对产业可持续发展的影响实证分析也较为常见，但与牧户养殖行为难以有效对接，系统分析尚有拓展空间。

第三，关于西藏肉羊产业可持续发展的关注程度不足。西藏地处青藏高原，是藏族同胞的聚集地，人口较多，草地资源丰富、覆盖面广，且具有明显的地域特征。肉羊养殖不仅是西藏经济的重要组成部分，更关乎牧户生计水平的提高和我国全面小康的实现。但目前缺乏从牧户养殖行为层面推进西藏肉羊产业可持续发展的系统分析，政策优化缺乏理论基础。

1.3 研究目标与研究内容

1.3.1 研究目标

总目标：通过对西藏牧民肉羊养殖行为特征及其影响因素的研究，为完善和优化西藏草原肉羊产业可持续发展政策提供依据。

具体目标：

（1）综合运用可持续发展理论、农户行为理论和外部性理论明确本研究的基本理论观点，构建分析框架，剖析牧户养殖行为对肉羊产业可持续发展影响的机理。

（2）调查牧户养殖行为面临的压力、状态、效应及响应指标，测算西藏肉羊产业可持续发展水平，评价牧户草原生态环境保护行为、肉羊养殖技术采用行为和肉羊商品化经营行为对西藏肉羊产业可持续发展的影响。

（3）分析牧户草原保护意愿与行为现状，探讨意愿与行为的影响因素；分析牧户资本禀赋相关因素对肉羊养殖技术需求影响机理，探讨西藏牧户肉羊养殖技术采用的影响因素；总结肉羊商品化经营状况，分析肉羊商品化经营不足的内在原因，探讨牧户肉羊商品化经营的影响因素。

1.3.2 主要研究内容

基于研究目标和相关概念界定，本研究的主要内容包括以下几部分。

第一部分 理论基础与逻辑框架

本部分在归纳和借鉴可持续发展理论、农户行为理论和外部性理论的基础上，从产业链出发，对肉羊产业相关主体进行分析，理论探讨肉羊产业可持续发展的关键环节与主体，找出影响肉羊产业可持续发展的动力源，并构建本研究的分析框架。

第二部分 西藏草原肉羊产业发展历程和特征分析

从产权变化角度梳理西藏草原肉羊产业发展的历史轨迹，利用统计数据分析西藏肉羊产业的发展规模与布局、经营主体和经营模式、牧草资源状况、羊肉供求等特征。

第三部分 牧户养殖行为影响下西藏肉羊产业可持续发展评价

依据可持续发展理论，构建压力—状态—效应—响应模型，按照指标体系构建的全面性、可得性等原则，细化指标体系。采用 TOPSIS 熵值法，利用西藏牧户入户调查数据综合评估牧户肉羊养殖行为对西藏肉羊产业可持续发展的影响，并从牧户的草原生态环境保护行为选择、牧户对提高养殖效率的技术采用行为选择、牧户对影响草原载畜量的肉羊市场参与行为的选择三个方面评估不同牧户行为下的西藏肉羊产业可持续发展情况，进一步明确牧户行为对肉羊产业可持续发展的影响。

第四部分 基于草原生态环境保护的牧户经营意愿与行为研究

以农户行为理论和外部性理论为基础构建牧户草原生态环境保护的分析框架，从草原政策压力和草原生态环境压力的角度分析牧户行为，提出研究假设，并利用入户调查数据实证分析牧户草原生态环境与认知差异，揭示影响牧户参与环境保护的因素，最后利用调查数据分析牧户草原生态环境保护行为及影响因素。

第五部分 基于养殖效率提升的牧户养殖技术需求意愿与采用行为研究

以农户行为理论为基础构建牧户养殖技术采用分析框架，从牧户资本禀赋、劳动力外流和技术认知层面理论分析牧户技术采用与需求的研究假设，并利用入户调查数据实证分析牧户对养殖技术需求与采用状况及关键影响因素，找出牧户养殖效率提升的切入点。

第六部分 基于草原生态环境改善的牧户肉羊商品化经营意愿与行为研究

理论分析牧户肉羊商品化经营行为与产业可持续发展的关系，构建牧户肉羊商品化经营行为分析框架。利用案例调查资料，分析牧户肉羊商品化经营现状，揭示牧户肉羊商品化经营较低的内在原因，利用调查数据对牧户肉羊商品化经营行为及其影响因素进行实证分析，对案例分析结果进行论证，分析牧户市场参与不足的影响因素。

第七部分　主要结论、政策建议与研究展望

总结上述主要研究成果，从优化西藏草原肉羊产业可持续的模式出发，提出适合西藏的政策建议，并就本研究的不足进行说明。

1.4　研究方法、数据来源与技术路线

1.4.1　研究方法

本研究采用规范分析与实证分析相结合的方法，其中实证分析方法主要包括：

（1）描述性统计法

描述性统计法主要用于两个方面：在西藏草原肉羊产业的发展特征分析中，主要以相关统计数据为依托，整体把握西藏肉羊数量与品种的分布，西藏草原类型分布等，对西藏草原肉羊产业进行总体把握。如在肉羊地区分布特征上，主要运用此方法分析各地区肉羊养殖数量分布特征、某一地区内部肉羊养殖数量分布特征、各地区绵羊、山羊数量分布特征，某一地区绵羊、山羊数量分布特征。

在入户调查数据的分析中，主要运用描述统计方法对调查数据进行分析，以把握调查数据的可靠性。如在牧户行为分析中，对牧户主要决策者的性别、年龄、文化程度、婚姻、家庭经济状况、家庭距离乡镇远近等特征进行分析，还将不同特征进行交叉分析，以获得对调查数据的整体把握，为后续计量分析做准备。

（2）案例分析法

为了弥补入户调查的不足，在牧户行为分析中针对特定调研主题对牧户进行案例分析，从市场距离、宗教信仰、政府推动和市场信息等四个维度探讨西藏牧户肉羊商品化经营的现状，并结合案例调查分析牧户牲畜养殖模式固化的内在原因。

（3）计量分析法

为了进一步分析各影响因素对牧户肉羊养殖意愿与行为的影响，在不同的视角下，通过构建计量经济模型分析各影响因素的影响程度，通过模型稳健性检验或边际效应分析进一步讨论相关影响因素变化对牧户意愿和行为的影响。从草原

牲畜养殖政策了解的视角，采用半非参数估计方法探讨牧户生态环境保护意愿的影响因素，采用排序选择模型分析牧户草原生态保护行为的影响因素；基于家庭资本禀赋与劳动力外流的视角，采用有序 Logistic 模型对牧户肉羊技术需求进行实证分析，并利用广义有序模型对牧户养殖技术采用情况进行探讨；采用异构选择有序 Logit 模型，结合调查数据对牧户市场参与不足的影响因素进行实证分析。主要研究方法说明见表 1-1。

1.4.2 数据来源

本研究使用数据主要包括统计年鉴入户调查数据和案例调查资料，根据不同研究主题，各章使用研究数据调查区域和有效样本数见表 1-1。

表 1-1 部分章节数据来源与研究方法

章节	数据来源	调查区域	有效样本数	主要研究方法
第三章	统计年鉴拉萨农牧局	—	—	交叉分析法
第四章	入户调查	西藏下辖各地市	632	TOPSIS-Entropy Method（TOPSIS 熵值法）
第五章	入户调查	西藏下辖各地市	662	The Semi-nonparametric Model（半非参数估计方法）
		那曲、日喀则	885	The Stereotype Logistic Model（S-Logistic 模型）
		那曲、日喀则	885	The order Logistic Model（有序 Logistic 模型）
第六章	入户调查	西藏下辖各地市	406	The Generalized Continuation Ratio Models（广义有序连续比模型）
第七章	入户调查	那曲	—	案例分析法
		西藏下辖各地市	929	The Heterogeneous Choice Models（异构选择模型）

1.4.3 技术路线

本研究技术路线见图 1-1。

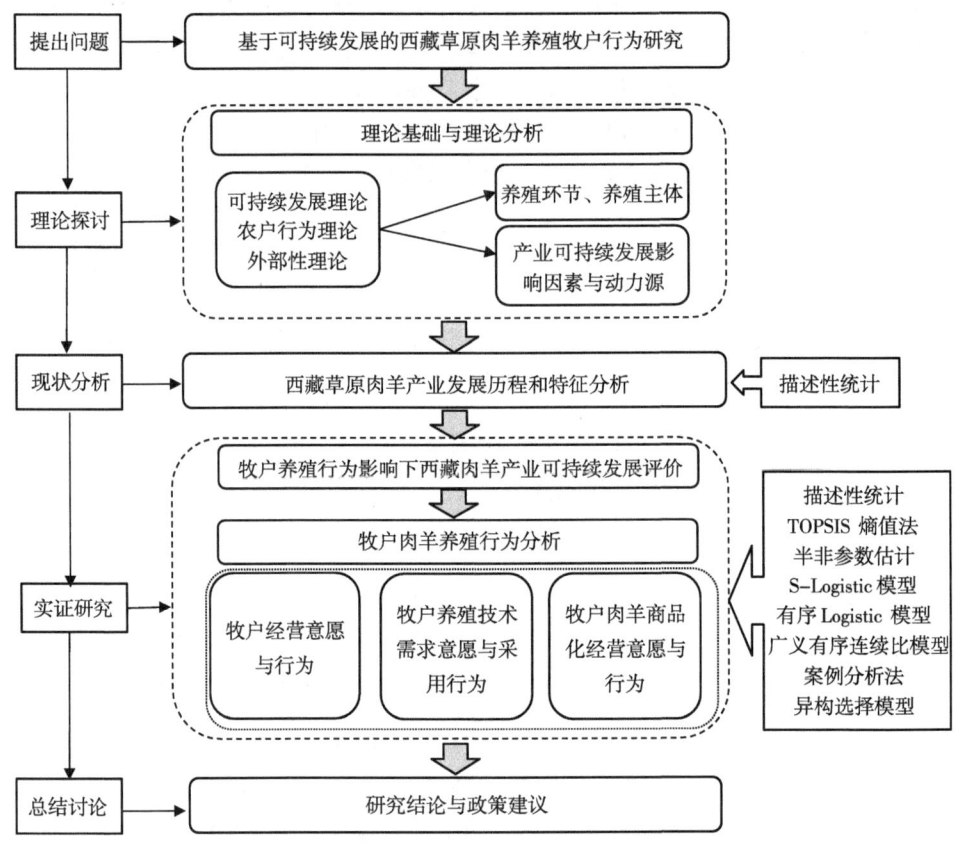

图 1-1 本研究的技术路线

1.5 研究创新

（1）研究对象新

西藏是我国五大牧场之一，肉羊产业在西藏牧区占有较高的比重，但西藏地处青藏高原，交通相对不便，对西藏肉羊产业可持续发展进行研究的较少，从微观层面系统分析牧户行为对肉羊产业可持续发展的研究更少。本研究依据丰富的调查数据，基于可持续发展对西藏牧户肉羊养殖行为进行分析，进一步丰富了畜牧经济研究对象。

（2）研究内容新

以可持续发展理论、农户行为理论和外部性理论为基础，构建了基于可持续发展的牧户肉羊养殖行为分析框架。具体以压力—状态—效应—响应模型为基础，从牧户行为层面对西藏肉羊产业可持续发展进行评估；从草原牲畜养殖政策了解的维度对牧户生态环境保护意愿影响因素进行实证分析；从家庭资本禀赋与劳动力外流的维度对牧户肉羊技术需求进行实证分析；利用案例分析方法，从市场距离、宗教信仰、政府推动、市场信息四个维度对牧户肉羊商品化经营困境进行分析，较为系统地解释了牧户肉羊养殖中"惜杀惜售"的逻辑。

（3）研究方法新

本研究将 TOPSIS 熵值法、半非参数估计方法、S-Logistic 模型、广义有序连续比模型、异构选择模型引入西藏牧户肉羊养殖行为实证分析中，这些研究方法均在不同层面进一步放松了已有研究方法的约束条件，使研究更结合西藏牧户肉羊养殖行为实际。

2 理论基础与分析框架

基于可持续发展的牧户肉羊养殖行为分析，必须有明确的概念界定和完整的理论基础，并形成明确的分析框架，以保证本研究有序展开。本章将在对肉羊产业发展特点和产业发展动力分析的基础上，构建牧户视角的西藏肉羊草原产业可持续发展分析框架，为后续研究打下坚实基础。

2.1 概念界定

2.1.1 肉羊

肉羊是指以肉用为主的羊的总称，具有食性广、耐粗饲、抗逆性强等特点，包括绵羊和山羊（李秉龙，李金亚，2014）。由于绒毛用羊和奶用羊最终也作为肉用消费，因此在研究中将所有的羊都作为肉用羊进行处理。

2.1.2 肉羊产业

在养羊业初期，生产力较为落后，养羊业处于毛用为主、肉毛兼用的发展阶段，随着生产力的发展，养羊业开始转向肉用为主并从养羊业分化出来，逐步形成一个独立的产业体系（李秉龙，夏晓平，2012），在这个体系中，肉羊饲养、加工、运输贸易、销售等各环节形成了相互依赖、相互影响的体系（李秉龙，李金亚，2014）。本研究结合西藏肉羊产业实际将肉羊产业研究范围界定在养殖和销售环节。

2.1.3 草原肉羊产业可持续发展

草原肉羊养殖可持续发展是草原肉羊产业可持续发展的基础，在草原肉羊养殖可持续发展的概念界定上，李秉龙和薛建良（2012）认为维持草原生态系统良好运行，合理利用草原饲料和其他饲料，通过技术革新、养殖方式变革的方式促使肉羊养殖投入与产出得以持续，同时强调养殖制约要素、养殖效率的不断提高和养殖要素组合的不断优化。

在草原肉羊产业可持续发展的概念界定中，李秉龙和李金亚（2014）将牧户生计纳入草原肉羊产业可持续发展框架，认为在草原生态系统可承载的前提下，草原肉羊产业的经营效益须在经济上可自我维持和发展，生态上可容的同时要维系牧户的家庭生计，而特定时期的牧户生计水平与当地经济发展水平相关。本研究的草原肉羊产业可持续发展的概念遵循李秉龙和李金亚（2014）的界定，在草原肉羊产业可持续发展中强调生态可容、经济可行和牧户生计可持续的模式，在保证草原生态资源再生产的前提下，利用国内外贸易保持国内羊肉消费需求，进而维持并提高牧户生计。

2.1.4　牧户养殖行为

牧民是指利用天然草原，从事草原畜牧业经营的人。牧户是由牧民组成的家庭，牧户行为是指牧户在牧区经济活动和生活中进行的各种选择决策。其中放牧、经营投入与资源利用是对草地质量和环境影响最直接的行为（苗红萍等，2013）。在本研究中，牧户行为主要指牧户养殖行为，是牧户依据家庭禀赋状况，以肉羊养殖为载体进行肉羊养殖各环节的活动总称。

2.1.5　草原、草地

草原是指在周期性水分不足和无地下水供应情况下的一些旱生或半旱生草本植物所组成的植物群落（侯学煜，1982）。2007年，中国质量监督检验检疫总局和中国国家标准化管理委员会发布的《土地利用现状分类》中将草原界定为在半干旱地区、由耐寒的旱生或半旱生草本植物为主组成的植物群落。在《中华人民共和国草原法》中，草原是指天然草原和人工草地，这里对草原的界定仅给出了范围，基本上没有给出确切的定义，但在范围上比《土地利用现状分类》中的界定要大。

根据《土地利用现状分类》，草地是指生长草本植物为主、覆盖度≥5.0%的土地，包括草原、草场①、草坪等。可以看出草原属于草地的子集，但在某种意义上草地属于空间范畴，强调土地表面植被的覆盖类型与覆盖度。

根据以上分析，本研究选用草原作为研究范围，强调草原肉羊产业与草原植物群落的共生性。在西藏草原分类中，主要包括温性草甸草原、温性草原、温性荒漠草原、高寒草甸草原、高寒草原、高寒荒漠草原等②，结合《中华人民共和

---

① 草场是指生长野生牧草、可供放牧或割草、能够为家畜提供饲草的草地
② 西藏草地范围更广，除上述六类草原外，还包括温性草原化荒漠、温性荒漠、高寒荒漠、暖性草丛、暖性灌草丛、热性草丛、热性灌草丛、低地草甸、山地草甸、高寒草甸及沼泽类等

国草原法》对草原的界定，文中草原包括西藏各类草原类型，不再进行区分。

2.2 理论基础

2.2.1 可持续发展理论

(1) 可持续发展理论概述

可持续发展是一个受地理环境、时间、社会经济等多因素影响的多维复合体（Ripoll-Bosch et al., 2012）。1978年国际环境和发展委员会（WCED）的文件中可持续发展概念首次出现，是人类"环境哲学"的重大进步（杨开忠，1994）。1987年，布伦特兰在《我们共同的未来》的报告中对可持续发展做了较为确切的定义，即"可持续发展是满足当代人的需要，又不对后代满足其需要构成危害的发展"，强调社会福利的代际公平（Pearce D W, Atkinson G, 1992），甚至强调后代的社会福利不低于现代（Tietenberg, 1988）。随后，《关于耗损臭氧层物质的蒙特利尔议定书》（1989）、国际地圈—生物圈计划（1988）等各领域开始关注环境可持续发展问题，形成了各学科的行动纲领。1992年在联合国环境与发展大会（UNCED）上，可持续发展的概念进一步丰富，可持续发展从理论讨论迈向实际行动。

对于不同的对象，可持续发展的标准与途径各有不同，而如何实现可持续发展的思想大致可分为新古典学派和生态学派（Ben et al., 2000）。新古典学派强调福利或人均资本消费作为可持续的标准，通过资本替代，社会总资本得以维持。生态学派除总资本可持续目标外，还强调自然资本存量不减少，因而为了达到资源保护的目标，生态学派坚持政府管制与产权治理。也有学者认为，可持续发展的关键不仅仅是存量的多少，还在于内部结构是否合理（李秉龙，薛建良，2010）。

(2) 可持续发展程度的评价方法

可持续发展评价是可持续发展程度的综合考量，结合不同学科发展特点形成了多种评价方法。总结起来，主要有案例分析法、环境可持续性指数法、生态足迹法、能值分析法、指标体系综合评价法等（郝翠等，2010）。其中，案例分析法以特定案例为基础，对某一可持续发展评价对象进行定性研究，尚未形成学者认可的模式。环境可持续性指数法以"压力—状态—响应"模型为基础，对某一国家和地区为其后代保持较好的环境状态而提供环境决策的分析工具，环境可持续性指数法数值越高，表明可持续发展能力越强。生态足迹法通过建立"土地消费/使用"矩阵，对自然资本的生态能力和人类从自然资本获得的收益进行分析,以土地面积为衡量单位测度人类对可持续发展的影响(Rees,1992)。能值分析法从生物地球物理学的角度估计人类生产和自然资源相关的能量,以太阳能值衡量经济系统中由人类经济提供的资源、商品或劳务。指标体系综合评价法依据研究内容,通过归———赋权—整合对所筛选指标进行处理,进而对研究对象进行可持续发展测度(Margareta,2003)。

(3) 可持续发展理论与牧户视角西藏肉羊产业可持续发展评估

综上可知,有关可持续发展理论已经在各学科展开讨论,不同学者根据不同研究对象进行了概念界定和可持续发展程度测度,进而丰富了可持续发展理论的内涵与外延,这些研究为分析牧户肉羊养殖行为提供了理论和评价方法借鉴。

随着西藏城镇化整体推进,传统牧区居民逐渐走入城镇,牧户的收入渠道由单一传统牧业转向多渠道并行。迫于生计,牧户对肉羊养殖收益也提出了更高要求。在已有条件下,扩大养殖规模较为常见,但是对草原生态产生了压力,也造成了草原退化。

从可持续发展评价方法来看,指标体系选择、指标选择原则、指标标准化处理、权重的确定以及综合指数的测算均在不同行业进行了评价实践,这为本研究在牧户视角下相关指标的选择与处理提供了借鉴,尤其是牧户视角相关可持续发展评估更为本研究的指标选择提供了思路。

2.2.2 农户行为理论

行为科学理论认为,人的各种行为都是在一定环境下产生的,但影响行为的因素多种多样。农户是农业生产决策的微观主体,农户的农业决策行为直接关系到农业生产的状况。20世纪以来,农户决策行为受到国内外学者的广泛关注,形成了不同理论学派。

(1) 理性小农学派

该学派以舒尔茨1964年出版的《改造传统农业》为代表,认为在农村经济社会中,理性是农户行为的本质,农户在家庭决策中,始终衡量成本与收益的大小(舒尔茨,2003)。农户在进行资源配置和生产要素投入时会遵循经济理性原则,即农户是典型的"理性小农"。在家庭资源配置与要素投入中,农户遵循市场原则,行为体现了对新型风险和不确定性的规避,理性选择的结果即呈现拒绝新生产要素,这使得农户在生产中处于停滞不前的状态,因而改造传统农业需要向农户进行人力资本投资,改造传统农业需要靠经济刺激指导农民作出理性决策,引导农民生产要素配置。1980年,波普金在《理性的小农》中提出农户是理性的个人的中心假设,认为小农是谋求个人或家庭收益最大化的理性人,农户的行为选择受其偏好和价值观选择的影响,农户作出行为选择的根本是期望效用最大化。由于同舒尔茨观点较为接近，学术界将其概括为"舒尔茨—波普金命题"。该学派强调，农户在外部条件具备的前提下，产生"进取精神"，追求利润最大化。因而，传统农业增长的停止，不是农户进取心的缺乏或竞争不足，而是传统边际投入下的收益递减。所以，改造传统农业的方式不应该选择削弱农户生产组织功能和自由市场体系，而是在现有组织和市场中确保生产要素供应。

(2) 组织与生产学派

苏联经济学家恰亚诺夫认为农户行为决策更多的是为了家庭生计，是家庭消费与劳动辛苦程度的权衡，但由于人口相对过剩而其他生产要素不足，农户不得不"偏离最优"配置，与资本主义农场的经营逻辑差异较大，是组织与生产学派的代表。他认为，农户家庭劳动收益取决于两个因素：一是农户"自我剥削"程度；二是单位劳动的生产效率。如果农户家庭生计中存在未被满足的需求，农户将进一步扩大工作量（增加"自我剥削"劳动时间）、接受低水平的劳动报酬（单位劳动生产效率下降）。同时，在农户家庭决策中，农户拥有的土地、资本、劳动之间存在一定的比例关系，由于劳动力与家庭结构有关，农户面临的其他生产要素需与之相适应（即适度规模），但实际决策中，土地和其他生产资料相对不足，劳动力出现剩余，这就意味着农户为了获得较高的收入，不得不接受较低的工作日报酬。该理论强调了农户行为的目标是生计，但忽视了生态环境、技术、市场及政策等因素对农户行为的影响。1957年，匈牙利政治经济学家波兰尼秉承了恰亚诺夫的观点，从哲学和制度维度对小农行为进行了分析，认为在资本主义市场之前的社会中，经济行为与特定的社会关系密切，研究农户行为过程需要将其作为"制度过程"来看待。1976年，美国经济学家斯科特坚守了小农学派的生存逻辑，提出道义经济命题，认为农户的关键问题在于安全生存，具有强烈生存取向的农民将选择避免经济灾难，而不会追求平均收益最大化。

(3) 历史学派

在总结功利主义、实体主义和马克思主义农户行为理论的基础上，黄宗智教授提出小农是追求利润、维持生计和受剥削的综合体，并提出了中国非农佣工收入是农业家庭收入的拐杖，即拐杖逻辑。他认为一个经济地位上升的、雇佣长工以及生产有相当剩余的富农或经营式农场主，要比一个经济地位下降的、在饥饿边缘挣扎、付出高额地租和领取低报酬的佃户、雇农，较为符合形式主义分析模式中的形象。同时使用雇佣劳力的大农场和依赖家庭劳力的家庭农场对人口压力，会做出不同的反应。大农场可以根据农场的需要变化而多雇或解雇劳力，家庭式农场则不具备相似的弹性。从相对劳力而言，面积太小的家庭农场，无法解雇多余的劳力，面对剩余劳力的存在和劳力的不能充分使用而无能为力。在生计的压力下，这类农场在单位面积上投入的劳力，远比使用雇佣劳力的大农场要多。

(4) 农户行为理论与肉羊养殖牧户行为

综上可知，有关农户行为理论主要围绕理性与有限理性展开讨论，不同学者根据不同时期、地区与对象的不同特点限制或放松约束条件进行理论解释和现实提炼，从而不断丰富农户行为理论的内涵与外延，这些研究为分析牧户肉羊养殖行为提供了经济学理论借鉴。

随着经济的发展，传统牧区肉羊养殖逐渐与市场经济接轨，牧户的收入来源也更为广泛，但养殖收入比重仍然处于主要地位。养殖户也将在传统养殖和多重收入渠道下依据家庭资源禀赋差异理性调整养殖决策，以追求经济效益最大化。但结合西藏草原肉羊产业整体规模大、集中度低、市场氛围不足的特点，大部分牧户在"小农户、大市场"的困境时仍具有传统小农的属性。

从现有研究来看，理性小农理论的"理性人"假设运用最为广泛，便于分析牧户行为时量化研究，有限理性则在于约束条件的解释。因此，本研究认为，牧户在肉羊养殖行为决策是理性与非理性共同作用的结果，牧户首要追求的目标是家庭经济效益最大化，同时有限理性的复杂特点，单纯的经济模型不能完全解释，应该在牧户行为决策中除考虑个人及家庭特征外，还应将政策、文化等因素纳入进来。因此，本研究在实证分析牧户草原生态环境保护意愿与行为时，将既关注被调查者的个体特征、家庭特征、家庭禀赋特征等内在因素，也关注国家养殖政策和宗教文化等外在因素。

2.2.3　外部性理论

(1) 理论概述

1887年，在Sidgwick著作《政治经济学原理》中指出"通过自由交换，个人不一定总能够为他所提供的劳务获得适当的报酬"，尽管没有明确提出外部性概念，但指出了"个人劳务"和"报酬"的实际差异，并以灯塔为例对"外部性"的基本思想进行说明，外部性理论开始进入人们的视野。在外部性理论发展中，三位学者的研究具有里程碑意义（沈满洪，何灵巧，2002）。1890年，马歇尔提出"外部经济"概念，他认为企业外部的各种因素会导致生产费用减少，这些影响因素包括企业离原材料供应地和产品销售市场远近、市场容量的大小、运输通信的便利程度、其他相关企业的发展水平等（马歇尔，1981）。Pigou扩充了"外部不经济"的概念和内容，认为外部性就是边际私人成本与边际社会成本、边际私人收益与边际社会收益的不一致（Pigou，1912）。Coase将Pigou的理论纳入自己的外部性理论框架之中，他认为在交易费用为0的情况下，解决外部性问题不需要"庇古税"，而在交易费用不为0的情况下，解决外部性问题的手段要根据成本与收益的比较（Coase，1960）。

（2）外部性理论与肉羊养殖牧户行为

对肉羊养殖而言，适度的肉羊养殖能够促进草原生态环境发展，但超载放牧也会带来环境破坏，影响产业的可持续发展。在没有政策约束下，牧户养殖行为以追求利润最大化为目标进行养殖决策，超载过牧超过了草原生态环境的承载力，形成外部不经济（孟祥海，2014）。基本原理如图2-1所示。

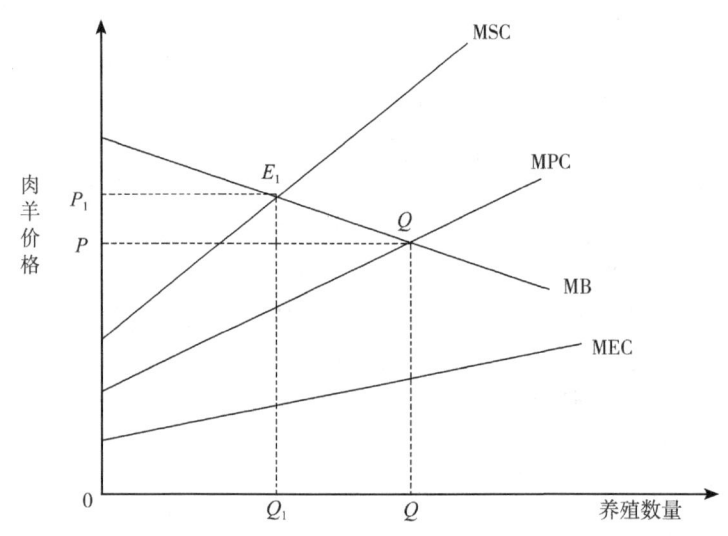

图2-1　牧户肉羊养殖的外部不经济

图2-1中MSC表示牧户在草原生态保护下的边际养殖成本，MPC表示牧户肉羊养殖的边际成本，根据前文假设，牧户肉羊养殖存在外部不经济，因而有MSC>MPC，为了度量之间的差距，本研究用MEC表示MSC和MPC之间的差，即环境保护成本。MB为牧户肉羊养殖边际收益，Q和Q_1为不同养殖水平下的肉羊养殖数量，P和P_1为对应的价格水平。对于某一牧户而言，理性的决策（最佳养殖数量）取决于牧户肉羊养殖的边际成本（MPC）与肉羊养殖边际收益（MB）相等，即MPC=MB，此时，牧户肉羊养殖的规模为Q。但是，牧户养殖受到政策约束，政府为了保护草原生态环境，对牧户肉羊养殖规模进行限制，即在政策约束下，牧户最优养殖决策条件变为MSC=MB，此时，牧户最优养殖数量为Q_1。

在政策约束下，牧户肉羊养殖最优数量明显低于没有政策约束下，并且差异较大，而牧户实际养殖行为也将在政府和社会监督下确保肉羊养殖数量与草地生态环境相适应，在完成肉羊市场供给和家庭生计的同时保持生态环境稳定。由此可见，草原牧户肉羊养殖不仅仅是牧户家庭养殖规模决策问题，还关系到草原生态环境和牧户生计，这意味着政府需要在对牧户养殖规模控制的前提下提高牧户生计。但西藏牧户肉羊养殖规模小、布局分散、市场地位处于明显的弱势，需要政府结合肉羊产业特点采取适宜的措施，以达到约束肉羊养殖规模、提高牧户生计的目标。除奖补政策外，引导牧户进行技术革新、增加市场参与尤为重要。在技术革新和市场参与中，牧户家庭内部特征影响很大，同时邻里关系、政策传达等也能在一定程度上影响牧户行为，需要进一步提高外部性问题的解决效率。

2.3 分析框架

2.3.1 畜牧业产业链架构与草原肉羊产业牧户地位分析

（1）草原畜牧业产业链架构分析

畜牧业产业链是农业产业链的一种形式（图2-2），但产业链更长，架构更为复杂。针对草原畜牧业产业链概念的界定，不同学者基于产业链、复合系统、供应链、产业关联的视角进行了界定（葛鹏飞和吕萍，2015），总结起来主要包括畜牧业供给、养殖、加工或收购、销售四个环节（孙筱，2015）。在草原畜牧业产业链上，饲料加工企业完成饲料加工生产，牧户完成畜牧生产，畜产品加工企业完成畜产品收购与加工，畜产品销售企业完成畜产品销售。同时草原畜牧业产业链条的运行也离不开畜牧合作社和相关服务机构的参与。

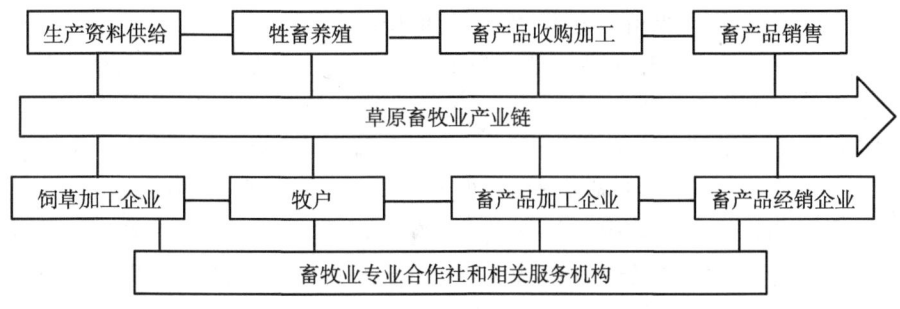

图2-2 草原畜牧业产业链

随着草原畜牧业的发展，草原畜牧业各经营部门的专业化程度已经普遍较高，草原畜牧业中的育种、防疫、屠宰、加工、储存、销售的密切程度更高，共同形成了草原畜牧业发展的力量组合,各主体在竞争和合作中推进产业向前发展。

(2) 草原肉羊产业链条中养殖环节的地位

正如上面分析的,肉羊产业链条包括生产饲料供给、牲畜饲养、加工、销售等环节,根据产业经济学理论,肉羊养殖是产业的基础,也是肉羊产业链条的核心。首先,肉羊饲养规模决定饲养者的饲料需求。在肉羊养殖饲料选用中,牧区以天然牧草为主,农区以农作物秸秆为主,但随着养殖规模的扩大,精饲料的比重越来越大(王士权,2017),直接影响产业链上游饲料供给的数量与种类。按照饲料粮消耗系数 1.6 估算,每年肉羊养殖消耗饲料粮大约 650万 t(李国祥,2014)。其次,肉羊养殖数量影响羊肉产品加工水平。羊肉产品加工的基础是加工企业能够源源不断获得羊源,因而加工企业的数量与规模直接与当地肉羊养殖规模有关。如内蒙古是我国肉羊养殖数量最多的地区,也是重要的羊肉加工基地(周蕊,2016)。再次,肉羊饲养数量影响羊肉及其制品的市场价格。研究发现,肉羊年度内价格波动较小,大幅的价格波动主要是跨年波动(何欣,2013),其原因在于羊肉需求拉动与牧户跟风。与其他农牧产品类似,肉羊养殖具有较长的饲养周期,在一定时间内,肉羊供给相对平稳,但较高的需求导致价格上升,加上肉羊养殖"小而散"的养殖特征,牧户"一哄而上"和"一哄而下"常有发生(李嘉祺等,2018),肉羊养殖环节成为威胁肉羊供需市场平衡的关键。

另外,牧户在养殖环节中过度喂养精饲料以及严重使用控制药物(农药和四环素类、大环内酯类和喹诺酮类等药物)会给食品安全带来一定的隐患。

综上所述,养殖环节作为整个肉羊产业的基础和出发点,对食品安全、流通等方面也存在特殊要求,因而在肉羊产业中占有异常重要的地位。

(3) 草原肉羊产业相关主体中牧户的地位

从整个产业链条角度来看,草原肉羊产业的相关经营主体主要包括肉羊养殖主体、肉羊流通主体和肉羊需求主体以及政府等部门。目前来看,肉羊生产经营中牧户、规模养殖场、专业养殖合作社、养殖小区、养殖示范基地等多种养殖主体并存,形成了"牧户+养殖基地""牧户+合作社""牧户+龙头企业+养殖基地"多种养殖模式,但我国肉羊小规模养殖并没有改变,牧户在养殖中仍处于主体地位(李秉龙,李金亚,2012)。肉羊流通主体主要包括牧户、肉羊中间商、羊肉消费者和市场监管机构(穆迎春,2019),逐步形成了"市场+牧户""流通企业+加工企业+牧户""中介组织+合作社+牧户"等多种流通模式(张申贵,2006),在各种模式中,牧户是流通环节的起点。肉羊消费主体主要包括居民家庭、餐饮企业、单位食堂以及羊肉加工企业等,其中居民家庭是羊肉消费的重要组成部分,所以牧户也是羊肉消费的主体,尤其在草原牧区,牧户肉羊销售少,家庭自食比例较高,牧户在肉羊消费中的比例更大。由于我国肉羊产业生产中"家庭散养"和流通中"多流通主体"的特征,肉羊产业中"规模小""主体多"的现象较为突出。因而,牧户在肉羊养殖、流通和消费环节均发挥重要作用。尤其在养殖环节,牧户是肉羊的养殖规模、肉羊结构和养殖模式的直接决策者,对羊肉市场供给和食品安全发挥着重要作用。

通过以上分析可以发现,肉羊产业链的关键在于养殖环节,而牧户又是草原肉羊产业的主体,肉羊产业相关主体中主要主体也指向牧户,牧户在肉羊产业可持续发展中的重要性可见一斑,因而本研究将研究视角确定为牧户。

2.3.2 草原肉羊产业可持续发展影响因素、动力机制与主要因素分析

(1) 肉羊产业可持续发展的影响因素

肉羊产业可持续发展一直是学者关注的问题,不同学者对影响可持续发展的因素的理解差异较大。如常倩(2018)认为,肉羊产业可持续发展的关键在于提升产业的竞争力,保障主体经济利益;刘雨佳和盖志毅(2012)认为通过发展"公司+基地+牧户"的养羊模式,提高产业经济效益是实现可持续发展的关键;王亚明(2017)认为相对滞后的产业布局制约了肉羊产业的可持续发展;晓梅(2018)从政策出发,认为国家的畜牧产业相关政策为肉羊产业可持续发展提供制度环境;袁永峰(2016)认为,羊肉价格的不稳定是影响羊肉消费的关键因素,消费者收入水平对肉羊产业可持续发展具有重要影响。通过以上文献可以发现,肉羊产业可持续发展的因素较多,但缺乏系统性分析,对整体把握肉羊产业可持续发展存在一定制约。李秉龙和薛建良(2012)系统分析了影响草畜平衡的关键因素,依据对草畜系统中要素的现实影响程度,将关键因素分为对草具有直接影响的资源和产权、对畜具有直接影响的人口和市场以及对草畜共同作用的政策和技术三个层次,并细化为人口、市场、技术、制度、气候、政策六类影响因素。

肉羊产业可持续发展的影响因素研究明确了从哪些角度促进产业可持续发展,对本研究具有重要的借鉴意义,但研究较为宏观,可操作性并不强,尤其是并没有解决产业发展的动力问题,难以在牧户视角下对肉羊产业可持续发展进行指导,因而我们需要对产业可持续发展的动力机制进行分析。

(2) 肉羊产业可持续发展的动力机制与主要因素分析

①肉羊产业可持续发展的动力机制分析

产业可持续发展的核心问题是动力问题,是产业外源动力和内源动力多因素共同作用的结果。在外源动力方面,包括生产要素投入、产业政策扶持、市场需求

拉动、技术创新推动以及相关产业支持等。其中，市场需求是产业发展的导向，要素投入构成了产业系统的物流和能流，技术创新提高投入产出效率，相关产业支持为产业发展提供支撑条件，政府政策为产业发展提供有利的宏观环境。在内源动力方面，包括产业链内部相关主体的竞争与协作（李秉龙和夏晓平，2011）。

理论上，在肉羊产业可持续发展动力研究中，李秉龙和夏晓平（2011）结合产业链的构成和肉羊产业发展的动力源，认为肉羊屠宰加工企业与肉羊产业其他行为主体的竞争与协作构成了肉羊产业可持续发展的内源动力，而生产要素条件、羊肉市场环境、技术进步和相关产业支持组成了肉羊产业可持续发展的外源动力，政府通过配置资源、培育市场、推进技术革新、协调相关主体关系等措施对肉羊产业可持续发展进行影响，各因素间关系如图 2-3 所示。

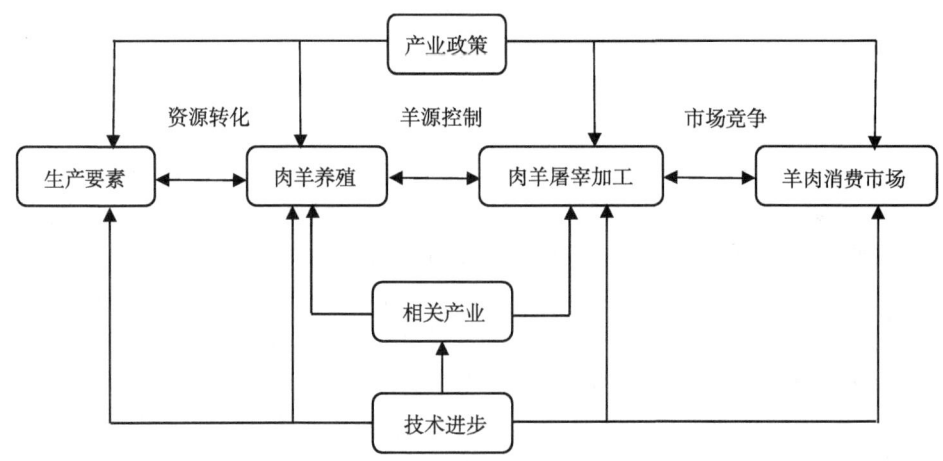

图 2-3 肉羊产业可持续发展的动力机制分析

在肉羊产业可持续发展的各种影响因素中，动力机制分析从理论上为我们找到了肉羊产业可持续发展的关键因素，即生产要素，包括技术进步、市场需求、产业政策、屠宰加工企业及肉羊养殖户。但是，这些因素中哪些因素是主要因素，已有研究并未给出答案，因而需要对肉羊产业可持续发展的主要因素进行分析，进一步聚焦研究重点。

②肉羊产业可持续发展的主要影响因素分析

在实证分析中，通过借鉴已有研究（范垄基，2015；冯逃等，2013；王博等，2019）对农业可持续发展的分析，并结合肉羊产业的特殊性和数据的可获得性，本研究从《中国统计年鉴》《中国畜牧兽医统计年鉴》《中国科技统计年鉴》中，选取 2011—2017 年的草原鼠害为害面积、草原鼠害治理面积、草原虫害为害面积、草原虫害治理面积、当年新增种草面积、青饲料播种面积、草场灌溉面积、羊（毛重）生产价格指数、农村居民人均羊肉出售量、羊肉产量、城镇居民可支配收入、城镇居民平均羊肉消费量、农业技术人员数、累计种草保留面积等13项指标，在对数据进行标准化处理的基础上，运用Stata13.1进行主成分分析，得到的结果详见表2-1。

表2-1 肉羊产业可持续发展的主成分矩阵

主成分	1	2	3	4	5	6
草原鼠害为害面积	-0.370 1	0.135 3	-0.015 7	0.000 3	0.246	0.306
草原鼠害治理面积	0.028 1	0.429 5	-0.375 4	0.152 7	0.545 8	0.097 8
草原虫害为害面积	-0.367 3	0.180 4	0.043 5	-0.079 7	-0.076 4	0.053 2
草原虫害治理面积	0.305	-0.018 1	0.308	-0.494 9	-0.071 7	-0.291 1
当年新增种草面积	0.359 3	-0.313 9	0.140 5	0.327 4	0.067 4	-0.287 3
青饲料播种面积	0.412 8	-0.016 3	-0.039 8	0.354 2	0.244 9	-0.277 1
羊（毛重）生产价格指数（上年=100）	0.228	0.411 4	0.134 8	0.071 9	-0.416 9	0.256 3
农村居民人均羊肉出售量	-0.150 9	0.514 9	0.301	0.245 5	-0.030 3	0.296 5
羊肉产量	0.033 2	0.020 1	-0.030 8	-0.021 8	-0.389 6	0.002 2
城镇居民可支配收入	0.026 5	0.384 1	-0.112 9	-0.009 4	0.026 8	-0.166 4
城镇居民平均羊肉消费量	-0.107 4	0.579 1	-0.195 5	-0.152 5	0.587 8	0.186
农业技术人员数	0.200 5	-0.329 2	0.445 8	0.338 9	0.090 8	0.443
累计种草保留面积	0.501 6	0.020 7	0.001 3	0.440 3	-0.189 1	0.437 4

注：由于个别年份数据的缺失，分析中采用了临近年份数据进行替代，同时，由于城镇居民平均羊肉消费量的缺失，分析中使用城镇居民平均牛、羊肉消费量进行替代。

主成分分析方法是一种降维方法，通过设法将原来变量重新组合成一组新的互相无关的几个综合变量，同时根据实际需要从中取出几个较少的综合变量尽可能多地反映原来变量的信息。通过分析，第一个主成分的特征值为6.563，第二个主成分的特征值为3.161，第三个主成分的特征值为1.888，因而本研究选取前三个主成分反映肉羊产业的发展动力，前三个主成分的累计贡献度为89.32%，对信息具有较强的反映能力。

主成分是输入变量的线性组合，主成分的系数绝对值较大的表示该主成分主要综合了主要绝对值的变量，几个变量系数大小差异不大时，可看作这一主成分是几个变量的和。主成分结果显示（表2-1），影响肉羊产业可持续发展的主成分可分为 6 个，考虑到前 3 个主成分累计贡献度已达 89.32%，后 3 个影响程度较弱，我们将前 3 个主成分确定为肉羊产业可持续发展的动力源。第一主成分主要包括草原鼠害为害面积、草原虫害为害面积、当年新增种草面积、青饲料播种面积以及累计种草保留面积组成，且系数绝对值差异不大，可以看作是这几个变量的综合指标。从系数方向发现，草原鼠害为害面积和草原虫害为害面积对产业可持续发展呈负向影响，而当年新增种草面积、青饲料播种面积以及累计种草保留面积的影响为正，可以认为草原面积与草原鼠、虫威胁对肉羊产业可持续发展具有明显的意义，因而本研究将第一主成分定义为"草原生态环境综合指标"。第二主成分由羊（毛重）生产价格指数、农村居民人均羊肉出售量、城镇居民可支配收入和城镇居民平均羊肉消费量组成，各指标也差异不大，亦可看作是这 4 个变量的综合指标。城镇居民可支配收入越高，城镇居民平均羊肉消费量越多；羊肉价格越高，农村居民羊肉销售量越大，越有利于产业的进一步发展，因而将第二主成分定义为"市场综合指标"。第三主成分仅包含农业技术人员数一个指标，说明技术人员越多，越能够推进肉羊产业各环节技术的研发与推广，推进肉羊产业技术革新的步伐，因而将第三主成分定义为"技术综合指标"。

通过以上分析可以发现，肉羊产业可持续发展的研究，需要重点对"草原生态环境综合指标""市场综合指标"及"技术综合指标" 3 方面进行研究。在"草原生态环境综合指标"中，牧户草原生态环境与保护行为是草原生态环境变化的关键，在"市场综合指标"中，牧户市场参与行为影响了肉羊相关产业链领域的绝对数量，需要分析市场参与的约束与行为；在"技术综合指标"中，牧户是技术需求与采用的最终环节，需要对牧户肉羊养殖相关技术需求的影响因素进行分析。

2.3.3 分析框架

基于以上分析，本研究的基本思路与分析框架如图 2-4 所示。

首先，基于亟待研究解决的西藏草原肉羊产业可持续发展被打破的现实背景提出研究问题，即如何以优化牧户肉羊养殖行为、促进西藏肉羊产业可持续发展为目标，以改善西藏草原肉羊养殖行为、契合西藏牧户肉羊养殖行为实际的优化路径。

其次，以可持续发展理论、农户行为理论和外部性理论为理论基础，理论探讨牧户肉羊养殖行为决策的内在机理，奠定本研究的理论基础。

再次，解决上述问题的关键在于研究牧户养殖行为对肉羊产业可持续发展的影响程度，并进一步分析西藏牧户肉羊养殖行为特征。因而，本研究采用理论与

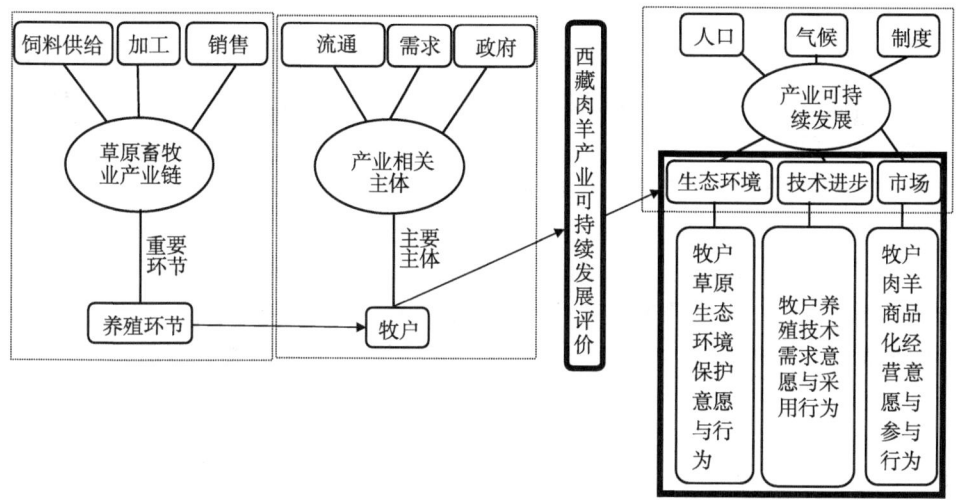

图 2-4　基于可持续发展的西藏牧户肉羊养殖行为分析框架

实证相结合的方法，从以下 4 个方面展开研究。其一，牧户养殖行为影响下西藏肉羊产业可持续发展评价。基于压力—状态—效应—响应理论，构建牧户养殖行为影响下的西藏肉羊产业可持续发展指标体系，利用调查数据对西藏肉羊产业可持续发展进行总体评估，并分析牧户养殖行为对草原肉羊产业可持续发展的影响。其二，基于农户行为理论，在对生计资本、劳动力外流等因素对牧户草原生态环境保护意愿与行为理论分析基础上，实证讨论牧户草原生态环境保护行为的基本状况和影响因素，从牧户草原生态环境层面讨论促进肉羊产业可持续发展路径。其三，基于农户技术采用理论，对牧户肉羊养殖技术需求进行理论分析，结合调查数据对牧户肉羊养殖技术采用状况进行总体把握，解析牧户肉羊养殖技术采用的影响因素。其四，基于实地调查资料，对牧户肉羊商品化经营中"惜杀惜售"现象进行系统解释，分析牧户肉羊商品化经营的困难并解析其内在原因，利用调查数据挖掘牧户肉羊商品化经营的影响因素。

最后，依据研究结论，结合西藏牧户与肉羊产业发展实际，提出促进西藏肉羊产业可持续发展的政策建议。

2.4　小　结

本章在讨论本研究核心观点的基础上，构建了基于可持续发展的西藏草原肉羊牧户养殖行为逻辑框架，结论如下：

（1）牧户在肉羊养殖过程中是理性与非理性并存，肉羊养殖行为与牧户家庭生计密切相关

牧户在肉羊养殖中，不仅考虑经济效益指标，还需兼顾草原生态环境、家庭生计和信仰，所以牧户肉羊养殖行为不仅涉及肉羊养殖各环节，还涉及牧民家庭生计的各方面。

（2）牧户是肉羊产业链的核心主体，牧户养殖行为是影响肉羊产业可持续发展的关键

在产业链中，养殖环节是草原肉羊产业的重要环节，牧户在养殖环节中的核心主体地位明显。在草原肉羊产业可持续发展中，草原生态环境、养殖技术、市场等因素是产业主要动力源，也是牧户肉羊养殖行为影响的关键因素。

3 西藏草原肉羊产业发展历程和特征分析

只有对西藏肉羊产业发展历程和特征有一个全面和清晰的认识,才能更好地总结提炼现实问题,并上升到理论探讨,继而将理论与实际相结合,以便分析肉羊产业可持续发展状况和牧户肉羊养殖行为的影响因素。本章主要展开两方面的分析:一是利用统计资料和公开数据对西藏肉羊产业的发展历程进行分析;二是利用统计数据和调查数据对西藏肉羊产业的产业发展总体状况、牧户肉羊养殖、草原资源特征、市场供求等进行描述性分析。

3.1 西藏肉羊产业发展历史回顾

自1951年以来,西藏草原肉羊产业相关政策经历五次重大变革,在这些政策变革中有诱致性的制度变革,也有强制性变革。不同时期的草原肉羊产业相关政策变革在促进草原肉羊产业发展的同时,也存在一些不足与缺陷。本章重点回顾西藏肉羊产业相关政策变革的轨迹,整体把握西藏肉羊产业的发展历程与方向。

按照草场产权关系,西藏肉羊产业相关政策变革大致可分为5个时期,即封建部落制度、牧户个体所有制、牧户集体经济、草原家庭承包经营以及家庭承包与流转经营(表3-1),这5个时期与西藏所处的历史阶段密切相关。肉羊产业相关政策变迁的历史也是西藏农村产权制度改革的历史。

表3-1 西藏草原政策变革轨迹[1]

制度变迁	封建部落制度	牧户个体所有制	牧户集体经济	草原家庭承包经营	家庭承包与流转经营
变革时间	1959年之前	1959—1965年	1965—1978年	1978—2014年	2015年至今
主要事件	和平解放《十七条协议》[2]	民主改革	社会主义改造和建设时期	改革开放时期	新经济时期

注:[1]范远江,2008. 西藏草场制度变迁的实证分析 [J]. 华东经济管理(7):35-39;
[2]《中央人民政府和西藏地方政府关于和平解放西藏办法的协议》简称《十七条协议》。

3.1.1 封建部落时期

在这一时期,西藏肉羊养殖的草场所有权基本上为地方政府、特殊阶级和部落三类主体所有，牧户只享有草场的使用权，且须向草场所属主体缴纳赋税和劳役。在肉羊的分配上，尽管牧户享有所有权，但由于养殖水平非常低、牧户肉羊数量非常少，再加上面对西藏恶劣的自然环境，牧户为了保持仅有的肉羊数量，不得不与地方政府、特殊阶级或领主签畜租协议（德吉央宗，占堆，2016）。在这种生产关系下，牧户被束缚于草场上，是地方政府、特殊阶级或领主的生产工具，草原肉羊产业发展水平极为缓慢。统计数据显示，1951年西藏肉羊总头数710万只，1958年肉羊总头数基本没有变化（707万只），还略减少。

封建部落时期西藏草原肉羊和草场产权集中在三大领主手中，牧户不拥有肉羊和草场的所有权、经营权、处置权和收益权，甚至自己也仅仅是三大领主的生产工具，牧户肉羊养殖积极性很低，草原肉羊经济一直维持较低发展水平，缺乏可持续发展的动力。

3.1.2 牧户个体所有制时期

1959年西藏进行了民主改革，废除了家奴和人身依附，将叛乱领主的牲畜无偿分配给牧户，牧户得到了一定数量的肉羊，基本形成了牧户个体所有制经济体制。在草场所有权方面，将三大领主占有的草场资源划归集体所有，实现草场公有化，农户"自由放牧"，草原肉羊产业开始发展。这一时期形成的草场牧户个体所有制具有以下特征：一是西藏历史上第一次实现按人平均分配肉羊，废除了草场私有化制度；二是牧户对肉羊享有所有权、处置权、使用权和收益权，牧户不再是三大领主的生产工具，其决策方式开始向"经济人"转化；三是尽管草场为集体公有，但肉羊的私有制性质使得牧户决策属于个体经济性质。牧户个体所有制符合当时西藏牧区实际，促进了草原肉羊产业的进一步发展。1961年西藏肉羊达838万只，超过了平叛前的任何年份，1965年西藏肉羊更是突破1 229万只。

牧户个体所有制时期使原来属于三大领主的肉羊归为牧户，牧户享有了肉羊的所有权、经营权、处置权和收益权，尽管草场为集体公有，但肉羊所有权向牧户的转移符合西藏牧区实际，满足了牧户养殖诉求，在很大程度上刺激了牧户肉羊养殖的动力，草原肉羊产业开始发展，但由于西藏肉羊养殖水平较低，可持续发展无从谈起。

3.1.3 牧户集体经济体制时期

随着全国社会主义改造的推进，1965年西藏也进入社会主义改造和建设时期，在这一时期，西藏草场肉羊经济改革可分为人民公社阶段和联产责任制阶段，在这两个阶段，西藏牧户集体经济体制得以确立。但由于牧户个体经济发展不成熟、不充分，人民公社时期"一大二公"的草原肉羊改革脱离了牧户实际，肉羊经济发展严重受挫，平均增长速度由牧户个体所有制时期的14.28%降低至4.71%（德吉央宗，占堆，2016），牧户集体经济体制受到质疑。为了促进草原畜牧业发展，1979年西藏推行联产责任制，将原来的牧户集体经济生产经营权限向牧户转移，西藏肉羊经济开始复苏，1978—1985年西藏肉羊产量从2.43万t发展到3.41万t。

牧户集体经济体制时期人民公社既是行政机构，也是牧业生产指导和管理机构，拥有畜牧资源的分配权和处置权，减少了牧户的交易费用。在这一时期，生产队拥有草原肉羊（包括牧户）的支配权，牧户肉羊经营的自主权很低。牧户的肉羊交易权被限制，牧户通过共同劳动获得工分，参与肉羊养殖收益分配。在这种情况下，牧户从事肉羊养殖的积极性降低，草原肉羊产业可持续发展再次遇到动力不足问题。

3.1.4 草原肉羊家庭承包经营时期

为了提高牧户肉羊养殖的积极性，1980年中央提出"放、免、减、保"方针，探索牧业生产责任制，1984年在西藏牧区实行"肉羊归户、私有饲养、自主经营、长期不变"的政策，在草场资源公有的基础上进行家庭自主经营责任制，进一步解放了生产力，肉羊产量由1985年的3.41万t增加到1989年的4.08万t。1994年西藏第三次工作座谈会决定提出"分片负责、对口支援、定期轮换"的政策，草场承包到户，草原肉羊产业进一步发展，2006年肉羊产量达8.05万t，西藏草原肉羊产业迎来大发展时期。

在这一时期，草场家庭承包经营制成为西藏牧区的根本政策，推动了草原肉羊产业的养殖方式变革。牧户不仅拥有了牲畜的所有权、经营权、处置权和收益权，还拥有了草场的承包权，牧户养殖积极性进一步释放。但草原肉羊大发展的同时也带来了肉羊超载、草原退化问题，草原肉羊可持续发展逐渐进入政府部门和学者的视野。

3.1.5 家庭承包与流转经营时期

随着西藏经济发展和城镇化的推进，部分牧民开始向城镇转移，牧区劳动力结构和素质发生显著变化。与此同时，家庭草场资源的碎片化和养殖规模的家庭化，草原家庭联产承包责任制的弊端也开始显现，集中表现在牧户养殖收益与务工相比明显偏低，养殖规模较小使得养殖技术采用率不高等。2013年，西藏开始按照国家土地流转对草原所有权、承包权、经营权进行分离，推进草场经营流转，培育新型草原肉羊产业经营主体。草场三权分置为牧区肉羊产业发展注入了活力，为肉羊产业进行资源整合进而建设特色农牧业开辟了道路，加上西藏牧区"两个长期不变"政策，西藏肉羊产业进入可持续发展的新时期。

在现阶段，草场家庭承包责任制实现了所有权、承包权、经营权的分置，牧户将享有的草场承包权实现了向经营权的转化，牧户承包的草场以正式或非正式形式实现了草场经营权的转移。通过草场流转，西藏肉羊产业资源进一步向牧业能手转移，更容易实现规模经营，为养殖技术的提高也打下了基础。同时，将草场流转出的牧户，从传统的牧业经营转向非牧经营，拓展了收入渠道，增加了非牧收入，对西藏经济转型也大有裨益。

回顾西藏肉羊产业发展历程，我们发现政府在肉羊产业的作用明显。首先，为解决肉羊养殖吃"大锅饭"问题，政府及时实施了草地承包到户政策，为解决草地超载、过牧问题，政府实施了草畜平衡奖励政策，这些政策的实施尽管在一定程度上削弱了牧民主体地位，但也引导了肉羊产业的发展方向。其次，牧民生态退化认知提高，但缺乏保护行为。草地退化认知与响应程度直接关系牧民的养殖行为，进而影响整个肉羊产业的可持续发展能否实现。绝大部分研究表明，牧民已经认识到草地退化时间、退化程度和退化表现，"草稀了""草矮了""草品种少了"构成了牧民对草地退化的整体认知（周圣坤、刘娟，2009），但由于经济因素的制约，保护行为较差。最后，牧民为牧区提供了充足劳动力资源，但牧区肉羊产业未受到影响。尽管2006年我国实施了禁牧政策，西藏肉羊出栏量和存栏量有所回落，2017年羊肉产量达6.35万t，较2006年下降了21.12%。

以上事实表明，肉羊养殖政策为西藏牧区肉羊产业发展提供了制度约束与发展方向，政府是牧区肉羊产业发展的政策制定者，为肉羊产业可持续发展提供优质服务。只有牧民，确切地说只有千千万万的牧民家庭是肉羊产业可持续发展的落实者。无论是政府政策约束还是奖惩引导，最终都需要转化为牧民肉羊养殖行为，牧民才是肉羊产业可持续发展的主体。

3.2 西藏肉羊产业发展的基本特征分析

3.2.1 肉羊产业的发展规模

（1）肉羊存栏数量总体回落，肉羊养殖处于政策调整适应期

1958年之前，草原牲畜生产资料基本被三大领主所掌控，西藏草原肉羊养殖处于较低水平维持阶段，尚未形成产业，全区肉羊存栏量只有700余万只。随着改革的推进，西藏草原畜牧生产资料所有制先后经历了养殖户个体所有制时期、养殖户集体经济时期和草原家庭承包经营时期，西藏肉羊产业开始大发展。

到 2004 年，西藏肉羊年存栏数达到峰值（1 816 万只）。随着草原生态恶化，国家开始实施退牧还草工程，养殖户肉羊养殖数量受到草原承载力的限制，西藏肉羊存栏量回落，到 2017 年年底，肉羊存栏仅 1 087 万只，创 40 年新低（图3-1）。

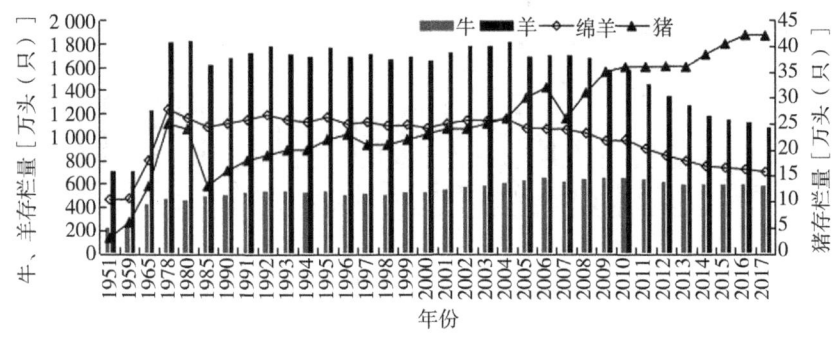

图 3-1　西藏 1951—2017 年牲畜存栏量
（数据来源：西藏历年统计年鉴）

与此同时，近十几年来西藏生猪数量呈显著增加趋势，2016 年和 2017 年达到最高值（42 万余头）。肉羊数量的减少使羊肉供给显著降低，而西藏居民生活水平提高对肉类需求增长较快，在西藏羊肉供给降低的情况下，一方面，自治区外肉羊通过市场配置进入西藏，满足了居民部分肉类需求；另一方面，西藏生猪养殖数量增加也缓解了肉羊养殖数量下降的压力。这说明，西藏肉羊产业可持续发展，不仅是肉羊产业本身问题，更是各种牲畜产业协调发展问题。

（2）出栏量有所回调，出栏率逐步提升

在存栏量下降的情况下，提高出栏率是缓解肉羊供给不足的重要途径。图3-2 显示，西藏肉羊出栏量基本处于上升趋势，已由 1978 年的 213.72 万只增长到 2017 年的 380.59 万只，且在 2011 年达到峰值（547.81 万只）。另外，出栏率的上升也在一定程度上说明西藏肉羊养殖水平在不断提高。近几年来，养殖数量显著下降致使出栏量有所回调，但出栏率一直处于稳步上升阶段，已经由 1978 年的 12.3%增长到 2017 年的 32.93%，且在 2012 年达到峰值（37.05%）。这说明尽管国家草原畜牧养殖政策影响了存栏量，但提高出栏率、优化养殖模式对可持续发展有较好的推进作用。肉羊出栏量和出栏率的提高也反映了养殖户养殖观念的转变。在西藏农牧区，"惜杀惜售"一直是制约农牧区畜牧经济发展的重要障碍。然而在市场经济和家庭资本累积的影响下，很多养殖户转变了养殖观念，增加了市场参与行为，这也在一定程度上推进了肉羊产业可持续发展。需要注意的是，目前西藏肉羊出栏率仍远低于全国平均水平（88.9%），提高肉羊出栏率仍有很多工作要做。

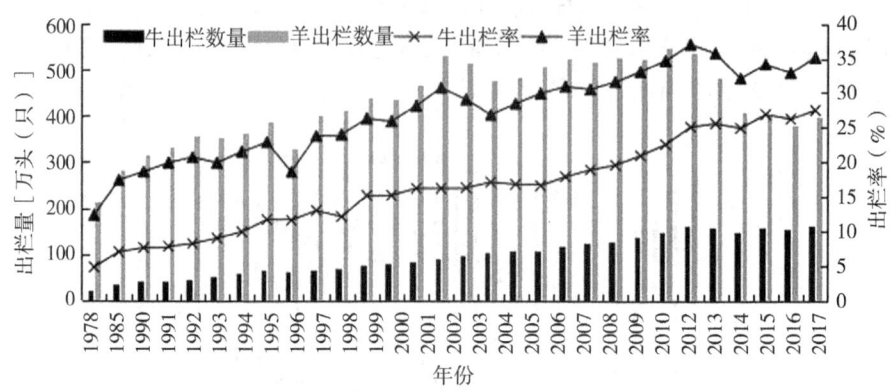

图 3-2 西藏 1978—2017 年草饲牲畜出栏情况

(数据来源：西藏历年统计年鉴)

3.2.2 肉羊产业的发展布局

(1) 分布稳定，数量层次结构明显

尽管近十几年来各地区肉羊数量有所下降，但肉羊数量层次结构较为明显(表 3-2)。按照各地区肉羊数量，基本可分为三个数量层次：第一层次，肉羊集中区，主要为那曲和日喀则；第二层次，肉羊较集中区，阿里和山南；第三层次，肉羊较少区，拉萨和林芝。西藏肉羊数量差异与各地区草原资源多寡、气候条件、历史条件、牲畜食草性能等因素密切相关。资源禀赋方面，日喀则拥有一江两河流域最为丰富的牧草资源，水草资源丰富。那曲地处羌塘草原，虽然面积广大，可容纳牲畜数量也较多，加之那曲耕地资源贫乏，游牧是当地居民最为可行的生计方式，是西藏牧区的重要部分，但由于海拔高、气温低，所以草场资源品质不高。阿里尽管海拔较高、梯度较大，草地面积还是比较广阔，该地区草原面积 4 亿亩，占该地区总面积的 87%，其中可利用面积约 2.8 亿亩；由于该地区人口较少，肉羊数量也相对偏少。林芝有丰富的森林和牧草资源，但饲养肉羊与肉牛相比收益较差，牧户更多愿意选择肉牛养殖，肉羊数量较少。

表 3-2　2006—2017 年西藏绵羊、山羊年存栏量区域分布　　　(万只)

年份	绵羊							山羊						
	拉萨	昌都	山南	日喀则	那曲	阿里	林芝	拉萨	昌都	山南	日喀则	那曲	阿里	林芝
2006	51	89	111	284	382	143	6	38	80	36	174	158	146	5
2007	51	87	113	295	371	137	6	38	79	34	181	160	149	6
2008	50	87	101	295	362	132	5	38	81	32	185	160	145	5

(续表)

年份	绵羊							山羊						
	拉萨	昌都	山南	日喀则	那曲	阿里	林芝	拉萨	昌都	山南	日喀则	那曲	阿里	林芝
2009	47	84	102	285	323	122	5	36	76	32	181	145	141	5
2010	47	84	108	296	315	122	5	36	73	32	171	145	141	4
2011	40	75	102	281	284	113	4	29	62	30	161	132	141	5
2012	35	68	94	272	262	107	4	26	53	26	148	121	133	4
2013	31	64	89	265	246	97	3	21	52	22	141	116	121	4
2014	34	58	87	250	235	83	3	20	45	19	132	100	118	4
2015	32	53	83	248	239	79	3	18	38	19	131	95	114	3
2016	31	48	79	250	241	72	2	18	36	18	129	96	107	4
2017	29	43	73	250	230	72	2	17	30	16	127	89	107	3

注：数据来源于西藏历年统计年鉴。

（2）地域间肉羊养殖比例变化差异较大

除了肉羊养殖数量的绝对变化，西藏各地区肉羊养殖规模相对变动差异较大。以绵羊养殖为例，近十几年日喀则占比基本呈上升趋势，该市绵羊占全区比重由2006年的27.32%上升到2017年的32.65%。同时，阿里地区占比也稍有上升，由2006年的22.92%上升到27.51%。在绝对养殖数量下降的情况下，相对数量的上升与两地资源环境较好有关。与之相对应，拉萨、昌都、山南、那曲等市的绵羊数量比例呈下降趋势，尤其是作为羌塘草原主体的那曲市，2006—2017年，肉羊数量占全自治区比重下降了2%（图3-3），这与两地草原退化程度有关。但是，那曲肉羊养殖基数大，养殖的绝对数量仍较多。

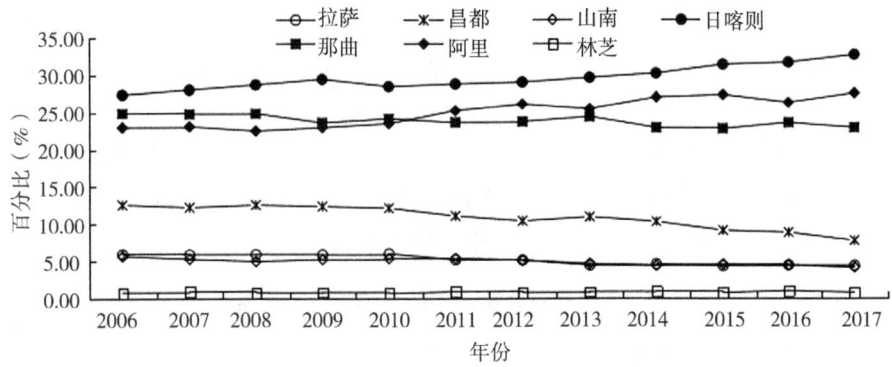

图3-3 2006—2017年西藏各地绵羊年存栏量比例变化趋势

（数据来源：西藏历年统计年鉴）

3.2.3 肉羊产业的经营主体

牧户定居是西藏牧区实施的重大民生工程之一，为了促进牧户定居，西藏自治区人民政府在 2001 年开始推进定居工程，主要包括建牧户民房、修牲畜圈舍、建人居设施等。西藏草原牧区畜牧业养殖已经摆脱了传统的游牧方式，牧户基本实现了定居。除一部分牧户仍进行游牧外，大部分牧户通过初级定居模式、半定居模式、插花式定居模式以及非牧经营定居模式实现了定居安置。截至 2016 年，西藏半牧区定居户 84 000 户，定居比例达 83.05%，牧区定居户 49 000 户，定居比例达 82.57%。比较各年度牧户定居比发现，2010—2012 年西藏牧户定居基本处于稳定状态，2013 年开始半牧区定居比有所下降，这与牧户数量显著增加有关，牧区定居呈上升趋势，至 2016 年，定居比率最高。这说明，牧户定居基本完成，草原肉羊产业发展也由原来的传统游牧模式转向定居式放牧为主、舍养为辅的模式。西藏牧户定居情况详见表 3-3。

表 3-3 2010—2016 年西藏草原牧户定居情况

	项目	2010 年	2011 年	2012 年	2013 年	2014 年	2015 年	2016 年
半牧区	定居户（户）	25 479	25 479	25 479	43 967	44 010	63 750	84 000
	牧民数（人）	53 075	53 075	53 075	101 167	101 160	102 203	101 140
	定居比（%）	48.01	48.01	48.01	43.46	43.51	62.38	83.05
牧区	定居户（户）	28 052	28 052	28 052	26 590	26 590	40 563	49 000
	牧民数（人）	89 678	89 678	89 678	59 330	59 343	59 330	59 340
	定居比（%）	31.28	31.28	31.28	44.82	44.81	68.37	82.57

注：数据来源于历年中国畜牧兽医统计年鉴。

在养殖规模方面，牧户养殖的比重仍然占主导地位。统计结果显示（表 3-4），西藏牧户肉羊养殖规模以小规模养殖为主，2016 年西藏牧户年出栏 1~29 只肉羊的户数为 331 000 户，年出栏 30~99 只肉羊的户数为 43 000 户，年出栏 100~199 只肉羊的仅为 1 户，小规模养殖比例远高于内蒙古、甘肃、青海等省区。尽管 2016 年西藏出现了年出栏 1 000 只以上肉羊的养殖主体，但调查发现，这并不是牧户养殖行为，而是村庄集体的肉羊育肥场。

表 3-4 全国及部分省区 2016 年肉羊养殖规模情况

地区	年出栏 1~29 只场（户）数	年出栏 30~99 只场（户）数	年出栏 100~199 只场（户）数	年出栏 200~499 只场（户）数	年出栏 500~999 只场（户）数	年出栏 1 000~2 999 只场（户）数	年出栏 3 000 只以上场（户）数
全国	13 486 121	1 593 380	313 851	131 232	35 223	8 637	1 503

(续表)

地区	年出栏 1~29只 场（户）数	年出栏 30~99只 场（户）数	年出栏 100~199只 场（户）数	年出栏 200~499只 场（户）数	年出栏 500~999只 场（户）数	年出栏 1 000~2 999 只场（户）数	年出栏 3 000只以上 场（户）数
内蒙古	640 542	224 338	88 693	41 041	10 283	1 445	220
西藏	331 000	43 000	1	0	0	2	2
甘肃	714 331	62 020	12 387	5 200	1 134	295	49
青海	258 843	30 026	13 032	38 010	1 344	333	190

注：数据来源于2017年中国畜牧兽医统计年鉴。

3.2.4 肉羊产业的经营模式

牧户对肉羊品种改良重视程度不够，种畜场不足制约品种改良步伐。品种改良是保持西藏肉羊优势品种的重要手段，但西藏肉羊品种改良步伐缓慢。第一，牧户肉羊品种改良重视程度不够。调查发现，在问及家庭饲养的肉羊品种时，绝大多数牧户说是藏羊，一部分说是绵羊或山羊。在问起具体肉羊品种时，知道的不足百分之一。同时，牧户对肉羊品种改良并不重视，绝大多数家庭自繁自养，品种改良的意愿较低。第二，现有优质肉羊品种保护力度不够。已有优质肉羊品种保护尚未形成有效的保护体系，尽管有个别肉羊品种获得地理标志认证，但品种保护体系并不健全。第三，肉羊改良缺乏有效组织管理手段。品种改良涉及多个部门，如原种场、扩繁场、研究所及牧户等，在市场经济较完善地区，牲畜品种改良资源会按照市场规律进行耦合。但西藏不同，由于牧户对品种改良认知程度不够，缺乏品种改良需求，因而在品种改良推动中主要依靠政府部门的推动。调查发现，相关部门由于缺乏品种改良的着力点，西藏肉羊品种改良推进步伐极为缓慢。第四，西藏牲畜种畜场较少，难以承担全自治区牲畜品种改良工作。统计结果显示（表3-5），西藏肉羊种畜场处于极低水平，2014年和2015年，种绵羊场均为3个，没有种山羊场；2016年，种绵羊场增加了1个，种山羊场增加了4个，难以满足品种改良需求。

表3-5 2014—2016年西藏种畜场情况　　　　　　　　　　（个）

年份	总数	种牛场	种马场	种猪场	种绵羊场	种山羊场	其他
2014	14	5	0	2	3	0	4
2015	14	5	0	2	3	0	4
2016	21	8	0	1	4	4	4

注：数据来源于相关年份中国畜牧兽医统计年鉴。

3.2.5 牧草资源状况

(1) 西藏草原面积大、类型多样

西藏拥有各类天然草地 12.16 亿亩（不含门隅地区草地及难利用草地，下同；15 亩=1hm²），占全国天然草地总面积的 1/5，居各省市（自治区）草地面积首位，其中有人区 9.95 亿亩，无人区 2.21 亿亩。西藏天然草地面积占西藏总土地面积的 71.15%（17.09 亿亩），是西藏农耕地面积的 232 倍（524 万亩），是各类林地面积的 11.4 倍（1.07 亿亩）。

特殊地理位置和气候环境形成了西藏特有草原类型，根据热量条件分为热带、亚热带、温带、亚寒带、寒带等，根据水分条件分为湿润、半湿润、干旱、半干旱、极干旱等类型。各类草地中以高寒草原草地分布面积最大（47 382.93 万亩），占全区草地面积的 38.9%；其次是高寒草甸草地（38 051.13 万亩），占 31.27%；第三是高寒荒漠草原草地（13 018.07 万亩），占 10.70%；第四是高寒草甸草原草地（8 908.52 万亩），占 7.32%；第五是高寒荒漠草地（8 162.47 万亩），占 6.71%；第六是温性草原草地（2 678.94 万亩），占 2.2%；第七是山地草甸（1 992.40 万亩），占 1.64%（王建林等，2009）。以上 7 类草地面积合计占西藏草地总面积的 98.7%（图 3-4）。

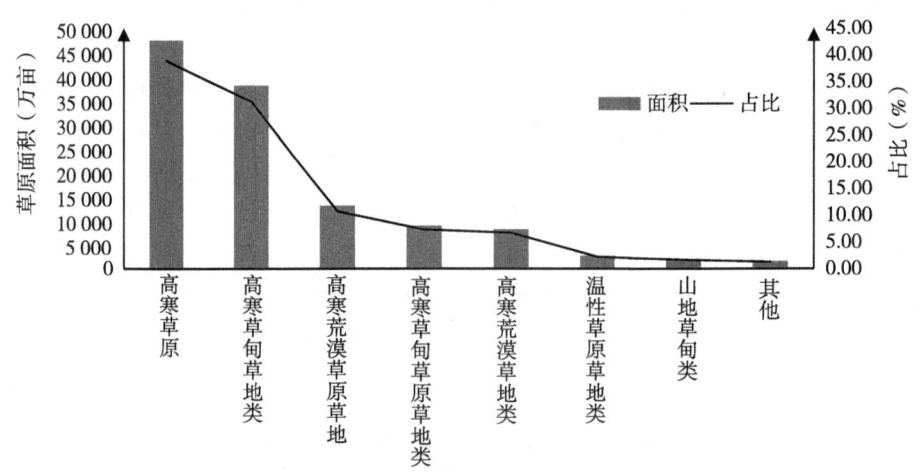

图 3-4 西藏不同草原类型面积分布

(2) 西藏草原资源地域间差异明显，零碎化特征明显

在地域分布上（表 3-6），拉萨市以低地草甸和温性草原为主，分别占该类草原面积的 19.51% 和 17.95%；林芝市以暖性草丛、热性草丛和热性灌草丛为

主,均为该类草原的全部面积;昌都市以山地草甸和暖性灌草丛为主,分别占该类草原面积的81.29%和69.71%;日喀则市以沼泽类和低地草甸为主,分别占该类草原面积的64.03%和60.38%;阿里地区以温性荒漠草原、温性草原化荒漠和温性荒漠为主,均为该类草原的全部面积;那曲以高寒草甸草原、高寒荒漠和高寒荒漠草原为主,分别占该类草原面积的72.66%、57.08%和55.45%;山南市草原面积最少,以温性草原为主,仅占该类草原面积的26.18%。

表3-6 西藏各地草原分布情况 (%)

草地类型	拉萨	林芝	昌都	日喀则	阿里	那曲	山南
温性草甸草原		10.09	73.26	7.87		8.78	
温性草原	17.95	1.56	17.63	34.52	2.16		26.18
温性荒漠草原					100.00		
高寒草甸草原	1.86		20.28	2.38		72.66	2.82
高寒草原	0.36			15.62	39.74	43.05	1.23
高寒荒漠草原					44.55	55.45	
温性草原化荒漠					100.00		
温性荒漠					100.00		
高寒荒漠					42.92	57.08	
暖性草丛		100.00					
暖性灌草丛		30.29	69.71				
热性草丛		100.00					
热性灌草丛		100.00					
低地草甸	19.51	20.11		60.38			
山地草甸	0.40	7.60	81.29	3.35		3.36	4.00
高寒草甸	6.12	6.80	16.09	22.71	7.69	32.69	7.90
沼泽类	9.61			64.03	26.36		

数据来源:孟有达,1994.中国草地资源数据[M].北京:中国农业科技出版社;苏大学,薛世明,1994.西藏自治区草地资源[M].北京:科学出版社.

在分布区域上,西藏草地情况非常复杂,有不同类型的草地分布。同时,由于地理条件差异,同一草地类型分布的海拔也有差异,各种牧草资源零星化分布。尽管那曲市和日喀则市属于西藏肉羊主产区，也有面积较为广袤的高寒草原和一江两河流域草原，但那曲草原产草量较低、气候干燥、高寒缺氧、年均气温-2.2℃、最低气温达-40℃，而日喀则市的一江两河流域的草原各类草地类型均有分布，以规模养殖带动肉羊产业发展相对不易。在西藏草原资源分布中，林芝和阿里分布最多，但肉羊分布以那曲市和日喀则市为主，草畜分布矛盾较为明显。在分布地域上，林芝市森林覆盖率较高、生态环境较好、草原面积较为丰富，但林芝市属于农牧区，农业的比重较高，尽管牧户饲养了肉羊和牦牛，但在家庭生产经营中的比例较低；阿里地区平均海拔较高、人口较少，同时由于海拔间差异较大，农牧户饲养的肉羊在全区所占份额较少。因而，草原资源分布不均且与肉羊数量不匹配是西藏肉羊产业面临的最大问题。

（3）西藏草原生态环境面临多重自然压力

其一，有毒植物数量多，分布广。西藏草原的脆弱性不止与牧户超牧有关，有害植物扩散的影响也很大。近几十年来，西藏草原上的有毒植物逐年扩散，并有加速趋势。据统计，西藏天然草地可供牲畜食用的植物共计83科557属2 672种，有毒植物有74科202属365种（佘永新等，1997）。随着人们对有毒植物认知水平的提高，毒草化已经被确认为威胁草原可持续发展的第二大自然灾害因素。在分布上，西藏草原有毒植物占可利用面积的10.43%，其中黄芪属和棘豆属分布最为广泛，有毒植物分布详见表3-7。可以发现，西藏各地有毒植物分布都较高，其中拉萨市种类最多，有毒植物65科146属223种，林芝和阿里稍少。同时作为藏北草原主体的那曲市，有毒植物种数达143种；一江两河流域畜牧业发展较好的日喀则市，有毒植物也接近90种。品种复杂的有毒植物分布在影响草原健康发展的同时，势必也会影响草原畜牧业的可持续发展。

表3-7 西藏各地有毒植物种属分布

地区	科	属	种	主要有毒植物种属
拉萨市	5	146	23	黄芪属茎直黄芪、丛生黄芪、坚硬黄芪、西藏黄芪、云南黄芪，橐吾属黄帚橐吾，棘豆属甘肃棘豆、黄花棘豆、毛瓣棘豆，毛茛属三裂毛茛、云生毛茛、高原毛茛，狼毒属瑞香狼毒，婆婆纳属长果婆婆纳，银莲花属展毛银莲花等
那曲市	47	93	143	黄芪属茎直黄芪、丛生黄芪，棘豆属镰荚棘豆、甘肃棘豆、毛瓣棘豆，乌头属伏毛铁棒锤、露蕊乌头、铁棒锤、甘青乌头，银莲花属野棉花，毛茛属苞毛茛，唐松草属高山唐松草、高原唐松草，野决明属披针叶黄华、高山黄华等
昌都市	43	74	125	黄芪属茎直黄芪，乌头属宽苞乌头、露蕊乌头、工布乌头、铁棒锤、甘青乌头，翠雀属翠雀，棘豆属冰川棘豆、甘肃棘豆、黄花棘豆，毛茛属砾地毛茛、云生毛茛、高原毛茛，狼毒属狼毒，唐松草属高山唐松草、狭序唐松草、高原唐松草、长柄唐松草、芸香叶唐松草等

(续表)

地区	科	属	种	主要有毒植物种属
山南市	37	66	89	黄芪属茎直黄芪，乌头属叉苞乌头、露蕊乌头、工布乌头、船盔乌头，翠雀属囊距翠雀花，大戟属高山大戟，棘豆属轮叶棘豆、冰川棘豆、甘肃棘豆、毛瓣棘豆，毛茛属云生毛茛，狼毒属瑞香狼毒，唐松草属高山唐松草、狭序唐松草、美丽唐松草，野决明属披针叶黄华等
日喀则市	28	54	89	黄芪属茎直黄芪，狼毒属瑞香狼毒，乌头属高峰乌头、宽苞乌头、露蕊乌头、船盔乌头、亚东乌头，银莲花属展毛银莲花、钝裂银莲花、草玉梅、野棉花，翠雀属囊距翠雀花，棘豆属镰荚棘豆、冰川棘豆、甘肃棘豆、黄花棘豆、毛瓣棘豆，毛茛属三裂毛茛、云生毛茛、毛叶毛茛、高原毛茛、毛果毛茛等
林芝市	20	35	67	黄芪属茎直黄芪，芨芨草属醉马芨芨草，乌头属露蕊乌头，木贼属问荆，大戟属狼毒大戟，蕨蕨，狼毒属瑞香狼毒等
阿里地区	15	30	52	棘豆属冰川棘豆，水毛茛属黄花水毛茛，铁线莲属藏西铁线莲，毛茛属苞毛茛、云生毛茛、高原毛茛，红景天属线尾红景天，唐松草属高山唐松草，野决明属披针叶黄华等

数据来源：刘晓学，冯柯，严杜建，等，2015. 西藏天然草原有毒植物危害与防控技术研究进展[J]. 中国草地学报（3）：104-110.

其二，鼠害分布广，为害大。西藏草原分布最广、为害最严重的鼠类主要有三类，分别为高原鼠兔、喜马拉雅旱獭和高原鼢鼠。其中高原鼠兔主要分布在海拔 3 100~5 100m 的草原草甸、高寒草甸、亚高寒草甸、草甸化草原上。喜马拉雅旱獭主要分布于海拔 2 500~5 200m 的高寒草甸和高寒草原的阳坡、阶地、谷地、山麓平原上。高原鼢鼠则主要分布于海拔 2 800~4 200m 的高寒草甸、草甸草原及高寒灌丛等地。

草原鼠害影响草原牧草生产量，为害面积大，且有上升的趋势。2014 年，西藏草原鼠害面积达 741 万 hm^2，治理面积仅为 15.73 万 hm^2，2015 年鼠害为害面积为 284 万 hm^2，治理面积仅为 15.33 万 hm^2；2016 年鼠害为害面积达 300 万 hm^2，治理面积达 121.07 万 hm^2。藏北草原鼠害更为严重，部分草原鼠洞密度达 25 万~30 万个/km^2（杨富裕等，2003）。高原鼠兔还大量啃食优良牧草，降低牧草生产性能，严重破坏草原生态环境。据夏茂林等（2011）对西藏萨迦县鼠害及地上生物量的研究可以发现（表 3-8），高原草甸草原的鼠害非常严重，且有恶化趋势。2007 年，该样本点鼠洞个数为 700 多个，2009 年增加到 887 个；在地上生物量上，2007 年为 674.7kg/km^2，2009 年仅为 415.2kg/km^2。这些因素直接促使草原进一步退化，进而影响草原牧草的生产量。同时，草原植被生态系统被破坏，草原水土保持难以为继，更会影响草原物种的多样性，致使草原生态链断裂，对草原肉羊产业威胁很大。

表 3-8　西藏萨迦县鼠害洞口数及地上生物量变化情况

调查年份	总洞口数（个）	有效洞口数（个）	洞口密度（个/km²）	有效洞口率（%）	地上生物量（kg/km²）
2007	707.75±225.41	61.00±19.42	10 616.25±381.15	10.20±2.13	674.7±22.3
2008	812.50±227.50	263.75±157.75	12 187.50±412.50	32.63±15.26	506.3±23.5
2009	887.75±244.86	227.00±5.59	13 316.25±672.90	25.87±9.00	415.2±26.7

数据来源：夏茂林，王佺珍，白松，等，2011. 西藏日喀则高寒草甸鼠害动态研究 [J]. 草业科学，28（3）：449-453.

其三，草原荒漠化程度高、面积大。荒漠化不仅导致西藏可利用草原面积的大量减少，更对西藏草原畜牧业可持续发展提出新的挑战。在荒漠化监测上，国内外以遥感（RS）和地理信息系统（GIS）技术为主，近年来植被指数法中的归一化植被指数（NDVI）开始在全球范围内广泛应用，据段英杰等（2012）对西藏7个地区的监测，西藏荒漠化灾害问题仍较为严重。

在荒漠化程度上（表3-9），2009年西藏荒漠化总面积达 440 402.68km²，其中中度荒漠化最多，达 272 490.45km²，占61.87%；严重荒漠化面积为 89 938.49km²，占20.42%；轻度荒漠化面积最少，仅占17.71%。在荒漠化动态变化上，2003—2009年中度荒漠化和严重荒漠化面积均有扩大，其中中度荒漠化扩大面积最多，近 10 000km²，增加了1.51个百分点，严重荒漠化面积超过了 4 400 km²，也增加了近1个百分点。总体上看西藏荒漠化趋势很严峻。

表 3-9　西藏荒漠化面积统计

类别	2003 年		2009 年	
	面积（km²）	占比（%）	面积（km²）	占比（%）
轻度荒漠化	86 954.89	19.99	77 973.74	17.71
中度荒漠化	262 598.53	60.36	272 490.45	61.87
严重荒漠化	85 493.09	19.65	89 938.49	20.42
荒漠化总面积	435 046.51		440 402.68	

数据来源：段英杰，何政伟，诸丽娟，2012. 基于MODIS的西藏荒漠化动态监测研究 [J]. 广西大学学报（自然科学版），37（2）：312-316.

荒漠化面积（表3-10）主要集中分布在阿里地区、那曲市和日喀则市。其中，阿里地区荒漠化面积最多达190 143.82km²，占43.17%；那曲市为

148 821.87km²，占 33.79%；日喀则市为 69 871.99km²，占 15.87%。对比西藏草原肉羊分布状况可以发现，荒漠化主要集中在肉羊主产区的那曲市和日喀则市，荒漠化面积扩大和程度加深对草原肉羊产业的可持续发展有着严重影响。

荒漠化对草原的直接威胁是水土流失。草地中水分的减少致使一些浅层植被得不到应有的水分而干枯致死。在荒漠化较轻的地区，由于草地含水量的下降也会直接降低草原植被的产草量，加上西藏属于中国大风的多发区，荒漠化后的草原也将面临严重的风沙危害，甚至产生沙尘暴，严重威胁居民的生产和生活，甚至会导致畜牧养殖基本条件的丧失。

表 3-10 西藏各地荒漠化面积与比重

地区	轻度荒漠化		中度荒漠化		严重荒漠化		总计 (km²)
	面积 (km²)	占比 (%)	面积 (km²)	占比 (%)	面积 (km²)	占比 (%)	
阿里地区	5 895.79	3.1	124 316.9	65.4	59 931.13	31.5	190 143.82
昌都市	4 131.78	61.3	1 889.38	28.1	715.81	10.6	6 736.97
那曲市	28 965.31	19.5	97 210.47	65.3	22 646.1	15.2	148 821.87
拉萨市	3 280.15	78.5	769.40	18.4	137.83	3.3	4 187.38
林芝市	2 322.04	46.9	1 678.12	33.8	959.18	19.3	4 959.34
日喀则市	23 053.84	33.0	41 849.60	59.9	4 968.55	7.1	69 871.99
山南市	10 324.84	65.8	4 776.58	30.5	579.89	3.7	15 681.31

数据来源：段英杰，何政伟，诸丽娟，2012. 基于 MODIS 的西藏荒漠化动态监测研究 [J]. 广西大学学报（自然科学版），37（2）：312-316.

3.2.6 羊肉供求

市场是调节肉羊养殖与消费的有效途径，尽管西藏城镇羊肉消费自治区外输入数量较多，但农牧民的羊肉消费比例仍然很大，城镇羊肉消费市场与农牧区居民羊肉消费市场之间也有着千丝万缕的联系。

（1）西藏自治区内肉羊供给能力下降

养殖数量是影响西藏羊肉市场供给的核心因素。通过对西藏牲畜存栏量、肉羊出栏量及羊肉产量等数据的梳理发现，和平解放后西藏牲畜存栏数显著提高，并长期处于较高水平。2004 年羊（包括绵羊和山羊）的存栏量开始下滑，截至 2017 年年末，西藏肉羊总存栏量为 1 087 万只，其中绵羊存栏量 700 万只。

从图 3-5 可以发现，1978—2011 年西藏羊肉产量一直处于上升趋势，在

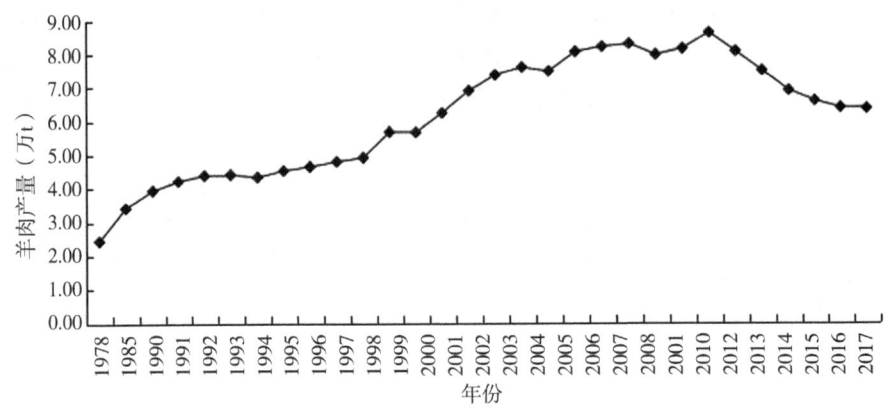

图 3-5　1978—2017 年西藏羊肉产量变化曲线

2011 年年末，羊肉产量达到最高值（8.61 万 t）。由于草原奖补政策实施等原因，2011 年后羊肉产量呈逐年下降趋势，2017 年羊肉产量仅为 6.35 万 t。总体来看，西藏羊肉的自给能力在下降。

（2）西藏自治区外羊肉供给数量较多，但不稳定

跨省份调运也是西藏活羊与羊肉供给的重要方面之一。据西藏拉萨市农牧局统计，每年跨省份引进活羊在 3 000 只以上，跨省引进羊肉 140t 左右。如 2018 年，西藏共跨省份调运活羊 3 235 头（图 3-6），且 11 月跨省进入西藏肉羊数量最多，这与西藏居民肉羊消费季节有关。但是，由于 2019 年非洲猪瘟的影响，西藏跨省份调运暂时停止，加上 2020 年开始的新型冠状病毒的影响，目前仍未开始跨省份调运牲畜，这在一定程度上也加大了西藏肉羊供给压力。

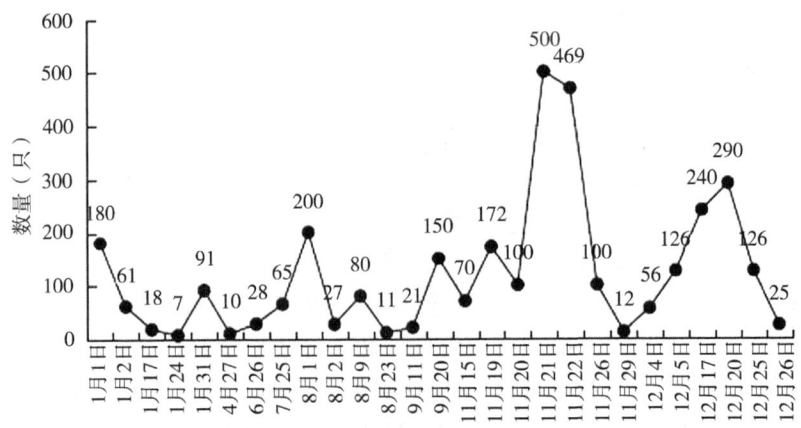

图 3-6　2018 年西藏跨省份调运进入肉羊数量

(3) 城镇居民羊肉消费逐年增加，但比例偏低

随着西藏经济的发展和居民收入水平的提高，居民饮食结构开始发生转变，畜产品比重上升和粮食比重下降。在西藏城镇居民饮食结构中，"一猪独大"现象并不明显，而牛肉消费量长期处于领先位置，作为高蛋白、低脂肪的羊肉在近几年居民肉类消费比重中基本处于上升趋势。统计结果显示（图3-7），2012年西藏城镇居民羊肉消费达最低水平，人均羊肉消费2.8kg。2012年开始至今，西藏城镇居民工资实现四次上涨，居民收入已经实现翻一番的要求，居民收入的增加为饮食结构进一步改善提供资金支持。需要指出的是，2017年城镇居民羊肉消费猛增，达到人均羊肉消费14kg，这可能与非洲猪瘟在我国肆虐、居民对食草性牲畜肉类偏好加强有关。

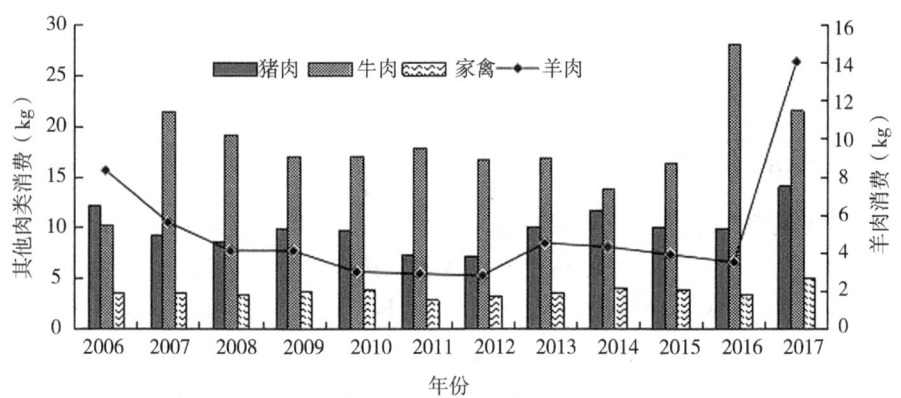

图3-7 2006—2017年西藏城镇居民肉类消费变化趋势
（数据来源：西藏历年统计年鉴）

在收入水平层面，西藏城镇居民羊肉消费以富裕户为主，中等偏上收入以上居民人均羊肉消费量一直处于高位，增长趋势明显。统计结果显示（表3-11），2017年，西藏城镇中等收入以上居民人均羊肉消费达到最大值，中等偏上户、高收入户、最高收入户人均羊肉消费分别为26.1kg、23kg和12.7kg，较以往年份均有显著增加。尤其是中等偏上户和高收入户，人均羊肉消费量突破了20kg。同时，低收入居民羊肉消费也有显著增加，2017年低收入户和中等偏下户人均羊肉消费也突破了10kg，不仅大幅超过了以往年份消费量，甚至超过了高收入户以往年份的羊肉消费量。

表 3-11 2008—2017 年西藏城镇居民家庭按收入等级平均每人羊肉消费量

(kg)

年份	总平均	最低收入户	贫困户	低收入户	中等偏下户	中等收入户	中等偏上户	高收入户	最高收入户
2008	4.1	1.5	1.0	2.3	2.7	4.4	5.2	7.5	8.8
2009	4.1	1.9	0.9	1.6	3.1	4.7	5.2	7.1	6.5
2010	3.0	1.7	1	1.8	1.4	2.4	3.4	7.7	8.1
2011	2.9	2.4	2	2.2	2	1.5	3.4	6.2	8.5
2012	2.8	1.8	2.1	1.8	1.9	1.9	2.7	6.6	8.9
2013	4.5	2.0	1.4	2.9	3.5	2.8	6.8	9.8	11.1
2014	4.3	3.4	2.5	4.4	3.5	2.9	4.3	7.6	12.5
2015	3.9	5.1	1.8	3.5	2.9	4.7	3.2	4.2	9.1
2016	3.5	5.5	3.8	0.8	3.4	2.1	1.5	5.9	14.2
2017	14.0	5.8	2	11.4	12.5	7.4	26.1	23	12.7

注：数据来源于西藏历年统计年鉴。

消费是推动产业发展的重要因素，西藏羊肉产业也不例外。与其他省市不同，西藏城镇居民红肉消费结构以牛肉为主，猪肉次之，羊肉最少。统计结果显示（图 3-8），西藏城镇居民羊肉消费的水平较低，尤其是 2006—2011 年，羊肉

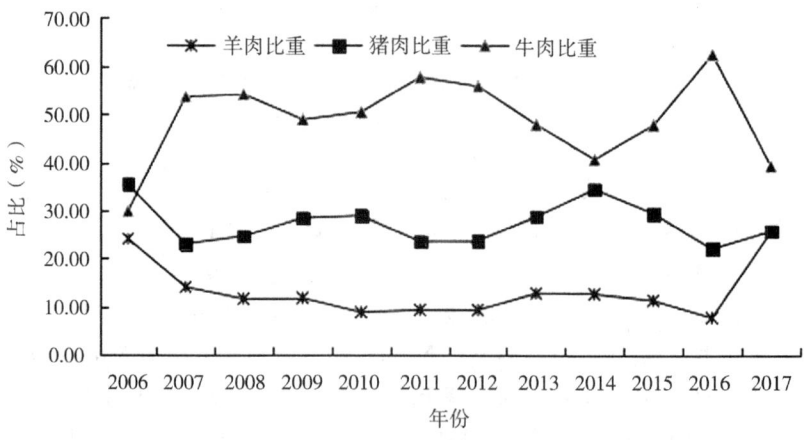

图 3-8 2006—2017 年西藏城镇居民肉类消费占比变化

（数据来源：西藏历年统计年鉴）

消费比重一直处于下降趋势，由 2006 年的 24.06% 下降到 2011 年的 9.35%，尽

管 2011—2013 年有所回升，但 2013 年后又开始下降，到 2016 年甚至下降到 7.81%。但 2017 年西藏城镇居民羊肉消费比重突然提高，高达 25.59%，这可能与该年牛肉价格偏高有关。随着居民收入水平的增加和生活节奏的加快，家庭外饮食消费频次将进一步上升，同时，随着居民健康意识的增强，禽肉、牛羊肉消费的比重将进一步上升，尤其是 2018 年"非洲猪瘟"等疫情的影响，居民对牛羊肉消费偏好可能增强。因而，尽管西藏居民羊肉消费水平偏低，但预期进一步提高空间较大。

3.3 小　结

本章在讨论西藏肉羊产业发展历程基础上，对西藏肉羊产业发展特征进行总结，结论如下。

（1）西藏肉羊产业总体特征明显

在数量分布上，日喀则市和那曲市数量最多；在品种分布上，拉萨市、山南市、日喀则市以绵羊为主，其他地区肉羊数量差异不大；在数量分布上，肉羊总体数量呈下降趋势，肉羊比例变化地域间差异较大。

（2）西藏肉羊产业发展水平偏低，可持续发展模式已经被打破

肉羊养殖以家庭为主，养殖规模小；肉羊产业供给总量偏低，且有回落趋势；肉羊产业处于政策调整适应期，出栏率有所上升，但相对偏低。西藏草原生态较为脆弱，且面临有毒植物、鼠害及荒漠化的威胁，草原生态环境沙化、退化特征明显。西藏城镇居民羊肉消费稳中有升，近期显著增加；城镇居民羊肉消费比重偏低，但有上升预期。

4 牧户养殖行为视角的西藏肉羊产业可持续发展评价

本章根据压力—状态—效应—响应模型建立牧户层面的可持续发展的评价思路，结合数据的全面性、系统性和可得性等原则，构建评价指标体系；然后依据调查数据从牧户养殖行为层面对西藏肉羊产业可持续发展进行综合评价，并结合第二章分析框架的思路，分析牧户不同肉羊经营行为、养殖技术采用行为和肉羊商品化经营行为与肉羊产业可持续发展的关系。

4.1 牧户层面的可持续发展的评价思路

本章在牧户视角下对西藏草原肉羊产业可持续发展评价以压力—状态—响应模型为基础，将具体指标分为压力、状态、效应及响应四部分（图4-1）。同时，为了更好地对相关指标进行测度，通过建立指标筛选的原则，并在已有可持续发展评估方法借鉴的基础上，选择合适的评估模型，通过对相关指标的权重设定和归一化处理，在牧户视角下对肉羊产业可持续发展进行整体评估。

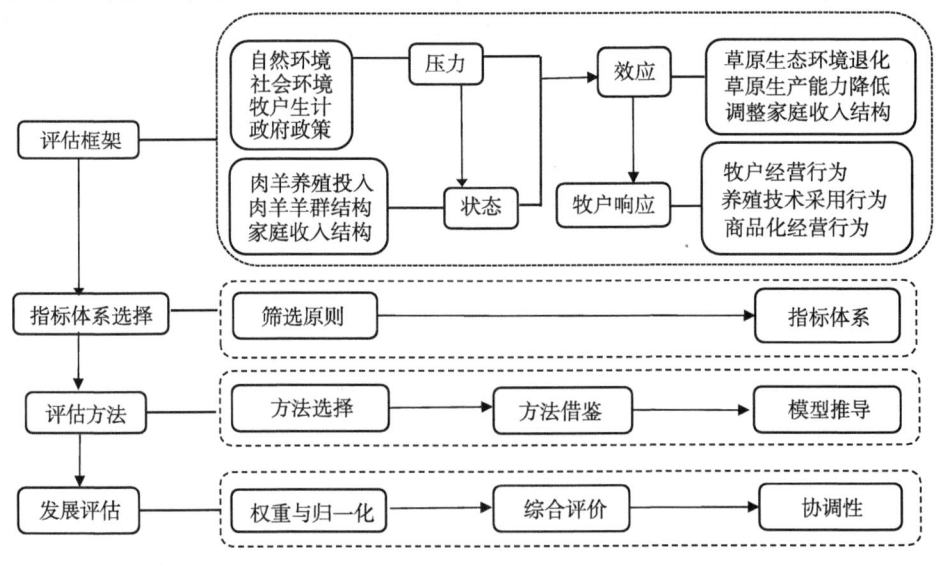

图 4-1 牧户视角下的肉羊产业可持续发展评估思路

4.2 评价指标体系的构建

4.2.1 牧户视角下西藏肉羊产业可持续发展的压力—状态—效应—响应分析

（1）牧户肉羊养殖面临各方面压力

作为肉羊养殖的基本单元，牧户养殖受到多种压力影响。主要包括：其一，草原生态环境恶化压力增大。由于气候变暖，草原生态原有基本气候平衡发生改变，草原植物种类与数量随之发生改变，尤其是有毒有害植物的泛滥，草原鼠害的增加，以及由于气温导致的草原沙化等，草原自身调节能力降低，加之草原肉羊数量的增加，草原生态环境恶化趋势明显。其二，社会羊肉需求增加。由于居民收入水平的提高和对草食肉类营养认知的加强，肉羊需求增加在市场均衡层面打破了原有肉羊市场供求平衡，在肉羊养殖数量相对稳定的情况下，羊肉价格有增加趋势，对牧户提高肉羊养殖数量形成巨大吸引。其三，家庭生计水平提高的压力增大。牧户生计水平提高具有较大的刚性，且在经济发展水平持续提高、城镇化发展和新农村建设整体推进的背景下，牧户生计水平的提高导致养殖数量增加。其四，政策对养殖规模的约束。为了保护西藏草原生态环境，国家、自治区出台各类农牧民优惠政策，提高牧户生活水平，与此同时，也加强了牧户肉羊养殖数量限制，并在乡（镇）、村级进行公示与监督，因而牧户肉羊养殖数量也面临较大的政策约束。

（2）牧户肉羊养殖状态分析

牧户是非常复杂的经济主体之一，其家庭经营以肉羊养殖为主。状态分析主要包括：其一，肉羊养殖状态。西藏肉羊养殖以家庭散养为主，养殖规模相对偏小，养殖的人员往往以高龄人群为主，养殖具有典型的粗放式特征。其二，养殖结构变化。养殖结构主要包括养殖种类和养殖数量。在西藏牧区，牧民牲畜养殖主要包括牦牛、犏牛、黄牛、山羊及绵羊等，由于政府养殖政策原因，养殖数量变化不大。其三，羊群结构变化。羊群结构优化是肉羊养殖效率提高的重要手段，正如前文分析，西藏肉羊养殖粗放，肉羊繁育以自然繁育为主，种羊缺乏，母羊产羔时间跨度较大，羊群结构相对不合理。其四，家庭收入结构变化。随着西藏城镇化的发展，西藏牧民外出务工的人次与数量开始增加，牧民家庭工资性收入在家庭占比日益提高，加上牧民在村内、乡内非牧活动的增加，肉羊养殖收入比重具有明显的下降趋势。

（3）效应分析

牧户依托自然环境、制度环境、技术条件、家庭资本禀赋、家庭收入结构等多方面进行牲畜养殖，在牲畜养殖过程中，往往强调个体理性，而忽视了集体理性，养殖结果也将产生不同效应。其一，草原生态环境恶化。由于牧户超载、超牧，单一面积的肉羊养殖数量与理论载畜量差距较大，加上牧户对放牧便利性的衡量，附近草原放牧频次高，而偏远草原放牧偏低，加上自然环境变化因素，牧草资源退化，草原环境退化。其二，草原生产能力降低。正如前文分析，由于牧户超载、超牧和草原自然环境变化，有毒有害植物种类和数量上升，再加上牲畜可食用牧草的数量和种类下降，致使草原实际载畜量显著下降、草原整体生产能力下滑。其三，在家庭生计水平提高和草原生态环境恶化的背景下，牧户需要转移家庭剩余劳动力来扩大非牧收入来源，而在城镇化发展的背景下，牧户有可能通过异地或就近非牧劳动力转移来提高工资性收入。

(4) 牧户响应

牧户经营行为响应。在草原生态较好的情况下，牧户通过肉羊养殖将草原生态资源转化为草原资源；在牧户畜牧养殖超出生态承载能力的情况下，草原生态恶化，牧草资源转化经济资源的动力不足。在转化过程中，核心是牧户与草原、肉羊互动的过程，牧户草原生态环境质量是影响牧草资源好坏的关键。牧户对草原生态环境的响应集中表现在肉羊养殖规模的控制上。

牧户养殖技术采用行为。在西藏肉羊养殖实践中，传统养殖模式一直处于主导地位，而牧户养殖技术的采用是转变养殖模式的关键。

牧户肉羊商品化经营行为。市场是调节社会资源的重要手段，对西藏肉羊养殖也不例外。牧户市场参与的响应直接表现为肉羊销售数量。

4.2.2 指标体系构建原则

(1) 全面性原则

肉羊产业可持评价是一个系统工程，与西藏农牧区经济各方面联系密切，因而评价中不仅要综合考虑肉羊产业涉及的直接因素的影响（养殖规模、存栏量、出栏量、生态环境、技术支撑、从业人员等），还需要兼顾人口、经济发展水平、收入、城镇居民等因素的间接影响，因而，指标越多可能对系统评价产业可持续的估计值越准确。

(2) 系统性和层次性相结合原则

为了更加明晰地评估草原肉羊产业可持续状况，同时考虑经济、社会、生态之间的联系与协调性，在指标选择中以经济系统、社会系统、生态系统为核心，宏观确定评价指标的选择类别。同时，结合已有研究文献，细化各系统内部指标，使指标体系具有层次性。

(3) 理论性与实用性相结合原则

可持续发展评估以可持续发展理论为依据，以经济协调发展为目标，因而在指标选择中需要参考相关理论。同时，在具体指标选择中，需要兼顾数据的可得性、简单性，以保证可持续发展评估的指标量化相对容易，有代表性。

（4）综合性和代表性相结合原则

可持续发展评估涉及西藏农牧区经济的各个方面，在指标体系构建时需要综合考虑各方面的影响，同时，由于评价体系指标涉及的因素较多，优选具有代表性的指标尤为重要。

（5）静态与动态指标相结合原则

静态指标反映的是草原可持续发展的现状，动态指标反映的是未来变化趋势。因而在指标选择中，首先要注重动态指标的筛选，同时不能遗漏静态指标，建立更加全面的评价指标体系。

4.2.3 评价指标筛选

为了更为准确地对指标体系进行分类与度量，指标选择中采用指标体系分层方法。具体来讲，参照已有文献，将每个指标体系分为"目标层"和"指标层"，"目标层"是依据评价目标所确定的综合指标，而"指标层"则是具体的各个指标。本次综合评估的目标是对西藏肉羊产业可持续发展进行综合定量评价，因此本研究的目标层是草原肉羊产业可持续发展，而肉羊产业可持续发展是压力指标、状态指标、效应指标和响应指标这四个子系统的相互作用和影响共同来决定的。

在指标选择上，李颖明（2006）对国内外农业可持续发展指标的归纳和分析以及刘茹（2011）对民勤肉羊产业可持续发展分析时所采用的指标，并结合压力—状态—效应—响应模型，充分考虑了西藏农牧区的特殊性与肉羊产业发展的特点和相关理论，再结合数据的可获得性，初步设计了压力、状态、效应及响应四个子层。

在压力指标方面，主要包括草原基本状况、社会经济压力和农户家庭特征三个方面。其中，牧户草原状况反映的是牧户拥有的草地情况，用草地面积和草地区位进行测度。社会经济压力反映的是牧户肉羊养殖的人力压力、产权支持与商品化率等，用劳动的机会成本、草地确权情况、肉羊价格和商品化率进行衡量。牧户特征包括非牧收入比重、家庭总收入和户主文化程度，反映牧户家庭基本禀赋情况。

在状态指标方面，主要包括肉羊养殖投入和草地利用情况两个方面。其中肉羊养殖投入反映的是牧户肉羊养殖各种投入，主要包括人工种草面积、干草贮存情况、母羊配种花费、肉羊饲料花费、羔羊饲料花费及养羊人工投入人数等。草地利用情况反映的是牧户家庭肉羊结构与轮牧情况，主要包括季节性放牧情况和羊群结构。

在效应指标方面，主要包括草地威胁情况和草地生产力情况。其中草地生产力情况反映的是草地生态面临的自然威胁，主要包括草地有毒植物情况、草地荒漠化情况以及草地荒漠化情况三类指标。草地生产力情况反映的是牧户肉羊养殖的自然生产力，主要包括草地牧草种类、牧草茂盛程度以及百亩草地可养羊数等指标。

在牧户响应指标方面，主要反映牧户在家庭、草原和政策背景下，自家对肉羊养殖作出的相关响应，结合可持续发展的影响因素，主要分为牧户经营行为响应、牧户养殖技术采用行为响应和牧户肉羊商品化经营行为响应。具体指标及其说明如表4-1所示。

表4-1 牧户视角的肉羊产业可持续发展绩效综合评价指标

目标层	一级指标	二级指标	三级指标	指标说明
牧户视角的西藏肉羊产业可持续发展评估	压力指标	牧户草原状况	草地面积	牧户拥有的草地面积（亩）
			草地区位	草地距离牧民家庭的远近
		社会经济压力	劳动力机会成本	从事肉羊养殖的牧民不从事肉羊养殖获得的最高收入（元）
			草地确权状况	草地是否确权
			肉羊价格	羊肉市场价格认知
			牧户肉羊出栏率	肉羊销售数量占存栏数量比例（%）
		牧户家庭特征	非牧收入比重	肉羊养殖收入占总收入比重（%）
			家庭总收入	2019年家庭总收入（元）
			文化程度	户主的文化程度
	状态指标	肉羊养殖投入	人工种草面积	牧户人工种草面积（亩）
			干草贮存情况	牧户贮存干草情况
			母羊配种花费	牧户在母羊配种上的花费（元）
			肉羊饲料花费	牧户购买饲料的花费（元）
			羔羊饲料花费	牧户在羔羊饲料上的花费（元）
			养羊人工投入人数	牧户养羊劳动力投入（人）
	效应指标	草地利用情况	季节性放牧情况	夏秋草场轮牧情况
			羊群结构	羊群比例情况（%）
		草地威胁情况	草地有毒植物情况	牧户草地有毒植物情况
			草地荒漠化情况	牧户草地荒漠化情况
			草地鼠害情况	牧户草地鼠害情况
		草地生产力情况	牧草种类	牧户草地牧草种类
			牧草茂盛程度	牧户草地牧草茂盛程度
			100亩可养羊数	牧户草地100亩可养羊的数量（只）
	响应指标	牧户经营行为响应	草原生态保护参与行为	为保护草原环境，牧户肉羊饲养数量决策
		牧户养殖技术采用行为响应	新技术采用情况	牧户新技术采用情况
		牧户肉羊商品化经营行为响应	销售羊数量	牧户年度肉羊销售数量（只）

4.3 数据来源与评价方法

4.3.1 数据来源与特征

(1) 数据来源

本章选择西藏牧区肉羊养殖户作为研究对象,在 2020 年 3 月 27 日至 4 月 3 日进行调查。由于疫情影响,西藏农牧学院的学生尚未开学,直接入户调查存在一定难度,因而调查通过问卷星的形式进行。问卷设计完成后,首先在 2016 农经 1 班学生家长中进行预调查,进一步完善问卷设计不足的问题。然后以随机抽样的方式通过西藏农牧学院相关班主任,通过微信群、QQ 群等媒介向学生群和家长群进行转发,并通过学生向学生所在村的微信群进行扩散。本次调查共收到问卷 655 份,其中有效问卷 632 份,有效率达 96.49%。

(2) 数据特征

在样本基本特征上(表 4-2),被调查者以女性偏多,可能与男性居民外出务工有关;年龄分布以中青年为主,30 岁以上 60 岁以下样本达 72.79%;文化程度以小学和文盲为主,分别占 49.37% 和 30.70%。从样本家庭收入情况来看,被调查者家庭年均收入 10 000~80 000 元样本最多,超过 80%。地域分布上,以那曲市为主,日喀则市次之,分别占 30.70% 和 23.29%,这与两市肉羊较多相吻合。总体而言,样本与西藏农户文化程度不高、家庭收入不高、肉羊分布等特征较为吻合,具有较高的代表性。

表 4-2 样本基本特征

类型	选项	样本数(人)	占比(%)	类型	选项	样本数(人)	占比(%)
性别	男	310	49.05		30 岁及以下	124	19.62
	女	322	50.95		31~40	184	29.11
文化程度	文盲	194	30.70	年龄	41~50	166	26.27
	小学	312	49.37		51~60	110	17.41
	初中	100	15.82		60 岁以上	48	7.59
	高中	13	2.06		拉萨市	70	11.08
	高中以上	13	2.06		日喀则市	147	23.26
家庭收入	10 000 元及以下	80	12.66	地域分布	那曲市	194	30.70
	10 000~30 000 元	192	30.38		昌都市	89	14.08
	30 000~50 000 元	157	24.84		山南市	72	11.39
	50 000~80 000 元	164	25.95		林芝市	39	6.17
	80 000 元以上	39	6.17		阿里地区	21	3.32

4.3.2 评价方法选择

通过检索农业可持续发展评估方法发现，在对可持续发展指标进行权重设置中，主要有主观赋值法和客观赋值法两种，主观赋值重视赋值者的经验，如专家经验评估法等，客观赋值法强调原始数据的关联强度和信息量，如熵值法、复相关系数法等。在实践中，主观赋值法因人因时而异，具有较大的不稳定性，故而本章采用客观赋值法。据已有学者研究成果，TOPSIS 熵值法可以清楚地显示每个指标的效用，避免主观因素的干扰，确保它是比主观的方法更客观、更可信的多元综合评价指数。本章参考 Ding 等（2016）对 TOPSIS 熵值法的研究对相关模型进行设定。

（1）熵值法的原理

设 m 为年度指标数量，n 为指标数量，指标体系的原始数据矩阵可表示为：

$$X = \begin{bmatrix} x_{11} & x_{12} & L & x_{1n} \\ x_{21} & x_{22} & L & x_{2n} \\ M & M & M & M \\ x_{m1} & x_{m2} & L & x_{mn} \end{bmatrix} \qquad (4-1)$$

考虑到不同指标的度量单位和和大小的差异，草原可持续发展涉及的原始指标数据不能直接用于评估。因而需要对数据进行归一化处理。按照熵值法的研究思路，所有的指标都归为积极的和消极的两类。积极的用正指标表示，指数值越大越好；消极的用负指标表示，数值越小越好。当 x_{ij} 为正指标时，归一化值 y_{ij} 可计算为方程：

$$y_{ij} = \frac{x_{ij} - \min x_{ij}}{\max x_{ij} - \min x_{ij}} \qquad (4-2)$$

当 x_{ij} 为负指标时，归一化值 y_{ij} 可计算为方程：

$$y_{ij} = \frac{\max x_{ij} - x_{ij}}{\max x_{ij} - \min x_{ij}} \qquad (4-3)$$

式中，x_{ij} 为第 i 年第 j 项指标的原始值，$\min x_{ij}$ 和 $\max x_{ij}$ 分别为第 j 项指标的最小值和最大值。

为了计算各指标的熵值，对第 j 项指标标准化方法设定如下：

$$p_{ij} = \frac{y_{ij}}{\sum_{i=1}^{m} y_{ij}} \qquad (4-4)$$

第 j 项指标的熵值 e_j 为：

$$e_j = -k \sum_{i=1}^{m} (p_{ij} \ln p_{ij}) \qquad (4\text{-}5)$$

式中，$k = 1/\ln(m)$，$e_j \geqslant 0$。

第 j 项指标的冗余度为：

$$g_i = 1 - e_j \qquad (4\text{-}6)$$

第 j 项指标的权重值为：

$$\omega_j = \frac{1 - e_j}{\sum_{j=1}^{n} (1 - e_j)} \qquad (4\text{-}7)$$

(2) TOPSIS 熵值法

TOPSIS 模型（Technique for Order Preference by Similarity to an Ideal Solution）首次由 Hwang 和 Yoon（1981）在多属性决策研究中提出，能够全面对可持续发展水平进行评价。步骤如下：

首先，根据权重和归一化值，将加权评价矩阵建立为：

$$v_{ij} = \omega_j y_{ij} \quad (i = 1, 2\cdots m; j = 1, 2\cdots n) \qquad (4\text{-}8)$$

其次，将最佳状态和最坏状态分别设定为：

$$V^+ = \{(\max v_{ij} | j \in J), i = 1, 2\cdots m\} = \{V_1^+, V_2^+ \cdots V_n^+\} \qquad (4\text{-}9)$$

$$V^- = \{(\min v_{ij} | j \in J), i = 1, 2\cdots m\} = \{V_1^-, V_2^- \cdots V_n^-\} \qquad (4\text{-}10)$$

然后，计算评估值与最优状态的距离 D_j^+ 和评估值与最坏状态的距离 D_j^-：

$$D_j^+ = \sqrt{\sum_{j=1}^{n} (V_{ij} - V_j^+)^2} \quad (i = 1, 2\cdots m) \qquad (4\text{-}11)$$

$$D_j^- = \sqrt{\sum_{j=1}^{n} (V_{ij} - V_j^-)^2} \quad (i = 1, 2\cdots m) \qquad (4\text{-}12)$$

最后，为了比较评估值与两个理想值的差异，将第 j 项指标的相对可持续发展水平计算方式如下：

$$C_i = \frac{D_j^-}{D_j^+ + D_j^-} \quad (i = 1, 2\cdots m) \qquad (4\text{-}13)$$

(3) 可持续发展综合评价

在西藏草原肉羊产业可持续发展评价中，将评价指标分为 4 个维度。依据 TOPSIS 模型，利用方程（4-12），可以分别计算出压力 [$C_{i(PI)}$]、状态 [$C_{i(SI)}$]、效应 [$C_{i(EI)}$] 和响应 [$C_{i(RI)}$] 评价值，每一项评价指标的综合评价值计算方式为：

$$C_{i(ULS)} = C_{i(PI)} \omega_{i(PI)} + C_{i(SI)} \omega_{i(SI)} + C_{i(EI)} \omega_{i(EI)} + C_{i(RI)} \omega_{i(RI)} \qquad (4\text{-}14)$$

4.4 牧户养殖行为影响下的西藏肉羊产业可持续发展评价

4.4.1 权重的确定

按照熵值法计算后,牧户视角下西藏肉羊产业可持续发展水平分析的各指标的权重如表 4-3 所示。

表 4-3 牧户视角的西藏肉羊产业可持续发展熵值与权重

目标层	一级指标	三级指标	熵值	冗余度	权重
牧户视角的西藏肉羊产业可持续发展评估	压力指标	草地面积	0.785 6	0.136 0	0.039 6
		草地区位	0.783 2	0.126 9	0.037 6
		劳动力机会成本	0.642 3	0.066 1	0.027 3
		草地确权状况	0.722 3	0.089 0	0.028 7
		肉羊价格	0.771 5	0.117 4	0.034 1
		牧户肉羊出栏率	0.788 4	0.147 3	0.039 6
		非牧收入比重	0.767 7	0.117 2	0.033 8
		家庭总收入	0.783 1	0.124 1	0.037 6
		户主文化程度	0.677 5	0.088 4	0.027 4
		人工种草面积	0.775 7	0.118 9	0.034 1
	状态指标	干草贮存情况	0.780 9	0.120 2	0.035 7
		母羊配种花费	0.789 0	0.150 1	0.040 9
		肉羊饲料花费	0.730 1	0.095 5	0.028 7
		羔羊饲料花费	0.847 9	0.302 6	0.074 3
		养羊人工投入人数	0.733 9	0.099 8	0.028 8
		季节性放牧情况	0.809 2	0.173 6	0.045 9
		羊群结构	0.804 7	0.165 0	0.041 7
		草地有毒植物情况	0.606 3	0.063 9	0.021 1
	效应指标	草地荒漠化情况	0.822 5	0.256 2	0.064 7
		草地鼠害情况	0.742 0	0.104 0	0.029 6
		牧草种类	0.804 3	0.154 5	0.041 5
		牧草茂盛程度	0.739 4	0.100 9	0.029 0
		100 亩可养羊数	0.748 0	0.106 2	0.030 4
	响应指标	牧户经营行为响应	0.813 8	0.184 7	0.051 5
		牧户养殖技术采用行为响应	0.759 4	0.106 6	0.031 6
		牧户肉羊商品化经营行为响应	0.761 0	0.112 0	0.032 1

4.4.2 牧户养殖行为影响下的西藏肉羊产业可持续发展评价结果

（1）牧户养殖行为影响下的总体可持续发展评价

利用西藏632户牧户调查数据，依据前文测度方法得到西藏牧户肉羊产业可持续发展综合指数的平均值为51.27。同时发现，西藏牧户视角的肉羊产业可持续发展指数偏低，且牧户间差异较大，其中最大值为75.28，最小值为28.65。为了整体把握西藏牧户视角下西藏肉羊产业可持续发展状况，本研究依据可持续综合发展指数对牧户进行划分，包括以下5个层次：①低水平可持续发展指数组，取值0~30，牧户数为13户，占2.06%；②较低水平可持续发展指数组，取值30.01~40，牧户数为68户，占10.76%；③中等水平可持续发展指数组，取值40.01~50，牧户数为315户，占49.84%；④较高水平可持续发展指数组，取值50.01~60，牧户数为140户，占22.15%；⑤高水平可持续发展指数组，取值为60以上，牧户数为96户，占15.19%。通过以上分析可以发现，牧户视角下中等及以下水平可持续组在西藏牧户中超过60%，说明西藏区域内牧户层面的肉羊产业可持续发展水平较低，牧户肉羊养殖对草原环境的压力较大。

（2）牧民不同经营行为影响下的西藏肉羊产业可持续发展评价

牧户最直接的经营行为即为家庭肉羊数量约束，结合肉羊养殖实际，并参考对西藏牧户肉羊养殖数量的整体感知，本书按照养殖规模大小将牧户养殖数量分为5类，分组计算牧户肉羊养殖可持续发展综合指数（表4-4）。

表4-4 不同养殖规模牧户西藏肉羊产业可持续发展指数

牧户养殖规模	规模区间	牧户数量	可持续发展平均指数
超小规模	[0, 20)	248	57.65
较小规模	[20, 50)	154	46.34
中等规模	[50, 100)	97	43.75
较大规模	[100, 300)	86	48.58
超大规模	[300, +∞)	47	54.25

可以发现，不同规模牧户间存在一定的规律性，主要表现在随着养殖数量的增加，牧户视角的肉羊产业可持续发展指数呈"U"形分布，其中超小规模牧户的可持续发展平均指数最高，为57.65，而中等规模牧户的可持续发展指数最低，仅为43.75，超大规模牧户的平均指数为54.25。通过这一结果可以发现，超小规模和超大规模养殖户对草原可持续发展有重要正向作用，而中等

规模养殖户对草原的生态压力较大。我们认为，超小规模牧户，由于养殖数量相对较少，肉羊养殖收入在家庭所在比例偏低，养殖具有典型的附带性，对草原的生态压力较小。与此同时，规模较大的养殖户由于养殖规模较大，投入的劳动力也就较多，养殖收入占家庭总收入的比例也较高，为了提高养殖效益，通过草地流转的形式扩大了自家草地规模，同时通过采用新技术、合理补饲，也能够在一定程度上降低草原生态压力。可见，牧户肉羊养殖数量影响草原肉羊产业可持续发展。

(3) 牧户不同养殖技术采用下的西藏肉羊产业可持续发展评价

肉羊养殖技术革新是牧户养殖效率提高的主要手段，调查中表示养殖技术为"传统型"的牧户占比最高，占44.94%，而"使用了很多新技术"的样本最低，仅占13.45%。这表明，西藏牧区肉羊养殖技术革新处于传统养殖技术向新技术发展的过渡阶段，一些较为积极的牧户已经通过各种途径在相关养殖环节采用了新技术，也有一些牧户自某一养殖环节尝试了新的养殖技术，但仍有一部分牧户处于传统养殖模式之下。同时，这也反映了养殖技术推广进程缓慢。在肉羊产业可持续发展指数方面，研究发现，随着新养殖技术采用的提高，肉羊持续发展指数差异呈上升趋势。其中"传统型，没有采用新技术"的样本可持续指数仅为46.16，而"使用了很多新技术"的样本可持续指数达63.48（表4-5）。这表明，肉羊养殖技术的提高确实有利于肉羊产业可持续发展水平的提高。

表4-5 牧户不同养殖技术采用下的西藏肉羊产业可持续发展指数

技术水平	牧户数量（户）	可持续发展平均指数
传统型，没有新技术	284	46.16
有一部分新技术	263	52.84
使用了很多新技术	85	63.48

(4) 牧户不同肉羊商品化经营下的西藏肉羊产业可持续发展评价

市场参与反映了行为主体与市场的亲密程度，而肉羊销售数量可以代表牧户与市场参与程度。在肉羊销售上，牧户销售明显偏低（表4-6）。其中没有肉羊销售的牧户最多，达429户。在有销售肉羊的样本中，销售量为10%~20%的样本最多，达101户，占15.98%，而销售在20%以上的仅为38户，占6.01%。这表明，西藏牧户肉羊养殖与市场接轨的程度较弱，市场在西藏牧区肉羊养殖中的作用还有很大潜力。在肉羊可持续发展指数上，随着销售肉羊比例的提高，牧户视角下肉羊产业可持续指数呈上升趋势,其中销售比例在20%以上的牧户可持续发展指数达74.23,而未销售肉羊的牧户可持续发展指数仅为44.85,差距较大。同时发现,除未销售肉羊牧户的可持续发展指数低于平均指数外,其他组样本均高于前文分析的平均指数,这是因为未销售肉羊的牧户比例较高的缘故。

表4-6 不同肉羊商品化经营下的西藏肉羊产业可持续发展指数

牧户市场参与度	牧户数量	可持续发展平均指数
未销售	429	44.85
10%以内	64	58.58
10%~20%	101	65.27
20%以上	38	74.23

4.5 小 结

本章在压力—状态—效应—响应模型基础上,运用TOPSIS熵值法在牧户视角下对西藏肉羊产业可持续发展进行了综合评价,主要结论如下。

(1) 牧户视角下西藏草原肉羊产业可持续发展指数平均值为51.27,牧户视角下西藏肉羊产业可持续处于较低水平,提升空间较大。

(2) 随着养殖规模的增加,可持续发展指数呈"U"形变化趋势。这说明超小养殖规模和超大养殖规模对西藏肉羊产业可持续发展有重要影响。西藏草地资源面积大,但单产牧草偏低,较小养殖规模对草原生态环境压力不大,甚至能够促进草原生态环境向好发展,但西藏肉羊养殖小规模偏多,肉羊养殖具有较强的随意性,也存在进一步扩大养殖规模进而威胁草原生态环境的可能。

(3) 牧户养殖技术采用整体水平不高,但随着牧户养殖技术采用程度的提高,肉羊产业可持续指数呈递增趋势。受地理、习惯、财富认知等因素的影响,现阶段西藏牧户肉羊养殖以传统技术为主,致使动力不足,传统养殖技术与目前肉羊产业发展出现了严重的不适应性,如何从技术采用的视角推进肉羊产业可持续发展已迫在眉睫。

(4) 牧户肉羊商品化经营程度不高,其肉羊商品化经营程度与草原肉羊产业可持续发展呈正向关系。牧户肉羊养殖市场参与程度反映了牧户肉羊养殖与市场的关联程度,市场参与程度越高,在既有养殖规模情况下越能节省肉羊养殖时间,提高牧草资源的效应,提高羊肉供给能力,是肉羊产业可持续发展的重要因素之一。

需要指出的是，牧户视角对肉羊产业可持续发展评估总体把握了西藏肉羊产业可持续发展状况，在分维度的分析中，也发现牧户经营行为、牧户养殖技术采用行为、牧户肉羊商品化经营行为对可持续发展有重要影响，但偏宏观性，难以提出有针对性的政策建议，因而后续研究中仍需进一步对牧户养殖行为进行详细研究，讨论牧户养殖行为的影响因素，为提出有针对性的政策提供参考。

5 牧户草原生态环境保护意愿与行为研究

本章根据第二章分析框架的思路,对牧户草原生态环境保护意愿与行为进行分析。首先分析牧户草原生态环境保护行为与肉羊产业可持续发展的关系,构建本章分析框架;其次利用调查数据,从草原肉羊养殖政策和奖补政策了解的角度对牧户草原生态环境保护意愿进行分析,探讨牧户参与意愿的影响因素;再次利用调查数据从草原生态环境认知的角度对牧户保护行为进行分析,从微观层面探讨牧户参与行为的影响因素。

5.1 分析框架

5.1.1 牧户草原生态环境保护行为与肉羊产业可持续发展

草原肉羊养殖具有典型的外部性特征,不合理的牧户养殖行为造成草原生态环境破坏。在牧户肉羊养殖过程中,牧户依据家庭资本禀赋实际和生计需要选择肉羊养殖规模。理论上,牧户肉羊养殖规模非常小时,肉羊食用牧草面积小,频次低,并不利于草原生态环境健康发展。而牧户肉羊养殖规模超过草原牲畜承载力时,将造成肉羊对牧草的过度啃食和践踏,草原生态环境恢复面临巨大压力,也不利于草原生态环境健康发展。因而,牧户适当的肉羊养殖规模是草原肉羊产业可持续发展的关键。

在牧户肉羊养殖实践中,牧户肉羊饲养规模往往偏大,超出了草原承载力,导致草原生态环境恶化。由于草原生态环境恶化,牧户牲畜养殖数量受到限制,虽然我国已经具备实施草原生态补偿机制的经济实力、政治意愿及技术保障(叶晗,2014),但牧户草原生态环境保护意愿和行为不高,提高家庭生计水平更难。李惠梅等(2013)发现87%的牧户认为草原生态保护对牧户有好处,但政府主导下被动参与的只接近70%。郑玉铜和谢文宝(2016)认为在草原生态环境补偿政策下牧户自发性草地保护意愿程度较低,仅有14.56%的牧户愿意自发草原保护,68.93%的牧户愿意在政府等部门的帮助下开展草原生态保护建设工作。

通过以上分析可知，由于草原肉羊产业外部性特征，牧户具有超牧过载的内在激励，尽管草原生态环境改善有利于牧户生计长期提高，但由于种种原因，牧户草原生态环境保护的意愿不强，参与行为不足，导致牧户在日常放牧中盲目扩大养殖规模、乱采乱挖等不利于草原生态环境发展的行为发生，造成了生态环境破坏，给肉羊产业可持续发展带来巨大威胁。

5.1.2 本章分析思路

在牧户对生态环境有较为明确认知的前提下，生态环境保护参与意愿低值得我们深思。我们认为，牧户参与草原生态环境保护最为直接的方式是控制肉羊养殖规模，这不仅取决于他们对草原生态环境认知程度，还应当包括牧户对草原奖补政策的了解程度，以及政府对牧户牲畜养殖数量的了解程度。这是因为生态环境状况感知只是牧户参与生态环境保护的基本前提，而"主动参与比例不高"背后的逻辑往往是公共事务中集体行动与个体行动的思维差异。

与其他行为个体相类似，牧户草原生态环境也面临意愿与行为不一致的情形。如 Triandis 的态度行为理论（The attitude-behavior therory）和 Fishbein 的理性行为理论（The therory of reasoned acttion）均认为个体的意愿对行为存在正向影响，但影响程度存在差异。Festinger 研究发现个体的行为并不取决于客观逻辑，而取决于心理逻辑，即个体"愿意参与"并不一定能推导出个体"实际参与"，在实际参与阶段个体已表达的参与意愿也会改变。在实践中，个体意愿与行为不一致性特征在相关研究中也得到验证。如 Sheeran 利用元分析法对个体的意愿行为关系进行量化，发现个体意愿对个体行为的影响仅为 28%。

因此，有理由认为，牧户在草原生态环境保护中愿意通过缩减养殖规模保护草原生态环境和实际是否缩减养殖规模也存在影响因素的差异。我们认为，牧户通过缩减养殖规模保护草原生态环境的行为影响因素与意愿差异较大，政策和环境认知的作用在影响意愿中显著，但在行为中牧户主要是基于家庭资本禀赋、家庭收入结构等直接因素的影响。本章分析框架见图 5-1。

5.2 牧户草原生态环境保护意愿分析

5.2.1 数据来源与变量选择

（1）数据来源

使用数据为 2017 年 7 月西藏藏北牧户的调查。该调查首先从西藏藏北牧业县确定调查范围，同时结合县域经济条件和肉羊养殖数量确定调查乡镇。为了保

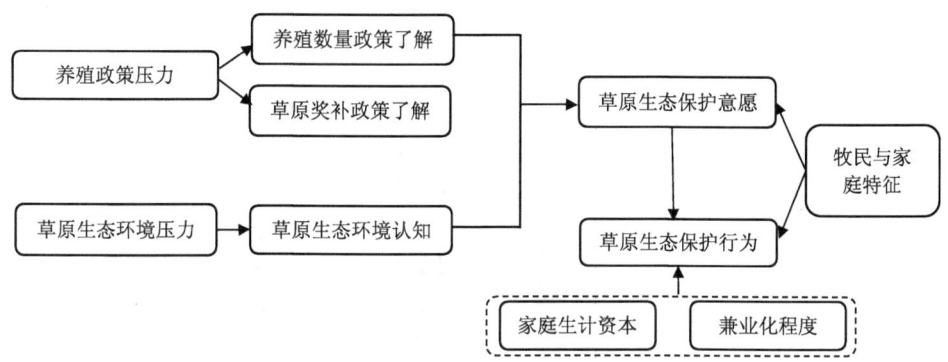

图 5-1 牧户草原生态保护意愿与行为分析框架

证问卷调查数据的有效性,首先将牧户分为三类,即以肉羊养殖为主业的牧户、肉羊养殖与其他经营各占一半的牧户和肉羊养殖较少且为副业的牧户;然后考虑乡镇肉羊养殖分布并以乡镇为范围选择了 4 个县(班戈县、安多县、尼玛县、双湖县)7 个乡镇,每个乡镇发放问卷 100 份,合计收回问卷 678 份,剔除无效问卷 16 份,共收回有效问卷 662 份,有效率为 94.57%。

(2) 变量选择

①被解释变量。问卷中通过询问"您愿意为了保护草原生态环境减少家庭牲畜养殖规模吗?"来衡量牧户草原生态环境保护的意愿。本研究对此设计的备选选项为"非常不愿意""不愿意""一般""愿意"和"非常愿意",并分别赋值为 1~5 的整数。与此相对应,牧户"今年您家养殖规模变化"作为草原生态环境保护行为。调查结果显示,牧户生态环境保护意愿的均值为 3.44,标准误为 0.95,这说明牧户的草原生态环境保护意愿在"一般"和"愿意"之间。其中选择"非常不愿意"的仅为 14 例,占 2.11%;选择"一般"和"愿意"的比例较高,分别占 33.38% 和 38.07%。

②核心解释变量。一是草原生态环境认知。通过询问"与 10 年前相比,您认为近几年草地生态环境状况如何?"进行衡量,备选选项分别为"变好了很多""变好了一些""没有变化""变差了一些"和"变差了很多",并分别赋值为 1~5 的整数。统计结果显示,绝大多数牧户对草原生态环境恶化有较为清醒的认识,即选择"变好了一些"和"变好了很多"的样本较少,分别占 1.14% 和 0.6%。二是政策认知。主要包括两个问题:一是牧户认为自己对草原奖补政策的了解程度;二是牧户对养殖数量政策的了解程度,统计结果见图 5-2。总体来看,牧户对政策的了解程度比较高,尤其对草原奖补政策了解程度较高,非常不了解的仅占 1.06%;而对肉羊养殖数量政策非常不了解的比例占 6.65%,这

与西藏草原奖补政策宣传力度较大有关,但也反映出政府对牧户养殖肉羊数量的宣传不够。

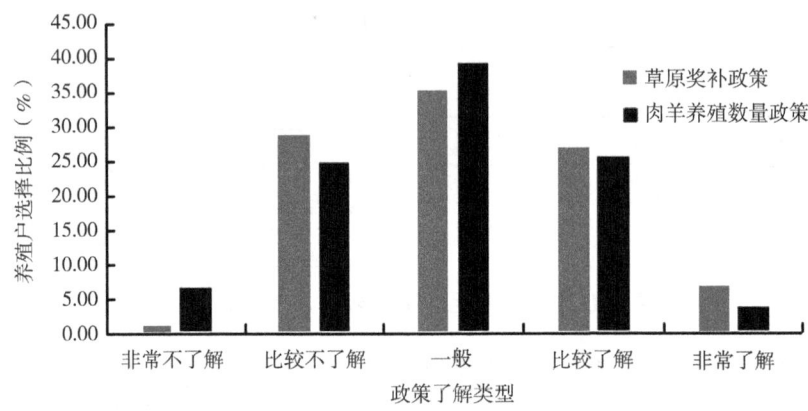

图 5-2 牧户政策了解程度

③控制变量。为了更好地分析核心变量对牧户的草原生态环境保护意愿的影响,需要对核心变量以外的可能影响因素进行控制,具体包括性别、年龄、文化程度、劳动力人数、交通便利情况、是否党员、是否村干部、养羊数量、政府监督力度等。表 5-1 列出了各变量的描述统计结果。

表 5-1 变量的描述性统计

变量类型	变量名称	变量	观察数	均值	标准差	最小值	最大值
被解释变量	草原生态环境保护意愿	非常不愿意=1,不愿意=2,一般=3,愿意=4,非常愿意=5	662	3.44	0.95	1	5
核心解释变量	草原生态环境认知	变好了很多=1,变好了一些=2,没有变化=3,变差了一些=4,变差了很多=5	662	3.52	0.88	1	5
	草原奖补政策了解程度	非常不了解=1,不了解=2,一般=3,了解=4,非常了解=5	662	3.10	0.94	1	5
	牧户对养殖数量政策的了解程度	非常不了解=1,不了解=2,一般=3,了解=4,非常了解=5	662	2.95	0.96	1	5

(续表)

变量类型	变量名称	变量	观察数	均值	标准差	最小值	最大值
控制变量	性别	男=1,女=0	662	0.44	0.50	0	1
	年龄	被调查者的实际年龄（岁）	662	42.88	11.57	15	78
	文化程度	文盲=0,小学=1,初中=2,高中=3,高中以上=4	662	0.83	0.80	0	4
	劳动力人数	被调查者家庭在16~60岁人口数	662	4.45	1.92	1	13
	交通便利情况	不便利=1,一般=2,便利=3	662	1.55	0.66	1	3
	是否党员	是=1,否=0	662	0.18	0.39	0	1
	是否村干部	是=1,否=0	662	0.16	0.36	0	1
	养羊数量	牧户实际养羊数量（只）	662	38.04	39.62	0	300
	政府监督力度	非常不严格=1,不严格=2,一般=3,严格=4,非常严格=5	662	2.70	0.99	1	5

5.2.2 研究方法

（1）基本模型

为了验证牧户生态环境认知与政策了解程度对他们草原生态保护意愿的影响，需要对相关模型进行设定。首先设定潜变量模型如下：

$$y_i^* = x_i'\beta + \varepsilon_i \tag{5-1}$$

式中 $i=1,2,3\cdots N$，x_i' 表示从第 i 个被调查者获取的生态环境认知与政策了解程度相关指标变量组成的矩阵，β 为对应的系数，是服从 F 分布的随机干扰项。在本研究中，y_i^* 表示牧户本身对草原环境保护参与意愿的实际情况，并不能够直接观察出来，可以观察的是牧户表达的参与意愿，属于离散变量 y_i，两者之间的关系为：

$$y_i = \begin{cases} 1 & 若\ y_i^* < \alpha_1 \\ 2 & 若\ \alpha_1 \leq y_i^* < \alpha_2 \\ \cdots & \\ J & 若\ \alpha_{J-1} \leq y_i^* \end{cases} \tag{5-2}$$

式中 α_i 为待估的额外参数，对于某一个 $y_i=j(2\leq j<J-1)$ 的概率而言，决定方式为：

$$\Pr[y_i = j] = \Pr[\alpha_{j-1} \leq y_i^* < \alpha_j]$$
$$= \Pr[\alpha_{j-1} - x_i'\beta \leq y_i^* < \alpha_j - x_i'\beta] \quad (5-3)$$
$$= \Pr[\alpha_j - x_i'\beta] - [\alpha_{j-1} - x_i'\beta]$$

条件概率可以通过累计概率形式表示为:

$$\Pr[y_i = j] = \begin{cases} F(\alpha_1 - x_i'\beta) & \text{若 } j = 1 \\ F(\alpha_j - x_i'\beta) - F(\alpha_{j-1} - x_i'\beta) & \text{若 } 2 \leq j < J-1 \\ 1 - F(\alpha_{J-1} - x_i'\beta) & \text{若 } j = J \end{cases} \quad (5-4)$$

对于所有的 j，式 5-4 就定义了牧户草原生态环境保护意愿的线性函数与累计概率转换的累计概率模型，只是在类别上该函数的截距项不同，即:

$$F^{-1}\{\Pr[y_i \leq j]\} = \alpha_j - x_i'\beta \quad (5-5)$$

通过最大似然估计即可得到模型的待估参数，极大似然估计函数为:

$$\log L = \sum_{i=1}^{N} \sum_{j=1}^{J} y_{ij} \log[F(\alpha_j - x_i'\beta) - F(\alpha_{j-1} - x_i'\beta)] \quad (5-6)$$

(2) 基准模型的不足与改进

式 5-6 定义了有序 Probit 模型，考虑到牧户草原生态环境保护意愿模型的分布函数为标准正态分布的累计分布函数，而在西藏牧户调查中，一些调查数据并不能满足该条件，因而需要对上述模型进行进一步拓展，以摆脱既定分布函数假设。参考已有研究成果，笔者选择摆脱既定密度函数的半非参数 (Semi-non-parametric) 估计方法进行估计。该模型最早由 Gallant & Nychka (1987) 提出，是利用埃尔米特形式 (Hermite form) 近似密度估计的一种未知密度函数估计方法，近似值可以看作一个平方多项式和一个正态密度的乘积，进而可以得到一个拓展的高斯多项展开式，为了保证近似密度的准确性，将近似密度定义为如下形式:

$$f_K(\varepsilon) = \frac{1}{\theta}\Big(\sum_{K=0}^{K} \gamma \kappa^{\varepsilon\kappa}\Big)^2 \phi(\varepsilon) \quad (5-7)$$

式中 $\phi(\varepsilon)$ 为标准正态密度函数，即:

$$\theta = \int_{-\infty}^{\infty} \Big(\sum_{K=0}^{K} \gamma \kappa^{\varepsilon\kappa}\Big)^2 \phi(\varepsilon) d\varepsilon \quad (5-8)$$

需要指出的是，概率密度函数对于标量乘以向量是不变的，需要对其值进行标准化，因此，式 5-9 定义了一组对于持续增加的变量 K 的半非参数 (SNP) 分布 (Stewart, 2004):

$$F_K(u) = \frac{\int_{-\infty}^{u}\left(\sum_{K=0}^{K}\gamma\kappa^{\varepsilon\kappa}\right)^2\phi(\varepsilon)d\varepsilon}{\int_{-\infty}^{\infty}\left(\sum_{K=0}^{K}\gamma\kappa^{\varepsilon\kappa}\right)^2\phi(\varepsilon)d\varepsilon} \tag{5-9}$$

式 5-9 排除了有序 Probit 模型密度函数的强烈震荡（Violently Oscillatory）的影响，对于任何的偏态和峰度都是允许的，但需要满足一定的平滑条件，即随着变量 K 的增加，式 5-9 能近似地接近埃尔米特系列（Hermite series）。在这一假设条件下，随着样本量的增加，通过最大化似然函数估计即可得到较一般有序 Probit 模型更为一致的系数。

5.2.3　核心解释变量与草原生态环境保护意愿的描述性统计分析

（1）草原生态环境认知对牧户生态环境保护意愿的影响

对草原生态环境有较为清晰认知的牧户，更有草原保护的意识，即更愿意参与草原生态环境保护，统计结果也验证了这一点（表 5-2）。认为草原生态环境变差了很多的牧户，通过减少肉羊养殖规模以保护草原生态环境的比例较高，这主要体现在选择"非常不愿意"和"不愿意"保护草原生态环境的样本仅占 7.14% 和 11.70%，而选择"愿意"和"非常愿意"保护草原生态环境的样本分别为 12.70% 和 23.46%。这表明，对草原生态环境认知越贴合藏北草原生态环境实际的牧户，由于草原生态环境变化给他们带来的认知冲击越大，伴随着国家实施草原奖补政策，他们的意愿往往希望和国家政策保持一致，而认为草原生态环境"变好了"或"没有变化"的牧户，通过增加养殖数量提高生活水平的激励仍然较大。

表 5-2　牧户草原生态环境认知与生态环境保护意愿的交叉分布　　（%）

保护意愿	变好了很多	变好了一些	没有变化	变差了一些	变差了很多
非常不愿意	0.00	14.29	28.57	50.00	7.14
不愿意	2.13	19.15	20.21	46.81	11.70
一般	0.90	14.03	43.44	36.65	4.98
愿意	0.00	12.70	29.76	44.84	12.70
非常愿意	0.00	4.94	14.81	56.79	23.46

（2）牧户政策认知对其生态环境保护意愿的影响

在政策影响方面，对草原奖补政策了解较深的牧户，通过减少养殖规模提高草原生态环境保护的意愿较高，具体表现在：对草原奖补政策"了解"和"非常了解"的牧户选择"非常不愿意"的比例分别为 0.55% 和 0.00%，而选择"非常愿意"的比例分别为 14.92% 和 23.91%（表 5-3）；在牧户肉羊养殖数量限制方面，对政府养殖数量政策"非常不了解"和"不了解"的牧户，"非常愿意"参与草原生态环境保护的样本分别为 18.18% 和 10.98%，而对政府养殖数量政策"非常了解"的牧户"非常不愿意"的比例为 0，"愿意"和"非常愿意"的比例为 45.83% 和 12.50%，尽管有一定的正向相关性，但不明显，需要进一步回归分析进行验证。

表 5-3　牧户草原政策认知与生态环境保护意愿的交叉分布　　　　（%）

		非常不愿意	不愿意	一般	愿意	非常愿意
政策了解程度	非常不了解	0.00	14.29	14.29	57.14	14.29
	不了解	0.52	20.73	41.45	33.68	3.63
	一般	0.85	8.94	32.34	45.96	11.91
	了解	0.55	11.60	22.65	50.28	14.92
	非常了解	0.00	8.70	17.39	50.00	23.91
数量了解程度	非常不了解	2.27	4.55	13.64	61.36	18.18
	不了解	1.22	20.73	27.44	39.63	10.98
	一般	0.38	11.49	26.05	48.66	13.41
	了解	0.00	11.24	46.75	36.09	5.92
	非常了解	0.00	8.33	33.33	45.83	12.50

5.2.4 牧户草地生态环境保护意愿及其影响因素的半非参数估计方法结果剖析

采用半非参数估计方法进行估计的结果（表 5-4）显示，保护意愿回归模型的 Wald chi2（12）= 180.67，Prob>chi2 = 0，保护行为回归模型的 Wald chi2（12）= 33.59，Prob>chi2 = 0，表明两个模型拟合程度较好，具有较强的可信性。

（1）草原生态环境认知的影响

回归结果显示，牧户草原生态环境认知对其草原生态环境保护意愿均有显著的正向影响，且均在1%统计水平下显著。这表明，对草原生态环境认知越符合草原实际，牧户越有可能通过积极减少家庭肉羊养殖规模实现草原生态环境保护。这是因为草原是牧户肉羊养殖的基础，若牧户已经在长期的放牧过程中感受到了草原生态环境的变化，这种变化将进一步加深牧户对草原的情感。同时，随着西藏藏北经济的发展和城镇化的推进，牧户进城务工增多，其工资性收入显著增加，进而减少了牧户对草原畜牧业的依赖。因而在对草原生态环境更为明确认

表 5-4　基于半非参数估计方法的牧户草原生态保护意愿回归结果

变量		系数	标准误	Z值
草原生态环境认知		0.208 2***	0.050 6	4.11
草原奖补政策了解程度		0.328 7***	0.051 5	6.38
牧户对养殖数量政策的了解程度		0.407 4***	0.053 5	7.61
性别		0.036 7	0.088 4	0.42
年龄		-0.005 6	0.003 9	-1.45
文化程度		-0.065 2	0.056 7	-1.15
劳动力人数		-0.008 2	0.023 4	-0.35
交通便利情况		0.204 6***	0.065 9	3.11
是否党员		0.061 8	0.111 6	0.55
是否村干部		0.357 6***	0.117 6	3.04
养羊数量		0.004 3***	0.001 2	3.68
政府监督力度		0.849 3***	0.078 2	10.86
门限	cut1	1.704 7	Fixed	
	cut2	3.198 5	0.160 9	19.88
	cut3	4.558 5	0.230 9	19.74
	cut4	6.799 6	0.338 1	20.11
模型统计量		样本数：662　Wald chi2（12）=180.67　Prob>chi2=0　Log Likelihood=-693.040 98		

注：表中 ***、** 和 * 分别表示变量在1%、5%和10%统计水平上显著。

知的前提下，牧户通过减少肉羊饲养规模保护草原生态环境的意愿较强。同时，草原生态环境认知对牧户草原生态环境保护行为存在显著的正向影响，这不仅印证了前文的描述分析，也在一定程度上确认了牧户家庭肉羊养殖行为对草原生态环境的依赖与爱护。

（2）草原奖补政策了解程度的影响

回归结果显示，牧户对草原奖补政策的了解程度对其草原生态环境保护意愿均有显著的正向影响，且均在1%统计水平下显著。这表明，牧户对草原奖补政策的了解程度越明确，越有可能积极通过减少家庭肉羊养殖规模实现草原生态环境保护。这是因为草原奖补政策是西藏草原畜牧业发展的重要政策之一，目的是通过对牧户养殖奖补政策弥补牧户由于减少肉羊养殖导致的收入减少。在政策执行过程中，基层政府不仅向牧户发放草场补贴、肉羊补贴等款项，同时还需对牧户进行草原奖补政策相关条款的解读。为了约束牧户按照国家草原奖补政策饲养肉羊，村委会、乡政府都会定期或不定期进行草场、肉羊补贴款发放，同时注明该牧户是否超载。若经相关人员确认牧户在养殖过程中有超载现象，则在下一季度奖补款项发放中将不予考虑。因而牧户对政策越了解，保护生态环境的积极性越高。同样牧户对养殖数量政策越了解，也有助于参与草原生态环境保护活动。但是，草原奖补政策了解程度和牧户对养殖数量政策的了解程度对牧户草原生态环境保护行为并不显著，结合前文描述性分析，说明现有养殖政策宣传并不能在根本上约束牧户养殖行为，在政策宣传与贯彻层面，牧户生态环境保护还有很多工作可做。

（3）控制变量的影响

回归结果显示，交通便利情况、是否村干部、养羊数量和政府监督力度对牧户参与草原生态环境保护意愿都有显著的正向影响，而交通便利情况、是否是党员及政府监督力度对牧户草原生态环境保护有积极作用，主要原因的解释如下。

交通便利情况。交通越便利说明牧户外出较为便捷，外出务工或交流的频率较高，对外界的认知较为深刻，对草原生态环境有更加清晰的认知，因而参与草原生态环境保护的意愿较强。同时，党员对牧户草原生态保护行为存在正向影响，说明党员身份有重要的约束和引导作用。

村干部不仅是牧户意愿代表者，也是国家草原政策传达和贯彻的宣传者，更是草原政策执行与监督的重要角色之一。作为村干部，在草原生态环境保护中不仅要起到表率作用，他们的行为与态度更受到村民的监督，因而具有较强的自我约束作用。同时，作为村干部，政策学习更到位，对草原生态环境保护的意识也越强。

养羊数量。肉羊养殖数量与草原生态环境保护意愿显著正相关，说明养殖大户更愿意参与草原生态环境保护。一方面，养殖大户承包的草原面积可能更多，范围也更广，销售肉羊的数量也就更多，对草原生态环境认知也就更深刻。另一方面，养殖大户意味着家庭肉羊数量较多，在西藏牧区，牲畜的多少直接关系到家庭在村内财富的多寡，养殖数量越多的家庭越富裕，同时具有外出务工等非牧业渠道提高家庭经济水平的实力，面对退化的草原生态环境，参与意愿越强。

政府的监督力度。政府监督越到位、越严格，牧户越有可能因为超出养殖规模限制而拿不到草原奖补资金，甚至会得到相应的惩罚，因而更有可能拓展其他收入渠道，以弥补养殖数量下降带来的家庭财富的减少，对肉羊养殖提升家庭生计水平的期望也就越低，保护意愿也就越强。

5.2.5 稳健性检验

为了检验回归模型的稳健性，我们以牧户草原生态保护意愿回归模型为例，对实证分析进行相应调整。首先按照有序 Logit 回归方法对模型进行重新估计；然后将"愿意""非常愿意"设置为1，将"非常不愿意""不愿意""一般"设置为0，将原来的有序 Probity 模型修正为二分变量模型，采用一般二元 Logit 模型进行重新估计；最后增加工具变量即村庄规模，将大于 50 户的村庄界定为大村庄，小于等于 50 户的村庄为小村庄，将样本进行归类，并按照半非参数估计方法进行估计。各模型估计结果如表 5-5 所示，发现各解释变量的影响方向和显著性变化不大，模型的稳健性较好。

表 5-5 模型稳健性检验结果

变量	Ologit 模型	Logit 模型	SNP 模型（小村庄）	SNP 模型（大村庄）
草原生态环境认知	0.449 0*** (0.092 3)	0.556 8*** (0.186 2)	0.147 6** (0.069 1)	0.444 7*** (0.102 7)
草原奖补政策了解程度	0.520 8*** (0.088 5)	0.922 9*** (0.200 5)	0.495 4*** (0.072 7)	0.253 7** (0.103 2)
牧户对养殖数量政策的了解程度	0.788 9*** (0.089 8)	1.218 2*** (0.195 8)	0.352 2*** (0.068 4)	0.552 5*** (0.113 7)
是否是村干部	0.452 5** (0.222 6)	0.771 9 (0.493 7)	0.165 6 (0.147 5)	1.136 3*** (0.355 8)
养羊数量	0.009 3*** (0.002 3)	0.020 2*** (0.005 7)	0.007 5*** (0.002 3)	0.003 0 (0.002 1)
政府监督力度	1.054 5*** (0.092 6)	2.618 5*** (0.281 2)	0.784 0*** (0.094 8)	1.213 9*** (0.203 0)
其他变量	已控制	已控制	已控制	已控制
统计量	样本数:662 Wald chi2(12)=349.33 Prob>chi2=0 Pseudo R^2=0.195 5 Log Likelihood= -718.823 0	样本数:662 Wald chi2(12)=305.32 Prob>chi2=0 Pseudo R^2=0.518 4 Log Likelihood= -141.828 3	样本数:423 Wald chi2(12)=124.02 Prob>chi2=0 Log Likelihood= -415.120 3	样本数:239 Wald chi2(12)=96.49 Prob>chi2=0 Log Likelihood= -237.974 8

注：括号内为标准误，***、**和*分别表示在1%、5%和10%统计水平上显著。

5.3 牧户草原生态环境保护行为分析

草原生态保护行为应是草原肉羊产业持续发展的关键。在西藏牧区，国家实施的多项生态保护、牲畜养殖牧户政策与法规，目的在于在提高牧户生计的前提下保持与降低牧户牲畜养殖规模，保护西藏草原生态环境，促进草原畜牧业可持续发展。对于牧户而言，草原保护行为是牧户家庭资本、草原生态环境认知、家庭生计模式、政府监督等因素共同作用的结果，而牧户生计资本、兼业化在草原保护行为中对养殖规模控制尤为重要，本节将对此进行详细讨论。

5.3.1 牧户草原生态环境保护行为的机理分析

牧户草原生态保护行为是草食畜牧业可持续发展的前提。党的十九大报告指出加大生态系统保护力度，强调通过扩大退耕还林还草，实施生态系统保护与修复工程，优化生态安全屏障。习近平总书记在中央政治局第六次集体学习时指出，要正确处理好经济发展同生态环境保护的关系，牢固树立保护生态环境就是保护生产力、改善生态环境就是发展生产力的理念。早在1985年，国家就颁布了《中华人民共和国草原法》（以下简称《草原法》），确定了草原使用权与经营权，明确了草原保护的意义。面对草原日益恶化的生态环境，中央分别于2002年和2013年对《草原法》进行了修订，强调草原生态对社会可持续发展的作用（高雅，林慧龙，2015），各省（自治区）也依据国家草原政策出台了相关草原保护条例，可见政府层面对草原生态保护的重视。然而，迫于生计，牧民偷牧、超牧时有发生，2011年，我国草原90%以上出现退化，50%以上为严重退化（韩乐悟，2011），草原"点上好转、面上退化，局部改善、总体恶化"的态势明显。为进一步遏制草原退化趋势，2011年开始，国家实行草原奖补政策，希望在提高牧民家庭生计水平的同时限制牧民牲畜养殖规模，进而遏制草原退化趋势，但政策实施效果有待进一步提高。以西藏为例，第二次草原普查显示西藏自治区内草原总面积13.23亿亩，退化面积达3.53亿亩，占26.7%（王军，2016），退化面积较第一次草原普查仍在增加。

分析牧户草原保护行为受哪些因素影响是提高牧户草原生态保护行为的关键。研究发现，在退牧还草政策实施中，牧民养殖规模决策依赖中央政策决策，与地方政府决策关系不大（魏建洲，刘彦平，2015），同时在牧民间的养殖规模博弈中，总是背叛策略具有集体稳定性，可报复的合作优势明显（孙自保等，2012），因而政府需加大监督处罚力度，避免牧民间不公平竞争（刘兴元等，2012）。与草原生态保护相背，超载过牧备受学者关注（杨理，侯向阳，2005；

靳乐山，2013；胡振通等，2014；李金亚等，2014；孙前路等，2014），研究发现，中小牧户是草原超载的主体，超牧的原因是牧民追求短期经济利益、牧区人口压力过大及牧民对生态环境退化的认知程度不高等，因而建议引导中小牧民养殖行为、强化环境认知。

通过以上研究，本研究认为牧民超牧行为的背后是牧民日益提高的生计需要与草原合理载畜量之间的矛盾，但纵观已有研究，以牧民家庭生计为视角的牧民生产行为却鲜有讨论，而这正是解决草原生态退化问题的关键（李惠梅，张安录，2015）。可喜的是，一些学者已经开始关注牧民家庭生计因素对牧民生产行为的影响。如叶云等（2013）发现，养羊收入比重、饲草资源、劳动力数量、加入合作社对牧民养殖规模有显著正向影响，进而能够推进牧户草原生态环境保护，而家中有村干部对养殖规模存在显著负向影响。王晶和肖海峰（2017）研究认为牧民年龄、文化程度对牲畜养殖规模有显著正向影响，而家庭劳动力人口因素的影响不显著。

牧户草原保护行为需要缩减养殖规模，但需要考虑牧户生计实际。这是因为草原草畜平衡政策强调了草原承载力与牧民牲畜养殖规模之间的关系，并通过奖补政策对牧民养殖规模限制进行补贴，但当牧民家庭生计被忽视时，牧民将选择集体违规（刘振虎等，2014）。然而，牧民家庭视角的研究尽管将牧民生计相关因素纳入草原生态环境保护分析框架，但研究的侧重点差异较大，鲜有文献将牧民家庭生计作为一个整体系统来分析对牧民养殖规模变化的影响，将牧民兼业化与牧民生计结合起来分析牧民以养殖规模控制推进草原生态环境保护的研究更为鲜见。本章以西藏肉羊养殖户为研究对象，分析牧民家庭肉羊养殖规模的影响因素。牧民是草原畜牧业经营的主体，从牧民家庭生计和兼业化层面分析牧民通过养殖规模控制推进草原生态环境保护的决策机理，对政府优化草原政策、引导牧民养殖行为，进而对促进草食畜牧业的可持续发展具有重要的决策参考意义。

5.3.2 理论分析与研究假说

（1）概念界定

生计资本的概念源于可持续生计理论（Chambers and Conway，1992），是可持续分析框架的核心，具有微观可观测性（翟黎明等，2017）。在概念界定上，钟涨宝、贺亮（2016）将生计资本界定为农户所能利用的各类资源；严登才（2012）认为生计资本是农户所能控制和利用的资本；孙博等（2016）认为其是农户用来储存、积累、交换、投入工作以产生收入流的资源基础；杨彬如（2017）将其界定为生存和发展所依赖的各类物质资本和无形资本。这些概念尽管表述不同但差异不大，研究维度均未超出上述 5 种类型。也有学者从 Sen A 的能力理论出发，将牧民生计资本界定为牧民所拥有的可行性能力的大小及选择机会的大小，进而将生计资本概括为环境属性、基础设施和固定资产三种类型（李惠梅等，2013）。本书中牧民生计资本是指牧民所能控制和利用的并对家庭生计水平有影响的各类资本的总称。

农户兼业是指农户将原来投入到农业经营的劳动力、资本等各类生产要素转移到工业或服务业等非农活动中，实现降低农业依赖、拓展家庭收入来源的过程（陈晓红，2006）。基于农户兼业的概念，本文兼业化是指由于牧民在牧业和非牧产业中生产要素投入的比例不同形成的其生产行为的差异，进而造成牧民收入结构的不同。在兼业化程度上，农业农村部农村固定观察点办公室按照收入构成将农户分为4类，即纯农户、Ⅰ兼农户、Ⅱ兼农户和纯非农户。日本按照农户劳动时间和收入构成将农户分为Ⅰ兼农户和Ⅱ兼农户，也有学者按照非农收入比重将农户分为纯农户、Ⅰ兼农户和Ⅱ兼农户，这都为本研究牧民兼业化划分提供了借鉴。

（2）生计资本与草原生态环境保护行为

对牧民而言，经济利益是家庭决策的核心，生计资本的差异会直接影响牧民的经济行为导向，在草原生态环境保护行为上，生计资本同样是草原生态环境保护行为决策的基础。因而在分析牧民草原生态环境保护行为决策时，除了政策制约和养殖意愿外，生计资本对家庭决策影响很大（陈伟娜等，2013）。鉴于英国国家发展署（DFID）可持续生计分析框架的权威性，本文在分析牧民生计资本时也从自然资本、物质资本、人力资本、社会资本和金融资本5个方面进行讨论。

在DFID可持续生计分析框架中，自然资本是农户赖以生存和发展的基础，是能够从自然资源中导出有利于家庭生计的资源服务流量和自然资源存量的总称（张璐，2008）。在农户生计策略选择中，自然资本往往表现为选择黏性，即自然资源越充裕的农户越缺少拓展生计途径的激励。如仲俊涛等（2015）研究发现，农户拥有的自然资本越多，外出务工和进行非农生产的可能性越小。徐定德等（2015）研究发现，自然资本对农户生计策略选择影响显著，即农户自然资本增加1单位将使得选择农业生计策略的概率增加82.2%，而非农生计的选择概率将下降50.9%，这一结论同样在牧民生计策略选择中得到印证。如宋连久等（2015）通过对西藏藏北牧民可持续生计调查发现，拥有较多自然资本的牧民更倾向于选择单纯牧业维持生计，因而基于家庭人数增加和生计水平提高压力，扩大养殖规模意愿较高。据此，提出如下研究假说：

H5-1：在其他因素控制的条件下，自然资本越充裕的牧民家庭对畜牧养殖的依赖性越强，越不可能通过缩减家庭肉羊养殖规模保护草原生态环境。

在 DFID 生计资本分析框架中，物质资本是用于经济生产过程中除去自然资源的物质，是在一定时期积累起来用于维持生计所需的基本生产资料和基础设施的总称（王彦星等，2014）。在农户生计策略实证研究中，物质资本对农户生计策略影响的研究尚未得出一致结论。如赵文娟等（2016）认为，农户物质资本对纯农型生计策略具有显著的正向影响，农户拥有的物质资本越丰富，选择纯农型生计策略的概率越大；朱贵云等（2009）认为，物质资本的丰富在一定程度上替代了家庭劳动力投入，使得部分劳动力从传统农业中游离出来，家庭生计转向非农产业。我们认为，形成结论不一致的原因在于忽略了物质积累的门槛效应，这与物质资本积累的程度有关。农户生计决策选取决于家庭物质资本在农业与非农业边际收益比较。在西藏牧区，牧民家庭物质资本薄弱特征明显，但随着西部大开发和国家草原奖补政策的实施，牧区居民家庭物质资本有了较大提高，家庭生计压力有所缓解。据此，提出如下研究假说：

H5-2：在其他因素控制的条件下，物质资本越充裕的家庭越有可能通过缩减家庭肉羊养殖规模来保护草原生态环境。

人力资本是指个人拥有的可以用于谋生的知识、技能、劳动能力及健康状况（赵雪雁，2011），在 DFID 生计资本框架中，人力资本的丰富程度决定了人们驾驭与支配其他资本的能力，是人们生活生产中最为基础的生计资本。在农户生计策略实证分析中，人力资本对农户生计的策略选择基本达成共识，即农户的人力资本越丰富，其从事非农产业的概率越大（苏芳等，2011；赵文娟等，2016），但对于牧民，人力资本对生计策略选择策略影响尚未形成一致结论。乌云花等（2017）和曹翠珍等（2014）认为人力资本对牧民生计选择存在显著影响，但赵雪雁和巴建军（2009）发现，牧民拥有的人力资本存量有限，加之人力资本投资少，牧民家庭人力资本的作用被弱化了。我们认为，出现结论不一致的原因在于人力资本整体水平差异。在西藏，牧民整体文化水平较低，牧民家庭文化水平非显著提高并不能促进生计策略转移，相反迫于家庭生计压力会增加养殖数量，加强对草原的依赖。另外，牧民家庭生计对人力资本数量依赖较大，在非牧就业渠道畅通的情况下，牧民家庭人力资本数量的提高将增加牧民家庭的非农收入比重，牧民权衡收益后会考虑缩减养殖规模。据此，提出如下研究假说：

H5-3：在其他因素控制的条件下，牧民家庭人力资本提升对牧户通过缩减家庭肉羊养殖规模保护草原生态环境存在显著正向影响。

H5-3a：在其他因素控制的条件下，牧民家庭人力资本数量越丰富的家庭越有可能通过缩减家庭肉羊养殖规模保护草原生态环境。

H5-3b：在其他因素控制的条件下，牧民家庭人力资本文化水平越高的家庭越可能通过缩减家庭肉羊养殖规模保护草原生态环境。

社会资本是嵌入个体的关系网络，是存在人际关系和社会结构中能够通过重复互动为个体行为提供便利的一种生产性资源（科尔曼，1992）。以血缘、地缘、业缘等关系形成了以情感为纽带的社会资本，能够影响人们的视野与家庭经济行为决策（许朗等，2015；吴舒，穆月英，2016）。研究发现，农户社会资本的丰富程度越高，收入来源的途径就越多，成为纯农户的可能性就越小，对农业的依赖程度也就越低（严奉宪等，2014；赵文娟，杨世龙，2016）。但在牧区，牧民社会资本对牧业依赖的影响可分传统社会资本和现代社会资本两个方面。传统社会资本维度上，草场产权改革引起的牧民纠纷导致合作放牧基础被破坏，市场交易替代互惠互利习惯致使牧民社会网络依赖程度降低（李继刚，2016），因此我们主要关注现代社会资本。在具有组织规范的牧民自组织（如合作社）内部，组织成员养殖经验得以分享，政策传达更为充分，并通过组织规范强化内部合作，降低了生计的脆弱性，有利于养殖规模的自我约束。据此，提出如下研究假说：

H5-4：在其他因素控制的条件下，现代社会资本越丰富的家庭越有可能通过缩减家庭肉羊养殖规模保护草原生态环境。

金融资本是指在人们生活和生产中为了维持与提高生计目标所需要的各种现金和可变现的财务资产总和，包括资金积累与流动两部分（苏芳等，2009b）。在农户生计策略实证分析中，家庭金融资本的增加对非农产业参与的正向影响已经得到相关学者的认同（苏芳等，2009a；徐定德等，2015）。但在牧区，金融资本对牧民生计选择的影响要弱得多（乌云花等，2017），这种现象除牧民家庭金融资本偏低外，与牧民的财富观存在很大关系。尽管如此，家庭金融资本仍是家庭财富的核心指标，其地位仍不可忽视。据此，提出如下研究假说：

H5-5：在其他因素控制的条件下，金融资本越丰富的的家庭越有可能通过缩减家庭肉羊养殖规模保护草原生态环境。

（3）兼业化与草原生态环境保护行为

牧民家庭肉羊养殖数量与收入渠道密切相关。牧民的决策能力并不弱（刘炎周等，2016），其肉羊养殖规模决策与家庭收入渠道密切相关（赵雪雁，2009），牧民兼业化正是家庭收入渠道的反映。目前，学术界关于兼业化对农业发展的研究可以归纳为"兼业效应"和"收入效应"两个方面（王图展等，2005）。一方面，草原是牧民赖以生存的基本生计资产，具有保障和生产功能（宋丽弘，2015），但随着西藏城镇化的发展和草原流转的推进，在牧民收入渠道增加的同时带来了牧民的兼业化。为了增加家庭收入，一部分牧民将原本投入肉羊养殖的人力、资金等生产要素投入非牧活动之中，使得家庭畜牧养殖劳动力素质下降，生产要素投入低，进而缩小了家庭养殖规模，即"兼业效应"（李庆等，2013；杨志海等，2015）。另一方面，一些学者认为农业发展和兼业化存在相互促进和相互竞争的状态，对于畜牧养殖仍是家庭主要收入来源的牧民而言，一定程度的兼业化丰富了视野、拓展了知识，通过技术革新能够提高养殖效率，家庭生计水平提高的途径由粗放化转向集约化，一定程度上约束了养殖规模；同时，对于非牧收入成为家庭主要收入来源的牧民而言，兼业化使得草原作为家庭的"生活保险"和"失业保险"的手段被粗放化，牧民也将缺乏扩大养殖规模的激励，即"收入效应"（许恒周等，2012）。整体而言，牧民兼业化程度越高意味着非牧收入水平越高，家庭畜牧养殖的比重越低，对草原的依赖性也就越弱。据此，提出如下研究假说：

H5-6：在其他因素控制的条件下，牧民兼业化程度的提高有助于牧民缩减肉羊养殖规模，进而保护草原生态环境。

5.3.3 数据来源与变量说明

（1）数据来源

本书使用数据来自西藏农村经济发展研究中心于2016年12月至2017年2月对那曲市和日喀则市下辖各县肉羊养殖户的入户调查，共计885份，其中那曲市338例，占38.19%，日喀则市547例，占61.81%。选择两地作为研究对象，其一在于两地草地资源丰富，如藏北草原是我国五大牧场之一，而那曲市所在的羌塘草原是藏北草原的主体；日喀则是一江两河流域草地面积最为丰富的地区，占该流域草地面积的56.67%。其二在于两地肉羊养殖数量较多，截至2015年年底，日喀则市和那曲市的肉羊存栏量分别为379万只和334万只，分别占西藏肉羊总量的32.81%和28.92%。

那曲市样本主要分布在班戈、申扎、那曲、比如、安多、尼玛、双湖等，分别占4.29%、4.63%、6.10%、3.28%、5.76%、7.12%和3.05%，日喀则市样本主要分布在谢通门、康马、亚东、仲巴、岗巴、萨迦等，分别占8.25%、6.55%、9.38%、5.88%、9.72%、8.02%和8.47%。在性别分布上，以女性为多，占58.42%，这可能与部分牧民家庭男劳动力外出务工有关；在年龄分布上，以中青年为主，其中31~50岁样本接近60%；受教育年限方面，小学和文盲的比例分别占42.82%和28.47%，高中比例仅为6.33%，牧民文化程度偏低；在交通状况方面，认为不方便的仅占14.58%，交通状况较好；在家庭收入水平上，10 001~50 000元的比例最高，达46.21%，但50 000元以上的样本偏低；在养殖业收入方面，2016年超过80%的样本养殖收入在5 000元以下，而且1 000元及以下比例高达57.49%，这可能暗示着宗教信仰因素可能对养殖规模存在某种影响，数据基本特征见表 5-6。

表 5-6 样本的基本特征

特征	样本特征分类	人数（人）	比例（%）	特征	样本特征分类	人数（人）	比例（%）
性别	男	368	41.58	交通状况	不方便	129	14.58
	女	517	58.42		一般	449	50.73
年龄	30 岁及以下	240	27.12		方便	307	34.69
	31~40 岁	250	28.25	2016 年家庭收入	5 000 元及以下	239	27.01
	41~50 岁	267	30.17		5 001~10 000 元	203	22.94
	51~60 岁	118	13.33		10 001~50 000 元	409	46.21
	61 岁及以上	10	1.13		50 001 元及以上	34	3.84
文化程度	文盲	252	28.47	2016 养殖业收入	1 000 元及以下	472	57.49
	小学	379	42.82		1 001~5 000 元	237	28.87
	初中	198	22.37		5 001~10 000 元	73	8.89
	高中及以上	56	6.33		10 001 元及以上	39	4.75

（2）变量选取与说明

①被解释变量：本文被解释变量为牧户草原生态环境保护行为。在牧区，牧户参与草原保护最为直接的方式是养殖规模控制，本章以牧户养殖规模变化幅度代替草原生态环境保护行为大小。为了确切把握牧民肉羊养殖规模变化，本书摒弃了牧民对养殖变化的直接回答，而采取养殖规模变化率表示，其计算方式为 $\tau=$（2016 年养殖数 - 2015 年养殖数）/2015 年养殖数。若 $\tau < -0.2$ 则表示养殖规模"减少了很多"赋值为 5，若 $-0.2 \leq \tau < -0.05$ 则表示养殖规模"减少了一些"赋值为 4，若 $-0.05 \leq \tau < 0.05$ 则表示养殖规模"没有变化"赋值为 3，依此类推。

②核心解释变量 1：借鉴英国国家发展署（DFID）可持续生计分析框架，本章将肉羊养殖户的生计资本分为自然资本、物质资本、人力资本、社会资本和金融资本进行分析。基于王彦星等（2014）、乌云花等（2017）和秦青等（2017）对草原牧民生计资本的测量，本章拟对以上五类指标测度如下：自然资本包括人均草地面积和草场质量；物质资本包括肉羊数量和住房结构；人力资本包括家庭劳动力人数和平均受教育年限；社会资本包括村干部经历和社会组织参与情况；金融资本为 2016 年家庭总收入。

③核心解释变量 2：借鉴张忠明和钱文荣（2014）对农户兼业化的划分方

法,本文用养殖收入占家庭总收入比重进行确定,即养殖收入大于80%的为纯牧户,50%~80%的牧民为一兼牧户,10%~50%的牧民为二兼牧户,低于10%的为非牧户。另外,为了使研究成果与西藏牧民实际更为贴近,增加了宗教信仰支出变量。

④控制变量:为了准确分析核心解释变量对牧民养殖技术需求的影响,我们需要对一些变量进行控制,这些变量包括被调查者的基本特征、交通状况、养殖培训经历等,相关变量含义及统计结果见表5-7。

表5-7 相关变量含义及统计结果

变量	变量定义	均值	标准差	最小值	最大值
养殖规模变化	减少了很多=5,减少了一些=4,没有变化=3,增加了一些=2,增加了很多=1	2.54	1.16	1	5
性别	男=1,女=0	0.42	0.49	0	1
年龄(岁)	被调查者的实际年龄	37.97	11.27	17	65
文化程度	文盲=0,小学=1,初中=2,高中及以上=3	1.07	0.87	0	3
交通便利情况	不方便=1,一般=2,方便=3	2.20	0.67	1	3
户主文化程度	文盲=0,小学=1,初中=2,高中及以上=3	0.99	0.80	0	3
宗教信仰支出(元)	2016年家庭购买信仰用品及寺庙捐赠支出	129.77	267.08	0	3 000
人均草地面积(亩/人)	家庭草地面积/家庭人数	204.23	116.21	0	850
草地质量	非常好=5,比较好=4,一般=3,比较差=2,非常差=1	3.01	0.83	1	5
肉羊数量(只)	2016年家庭肉羊总数	98.48	122.85	0	900
住房结构	土混=1,木混=2,砖混=3,框架1层=4,框架2层=5	2.62	1.15	1	5
劳动力人数(个)	农牧民家庭劳动力个数	5.89	2.95	1	13
兼业化程度	养殖收入>80%=1,养殖收入50%~80%=2,养殖收入10%~50%=3,养殖收入<10%=4	3.35	0.80	1	4
家庭平均受教育年限	家庭各成员文化程度乘以各阶段学习年数再除以家庭人数	5.34	2.22	0	9.75
村干部经历	有村干部经历=1,没有=0	0.10	0.30	0	1
合作社参与	参加养羊合作社=1,没有=0	0.13	0.33	0	1
2016年家庭总收入	(2016年家庭总收入-均值)/均值	0.00	0.95	-0.93	4.79

注:表中被访问者性别、被访问者年龄、交通便利情况、户主文化程度为控制变量。

(3) 研究方法

为了验证生计资本与兼业化对牧民家庭肉羊养殖规模变化的影响,我们选择 S-Logistic 模型(The Stereotype Logistic Model)进行分析。该模型最早由 Anderson(1984)提出,随后 Long & Freese(2006)对模型进行了拓展,但由于软件包缺乏限制,一直未充分应用(Liu,2014),随着统计软件包的丰富,这种方法已经由理论走向实践。在 Stata 中,有序 Logistic 模型假设因变量为潜在变量,其 logit 形式表示为:

$$\ln[Y_i'] = \text{logit}[\pi(x)] = \ln\left(\frac{\pi_j(x)}{1-\pi_j(x)}\right) = \alpha_j + (-\beta_1 X_1 - \beta_2 X_2 - \cdots - \beta_p X_p)$$

式中 $\pi_j(x) = \pi(Y \leq j | x_1, x_2 \cdots x_p)$,表示在给定的一系列预测值 $j = 1, 2 \cdots J-1$ 中,属于或低于 j 类别的概率。α_j 表示切点,$\beta_1, \beta_2 \cdots \beta_p$ 表示 logit 的估计系数。参照以上学者的研究成果,我们对本文的 Slogit 模型设定如下:

$$\log[\pi(Y \leq j | x_1, x_2 \cdots x_p)] = \ln\left(\frac{\pi(Y \leq j | x_1, x_2 \cdots x_p)}{\pi(Y > j | x_1, x_2 \cdots x_p)}\right) = \alpha_j + \phi_j(-\beta_1 X_1 - \beta_2 X_2 - \cdots - \beta_p X_p) + \mu_j$$

式中 $j = 1, 2 \cdots J-1$,J 表示参照等级,Y 表示从 j 到 J 的有序因变量,α_j 为截距项,$X_1, X_2 \cdots X_p$ 为解释变量,$\beta_1, \beta_2 \cdots \beta_p$ 为对应的待估参数,ϕ_j 表示为了确保因变量有序的约束条件,且满足 $1 = \phi_1 > \phi_2 > \phi_3 > \cdots > \phi_{J-1} > \phi_J = 0$。

模型优势:与传统有序 Logit 模型相比,该模型对回归系数进行了控制,增加因变量有序的约束条件,估计结果更贴合实际。

5.3.4 相关因素对牧户养殖规模的描述性分析

(1)人均草地面积对牧户养殖规模的影响

人均草地面积是牧户肉羊养殖的基本生产资料,其丰富程度也是影响牧户肉羊养殖规模的重要变量。统计结果显示(表 5-8),牧户在养殖政策数量的响应上,随着人均草地面积的增加,养殖政策的响应程度越高。肉羊养殖数量"增加了很多"的样本集中在人均草地面积"50 亩及以下"以及"50~100 亩"的样本中,与此相对应,牧户肉羊养殖数量"减少了很多"的样本均为 0。相反在"100~300 亩"和"300 亩以上"的样本中,增加了很多的比例,分别占 11.84% 和 6.20%,而"减少了一些"和"减少了很多"的比例均较高。这表明,随着牧户人均草地面积的增加,牧户增加养殖规模的概率越低,也就是说,牧户人均草地面积正向影响了牧户养殖规模的变化。

表5-8　不同人均草地面积与牧户养殖规模变化的交叉分布　　（%）

人均草地面积	增加了很多	增加了一些	没有变化	减少了一些	减少了很多
50亩及以下	66.37	6.19	19.47	7.96	0.00
50~100亩	46.67	26.67	13.33	13.33	0.00
100~300亩	11.84	34.13	33.10	13.38	7.55
300亩以上	6.20	49.61	20.16	7.75	16.28

（2）住房结构对牧户养殖规模变化的影响

住房结构在一个侧面反映了牧民家庭的经济状况，是牧户物资资本的重要组成部分，其结构差异反映了牧户生计水平，对养殖规模变化也将存在影响。统计结果显示（表5-9），住房条件较差的牧户增加肉羊养殖规模的比例较高，而住房条件较好的牧户缩减肉羊养殖规模的比例较高。尤其在住房是"土混"的样本中，肉羊养殖数量"增加了很多"的比例高达53.25%，而住房结构为框架结构的仅为11.11%。与之相反，住房结构为"土混"的样本中肉羊数量"减少了很多"的样本不足10%，而框架结构"减少了很多"的样本均在10%以上。我们认为，住房条件反映了牧户生计的基本水平，住房条件较好的牧户通过肉羊养殖规模提高生计水平的激励较低。

表5-9　不同住房结构与牧户养殖规模变化的交叉分布　　（%）

住房结构	增加了很多	增加了一些	没有变化	减少了一些	减少了很多
土混	53.25	13.61	14.79	11.24	7.10
木混	12.75	56.57	22.31	5.18	3.19
砖混	13.41	31.16	39.49	10.51	5.43
框架1层	11.11	16.67	35.71	26.19	10.32
框架2层	11.11	22.22	22.22	17.46	26.98

（3）村干部经历对牧户肉羊养殖规模变化的影响

村干部工作经历是牧户社会资本的重要组成部分，也是影响牧户对政府养殖政策认知与响应的重要指标。调查结果显示（图5-3），有村干部经历的牧户增加肉羊数量的比例较低。这是因为，村干部不仅是我国基层主要管理者，更是国家政策、地方法规的主要传达者和贯彻者。在政策传达与贯彻过程中，有村干部工作经历的牧户往往对政策的背景、实施原因、实施过程、实施标准等有较为深刻的理解。同时，由于视野较为开阔，对草原生态环境恶化的原因、如何推进西藏肉羊产业可持续发展也有更深的体会，因而更愿意缩减养殖规模，推进草原生态好转。另外，村干部还是村民效仿的榜样，在肉羊养殖政策实施中，村民也将是村干部家庭养殖规模的监督者，为了更好地引导周边牧民保持与缩减肉羊养殖规模，有村干部经历的牧户可能有较高的自我约束机制。

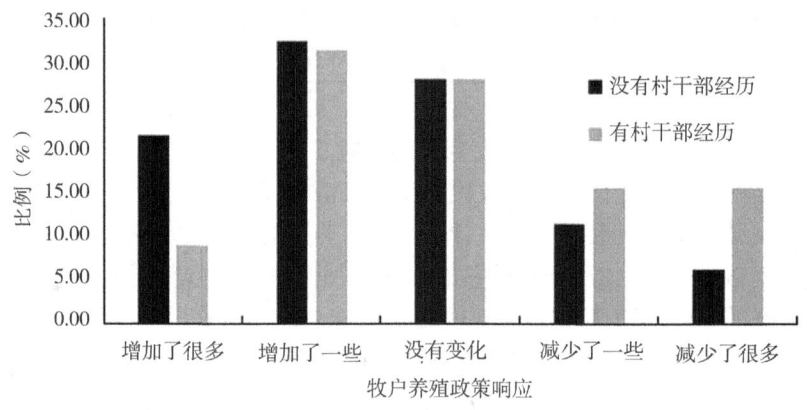

图 5-3　村干部经历差异对养殖规模的影响

（4）合作社参与对牧户肉羊养殖规模变化的影响

合作社是除牧户家庭特征外又一重要的社会资本指标。在牧户肉羊养殖过程中，合作社对牧户肉羊养殖规模变化也存在重要影响。调查结果显示（图5-4），参加了合作社的牧户增加肉羊养殖数量的比例较低，而未参加合作社的牧户增加肉羊养殖数量的比例较高。合作社作为牧区除基层管理部门和牧民家庭之外的重要经济组织，在西藏主要由政府成立和运营。合作社不仅是连接牧户与市场的重要渠道，也是养殖政策宣传的重要途径。因而，参加合作社的牧户接触养殖政策的几率更高、理解养殖政策也更深，通过缩减养殖规模保护草原生态环境的概率也就越高。

（5）兼业化对牧户肉羊养殖规模变化影响

兼业化是牧户收入来源渠道的重要反映，其兼业化程度反映了牧户家庭生计模式的转换程度。随着西藏经济的发展和城镇化的推进，肉羊养殖的牧户开始走出牧区转向城镇，牧户在工资性收入增加的同时，也扩大了视野、增长了见识，加深了对政府肉羊养殖数量政策的了解，也弱化了对传统畜牧业的依赖，因而兼业化程度越高的牧户越有可能缩减养殖规模。统计结果显示（表5-10），养殖收入大于80%的牧户，肉羊数量"增加了很多"的比例较高，"减少了很多"的比例较低，分别占22.86%和5.71%，相反，养殖收入低于50%的牧户，"减少了一些"和"减少了很多"的选择比例均较高，这表明兼业化程度也可能是牧户

5 牧户草原生态环境保护意愿与行为研究

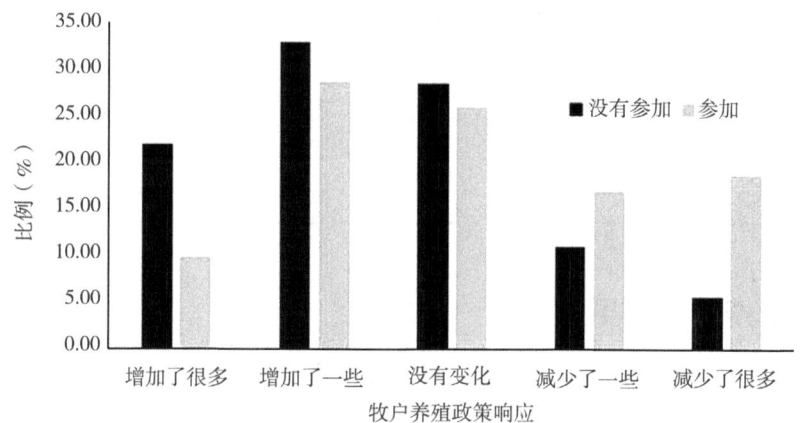

图 5-4 牧户肉羊养殖规模变化的合作社参与差异

养殖规模变化的重要因素之一。

表 5-10 牧户不同兼业类型与养殖规模变化的交叉分布 （%）

兼业化程度	增加了很多	增加了一些	没有变化	减少了一些	减少了很多
养殖收入>80%	22.86	40.00	25.71	5.71	5.71
养殖收入 50%~80%	16.67	30.77	30.77	16.67	5.13
养殖收入 10%~50%	18.93	32.18	26.18	12.93	9.78
养殖收入<10%	21.76	32.09	29.23	10.77	6.15

（6）宗教信仰支出对牧户肉羊养殖规模变化的影响

宗教信仰支出反映了牧户精神寄托支出的大小。在西藏，藏传佛教氛围较为浓厚，其教条教义不仅是牧户自我精神寄托的重要原则，有时还是其家庭经济行为的重要准则。因而，牧户宗教信仰支出的多少在一定程度上反映了牧户信仰程度的高低。调查发现（表5-11），宗教信仰支出越高的牧户，扩大养殖规模的概率越低。在宗教信仰支出"100元及以下"的样本中，家庭肉羊养殖数量"增加了很多"和"增加了一些"的样本分别为152例和229例，而"500元以上"的样本分别为0例和8例。与此相反，"减少了很多"的样本占比也随着宗教信仰支出的数量呈上升趋势。因而可以看出，宗教信仰也将是牧户肉羊养殖规模控制较为重要的变量。

表 5-11 不同宗教信仰支出与养殖规模变化的交叉分布　　（例）

信仰收入	增加了很多	增加了一些	没有变化	减少了一些	减少了很多
100 元及以下	152	229	190	53	22
100~300 元	27	38	39	34	16
300~500 元	1	11	11	11	10
500 元以上	0	8	9	7	17

5.3.5 回归分析结果

在模型回归前,作者从多重共线性角度对自变量进行了检验,发现绝大多数自变量间相关系数的绝对值均小于 0.2,仅住房结构和劳动力人数之间大于 0.5,通过计算膨胀因子(VIF)发现,最大值为 1.61,平均值为 1.15,因而多重共线性程度可以接受。依据前面的研究方法,本书采用 Stata13.1 软件对模型进行拟合,结果见表 5-12。模型 1 是牧民家庭生计资本和控制变量下的拟合模型,模型 2 是进一步控制兼业化程度的拟合模型,模型 3 是增加宗教信仰支出变量的拟合模型。三个模型中 Wald chi2 分别为 197.35、197.34 和 207.57,Prob>chi2 均为 0,模型均通过了显著性检验,拟合效果较好。

表 5-12 计量模型回归结果

	变量	模型 1			模型 2			模型 3		
		系数	std. Error	Z 统计量	系数	std. Error	Z 统计量	系数	std. Error	Z 统计量
自然资本	人均草地面积	0.021 8***	0.001 7	12.75	0.021 8***	0.001 7	12.75	0.019 8***	0.001 9	10.25
	草场质量	0.074 4	0.174 1	0.43	0.073 8	0.174 3	0.42	0.169 1	0.191 5	0.88
物质资本	肉羊数量	0.001 1	0.001 2	0.92	0.001 1	0.001 2	0.92	0.001 7	0.001 3	1.31
	住房结构	0.714 0***	0.158 6	4.50	0.715 0***	0.159 2	4.49	0.886 9***	0.179 7	4.94
人力资本	家庭劳动力人数	-0.016 3	0.052 6	-0.31	-0.016 2	0.052 6	-0.31	-0.008 4	0.057 9	-0.14
	平均受教育年限	-0.008 6	0.066 0	-0.13	-0.008 9	0.066 0	-0.13	0.008 5	0.072 2	0.12
社会资本	村干部经历	2.747 3***	0.529 1	5.19	2.748 3***	0.529 3	5.19	2.890 3***	0.547 5	5.28
	合作社参与	2.001 3***	0.516 9	3.87	2.002 1***	0.517 2	3.87	2.450 6***	0.553 9	4.42
金融资本	2016 年家庭总收入	0.340 7**	0.170 7	2.00	0.340 7**	0.170 7	2.00	0.439 7**	0.181 8	2.42
兼业化程度					0.011 9	0.180 5	0.07	0.079 6	0.197 8	0.40
宗教信仰支出								0.786 8***	0.210 8	3.73

(续表)

变量	模型1			模型2			模型3		
	系数	std. Error	Z统计量	系数	std. Error	Z统计量	系数	std. Error	Z统计量
控制变量	已控制			已控制			已控制		
模型整体检验统计量	观测数：885 Log likelihood=-1 140.289 Wald chi2 (14) = 197.35 Prob>chi2 = 0			观测数：885 Log likelihood=-1 140.286 9 Wald chi2 (15) = 197.34 Prob>chi2 = 0			观测数：885 Log likelihood=-1 131.857 1 Wald chi2 (16) = 207.57 Prob>chi2 = 0		

注：表中 *** 、** 和 * 分别表示在1%、5%和10%水平下统计显著。

(1) 生计资本对牧户肉羊养殖规模变化的影响

估计结果显示，人均草地面积、住房结构、村干部经历、合作社参与情况及宗教信仰支出均对牧民缩减养殖规模有正向影响，且在1%统计水平上显著，家庭总收入对牧民缩减肉羊养殖规模也存在正向影响，且在5%统计水平上显著。同时，草场质量、肉羊数量、家庭劳动力人数、平均受教育年限等指标不显著，对此，我们解释如下：

在自然资本方面，牧民在进行肉羊养殖规模决策时，首先应该对草场质量进行衡量，但由于缺乏较大区域间的草场质量比较，自家草场质量变化缺乏较为深刻的比较，以致对草场质量缺乏清醒的认知，影响不显著；自家草场面积对养殖规模变化影响与预期相反，这可能因为牧民家庭草场面积是固定的，经过前十几年牲畜养殖规模扩大，牧民肉羊养殖数量已经处于较高水平，随着草原奖补政策的实施，自然资源禀赋较多的牧民家庭生计压力得到一定程度缓解，加上政府监督和对生态环境关注，导致了家庭肉羊养殖规模的下降，H5-1未得到验证。

在物质资本方面，住房结构是牧民家庭生计水平的直接体现，住房条件好意味着家庭生计水平相对较高，也可能意味着牧民收入来源的多渠道性，养殖收入在家庭中的比重不高，随着草原生态逐步被牧民所认知，可能通过缩减家庭肉羊饲养数量换取自家较好的草地生态；对于牧民而言，肉羊不仅仅是家庭饲养的牲畜，更是牧民家庭财富保值增值的载体，因而影响并不显著，H5-2得到部分验证。

在人力资本方面，由于西藏牧民分布较为分散，牧民教育意识薄弱，家庭人均受教育年限整体偏低，对家庭养殖规模的影响也就不显著；在西藏农牧区，资源相对贫乏，家庭财富积累较为缓慢，家庭劳动力较多的家庭，除从事传统放牧活动外，一些开始外出务工，但由于缺乏务工技能，务工收入并不能显著提高家庭生计水平，因而对家庭养殖规模的影响也不显著，H5-3未得到验证。

在社会资本方面，村干部经历和合作社参与促进牧民养殖规模自我约束，这是因为在西藏农牧区，官方渠道主要为相关政策通过基层管理部门的传达，非官方渠道则为牧民通过合作社等组织获得。作为村干部，其肉羊养殖行为不仅仅是自家养殖决策，更是对村内牧民的示范，有着较强的自我约束机制；合作社作为信息交流、资源共享的平台，除了"过滤"分散养殖户的个体意愿外，还受到合作社规范的制约，尤其是西藏农牧区，合作社一直在政府推动下推进，因而合作社成员养殖规模也受到合作社内部监督，H5-4得到验证。

在金融资本方面，家庭总收入越高的家庭存在减少养殖规模的可能，这是因为家庭总收入是家庭财富流量的重要指标，家庭总收入越高，意味着家庭生计水平越高，通过传统畜牧业提高家庭生计水平的压力也就越小，因而存在缩减养殖规模的可能，H4-5得到部分验证。

（2）兼业化程度对牧户肉羊养殖规模变化的影响

估计结果显示，兼业化程度对牧民肉羊养殖规模减少存在正向影响，但影响不显著，H5-6未得到验证。我们的解释是：一般而言，兼业化程度越高不仅说明家庭肉羊收入比重较低，更意味着牧民家庭收入来源渠道越广，即家庭对传统畜牧收入的依赖程度较低。对于就业渠道广、有技能的牧民而言，非牧收入一般较牧业收入更为容易，通过减少畜牧投入、缩减养殖规模、转移非牧投入将是更好的选择。但在西藏牧区，牧民兼业化水平不高，尽管近十几年政府拓展了牧民收入渠道，但对整体西藏牧民家庭收入的影响尚不显著。

（3）宗教信仰支出对牧户肉羊养殖规模变化的影响

估计结果显示，牧民家庭2016年宗教信仰支出越高，越不会增加养殖规模，并在1%统计水平上显著。

5.3.6 稳健性检验

为了检验牧民养殖规模变化的影响因素模型的稳健性，本书采用模型替换和变量分组两种方法重新回归方程。

首先，鉴于牧民养殖规模变化的有序性，本书采用广义有序连续比模型对模型重新估计，估计结果见表5-13（模型4），该模型的估计结果与前文分析基本一致。其次，将因变量重新进行分类，即用1代表"缩小了很多"和"缩减了一些"，用0代表"没有变化""增加了一些"和"增加了很多"，对原有模型进行二元Logit回归（模型5），可以发现，模型回归结果除人均草地面积和家庭总收入的显著性稍有降低外，影响程度与方向并没有显著变化。最后，按照村庄规模（自然村户数是否大于30户）指标对原有样本进行分组，采用有序Logit

模型进行回归（模型6和模型7），与表5-13结果对比发现，各解释变量的影响方向和显著性具有较高的一致性。

表5-13 模型替换与分样本回归结果

变量	模型4 系数	模型4 std. Error	模型5 系数	模型5 std. Error	模型6 系数	模型6 std. Error	模型7 系数	模型7 std. Error
人均草地面积	0.002 7***	0.001 0	0.002 1**	0.000 8	0.003 1***	0.000 8	0.004 1***	0.001 0
住房结构	0.492 6***	0.094 1	0.397 4***	0.092 7	0.501 1***	0.086 0	0.607 0***	0.105 3
村干部经历	0.749 8***	0.279 5	0.774 9***	0.282 9	0.822 2***	0.270 9	0.908 9**	0.358 5
合作社参与	0.801 1***	0.246 9	1.062 3***	0.247 3	0.863 0***	0.266 6	0.936 2***	0.284 4
2016年家庭总收入	0.261 4***	0.091 6	0.228 8**	0.092 5	0.233 9**	0.090 7	0.213 1**	0.1049
兼业化程度	0.024 3	0.132 2	-0.032 2	0.136 8	-0.101 5	0.119 6	0.015 0	0.140 6
宗教信仰支出	0.002 0***	0.000 4	0.002 6***	0.000 4	0.003 1***	0.000 5	0.001 7***	0.000 4
控制变量	已控制		已控制		已控制		已控制	
其他变量	已控制		已控制		已控制		已控制	
模型整体检验统计量	观测数:885 Log likelihood=-1 049.504 4 Model chi2(64)=539.10 Prop>chi2=0 Pseudo R^2=0.204 3		观测数:885 Log likelihood=-359.244 01 LR chi2(16)=147.47 Prop>chi2=0 Pseudo R^2=0.170 3		观测数:523 Log likelihood=-695.162 6 LR chi2(16)=170.59 Prob>chi2=0 Pseudo R^2=0.109 3		观测数:362 Log likelihood=-467.175 7 LR chi2(16)=134.34 Prob>chi2=0 Pseudo R^2=0.125 7	

注：表中模型4为GOLogit估计，模型5为Logit估计，模型6、模型7为Ologit估计，模型6为小村庄样本的回归模型，模型7为大村庄样本的回归模型，***、**和*分别表示在1%、5%和10%水平下统计显著。篇幅原因，模型4仅列出了四个模型中的第一个。

5.3.7 相关因素的效应分析

（1）禀赋效应

在西藏牧区，牧民家庭自然资源禀赋的丰富程度与家庭财富积累密切相关，对于牧民而言，草地是最为根本的自然禀赋资源，住房条件是家庭村内相对生计水平的代表性展示。禀赋效应是指资源禀赋影响了牧民家庭相对生计水平，导致牧民在财富追求上形成了不同的价值观，进而可能影响到牧民牲畜养殖规模决策。检验禀赋效应的直接思路是以相对低水平的资源禀赋家庭为参照组，分析家庭不同资源禀赋丰富程度的边际效应，若禀赋效应存在的话，则禀赋资源的大小与养殖规模变化（正向或负向）关系显著。基于模型3，人均草地面积和住房结构对养殖规模的边际影响见图5-5。

在草地资源维度，相对于人均50亩以下的家庭而言，随着人均草地面积的

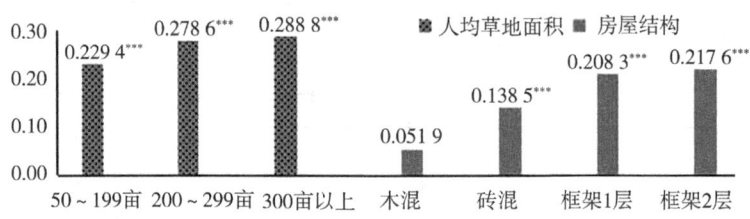

图 5-5　草地面积与住房条件的禀赋效应

（人均草地面积的参照组为<50亩，房屋结构的参照组为土混，
*** 表示在1%统计水平上显著）

增加，牧民越存在缩减养殖规模的可能，且影响程度不断增加，均在1%统计水平上显著，这也说明，扩大养殖规模的牧民应该集中在小规模养殖的牧民家庭。在住房条件维度，相对于土混住房而言，砖混、框架1层和框架2层的家庭均有缩减养殖规模的激励，并均在1%统计水平上显著，木混住房结构的边际影响不显著，这说明，生计条件相对好的家庭养殖规模自我控制的概率较生计较差的牧民要好。

（2）兼业效应

兼业效应是指由于牧民通过拓展收入渠道改变家庭收入结构，从而可能影响牧民养殖规模的变化。对于兼业效应的检验，王图展等（2005）依据相关统计年鉴数据对兼业效应进行了验证，其结论为农户兼业化程度对农业投资有显著负向影响，这一结论可以视为兼业效应的证据。基于调查数据，本文拟从另一个角度进行检验，即兼业化对牧民肉羊养殖数量的影响。若兼业效应存在的话，则与纯牧户相比，兼业化程度越高，其养殖数量越小。基于模型3，利用一般线性回归方法对兼业化效应进行检验，结果见表5-14。可以发现，兼业化Ⅱ的牧民家庭对养殖收入比重有较强的负向影响，且在1%统计水平下显著，这表明兼业化降低了牧民对传统养殖业的依赖，可能成为牧民养殖规模缩减的原因之一。

表 5-14　兼业化效应与敬畏效应

	兼业化效应	敬畏效应
兼业化Ⅰ	1.996（1.8800）	
兼业化Ⅱ	-3.9034***（2.1789）	
宗教信仰支出100元以内		-0.4616（0.4419）
宗教信仰支出100~399元		0.6178（0.4132）
宗教信仰支出400元及以上		5.6466***（0.8859）

(续表)

	兼业化效应	敬畏效应
控制变量	已控制	已控制
其他变量	已控制	已控制
样本数	885	885

注：参照组分别为纯牧户和没有宗教信仰支出，表中***表示在1%水平下统计显著。

(3) 敬畏效应

敬畏效应是指牧民由于宗教教义教条、自然崇拜等因素形成的以"忌杀生灵""放生""六道轮回"等观念为代表的对神灵的敬畏，并由此形成家庭牲畜养殖规模的自我控制行为。检验敬畏效应的直接思路是将信仰宗教的牧民与不信仰宗教的牧民进行养殖规模变化比较。目前，关于宗教信仰程度的测度主要基于被调查者回答（如非常信仰、比较虔诚、一般、比较不虔诚、非常不虔诚），由于宗教信仰程度具有较强的隐私性，这种直接回答可能偏差较大，因此，本书拟从一个新的角度来衡量。

对于一般信徒而言，信仰用品购置、寺庙捐赠、参加佛事活动是其宗教信仰程度的直接表现，尤其是宗教信仰支出将带来家庭资金的直接减少。因此我们对敬畏效应检验的思路是以2016年牧民购买信仰用品及寺庙捐赠支出指标为基础，对牧民宗教信仰程度进行划分。若敬畏效应存在的话，则宗教信仰支出越多，其越有缩减养殖规模的激励。基于模型(3)，使用Slogit方法对敬畏效应进行了检验，结果如表5-14所示。从表5-14中可以看出，与宗教信仰支出为0的样本相比，宗教信仰支出在400元以上的牧民家庭宗教信仰支出对养殖规模缩减有正向作用，且在1%统计水平上显著。这表明，敬畏效应可能是宗教信仰影响牧民肉羊养殖规模变化的一个重要机制。

5.4 小　结

本章通过理论分析和回归分析，对牧户草原肉羊环境保护意愿与行为进行了讨论，得出牧户草原生态环境响应的影响因素，主要结论如下。

(1) 牧户参与草原生态环境保护的积极性受多种因素的影响

基于半参数模型，利用入户调查数据分析牧户生态保护参与意愿，发现对草原生态环境有较为清晰认知的牧户更有草原保护的激励，更愿意参与政府正在实施的草原保护政策，同时对政策的了解程度与草原生态环境保护意愿有较强的正向相关关系。另外交通便利、村干部、养羊数量多和政府监督力度强对牧户参与草原生态环境保护意愿有显著的正向影响。这些结论都将为改进西藏牧户参与草原生态环境保护的政策提供思路。

（2）牧户草原生态环境保护意愿与行为存在偏差，且参与意愿与行为的影响因素存在差异

牧户对草原奖补政策的了解程度、牧户对养殖数量政策的了解程度以及村干部只影响牧户意愿而不影响牧户养殖行为，党员身份只影响牧户养殖行为而对牧户意愿影响不显著。

（3）在牧户养殖规模控制上，人均草地面积越丰富、住房条件越好的家庭越能够自我控制养殖规模，这表明牧民生计资本越丰富的家庭迫于生计压力而提高养殖规模的概率越小

牧民村干部经历和合作社参与对缩减养殖规模有显著正向作用，这意味着基层管理职位和牧民自组织（如合作社）组成的现代社会资本能够通过监督与规范约束形式约束牧民养殖规模。家庭收入水平越高，牧民扩大养殖规模的概率越低，这表明家庭收入较低仍是牧民扩大养殖规模的主要原因。兼业化程度对牧民养殖规模变化不显著，这可能与西藏牧区传统畜牧业比重较大、牧民就业渠道狭窄、非牧收入水平较低有关。宗教信仰支出越多的家庭越能够自我控制家庭牲畜养殖规模，可以将之作为控制牧民牲畜养殖规模的一个非制度性工具。

6 牧户养殖技术需求意愿与采用行为研究

养殖技术革新是肉羊养殖效率提升的重要途径，西藏牧户肉羊养殖技术相对落后，分析牧户养殖技术需求与影响因素对技术推进意义重大。本章在综合考虑牧户资本禀赋差异和外出务工的条件下，试图从牧户肉羊养殖技术需求意愿与行为的层面为推进西藏肉羊产业可持续发展提供依据。

6.1 分析框架

6.1.1 牧户肉羊养殖技术与产业可持续发展

牧户肉羊养殖技术涉及圈舍修建、圈舍防寒、圈舍消毒、饲料配比、种养管理、肉羊配种与繁育、羔羊管理、青年羊育肥、剪羊毛（羊绒）、羊毛（羊绒）分级、放牧技术、副产品加工及疾病控制等多个方面，其影响因素也差异较大。

圈舍修建、圈舍防寒、圈舍消毒、疾病控制是家庭肉羊养殖的基础，属于基础圈舍管理技术。基础圈舍管理技术的提高有助于提高肉羊的体质、减少疾病的发生、在肉羊养殖阶段有效提高养殖效率、缩短肉羊养殖时间。肉羊繁育、饲料配比、放牧技术有利于提高养殖规模与肉羊保膘增肥，属于增产保肥技术。其中，肉羊繁育技术涉及种羊选育、母羊配种多个环节，其目的在于通过肉羊品种改善从基因层面为肉羊性能提高打下基础。饲料配比技术采用以牧为主、牧饲结合的形式，结合草原草质多少和优劣适当对肉羊进行补饲，缓解草原生态压力，达到肉羊保膘育肥的目的。剪羊毛（羊绒）、羊毛（羊绒）分级有利于提高副产品价值，属于副产品粗加工技术。羊毛、羊绒是牧户肉羊养殖中产生的副产品，为牧区居民增加了衣物材料的同时，也为牧户提高生计增加了渠道，是牧户肉羊养殖收益的重要组成部分，在肉羊养殖数量约束和牧户生计水平提高之间有着重要的调节作用。

可以发现，基础圈舍管理技术从肉羊养殖日常管理方面能够为牧户养殖效率提升打下基础，增产保肥技术在肉羊品种优化、保膘育肥等养殖环节提升肉羊养殖效率，副产品粗加工技术在养殖副产品的层面提升牧户肉羊养殖收益。这些技术的需求与采用将直接缓解牧户肉羊养殖与草原载畜量之间的矛盾，在提高肉羊养殖效率的同时实现产业可持续发展。

6.1.2 本章分析思路

技术需求是外在因素和农户特征共同作用的结果（徐世艳，李仕宝，2009；宋金田，祁春节，2013；朱萌等，2015），尤其是户主文化程度、种植规模、家庭收入构成、交易成本、信息获取与交流、技术培训等因素对农业技术需求有显著影响。但纵观已有研究，畜牧养殖业的技术需求却鲜有讨论。为了保证我国畜牧业平稳发展，畜牧业技术支撑体系作用不可替代（陆军，2010），因而，需要对牧民的养殖技术需求进行分析。石晶和肖海峰（2014）研究发现，绒山羊养殖户对疾病防控、繁育及饲料营养补给等技术需求较高，同时发现文化程度、养殖收益、家庭收入、技术培训对养殖技术需求有显著影响。

本研究认为，牧户养殖技术需求与采用是一个复杂的系统。在技术需求方面，一方面，从外在因素视角对技术需求问题的研究忽略了农户家庭资本禀赋，可能存在科技成果与实际技术需求之间存在偏差，这不仅会造成农户技术有效需求不足，甚至会造成技术推广与农户实际技术需求相脱节。另一方面，农户特征视角的研究尽管将家庭资本禀赋纳入技术需求的分析框架，但研究的侧重点差异较大，需要将家庭资本禀赋进行系统分析，同时考虑劳动力外流的影响。基于此，本研究构建本章分析框架（图6-1）。

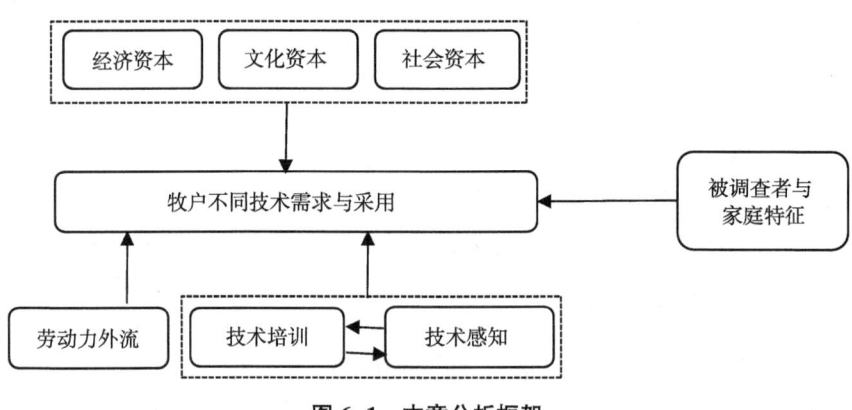

图 6-1 本章分析框架

6.2 牧户养殖技术需求意愿分析

6.2.1 家庭资本禀赋与劳动力外流对牧户草原生态保护意愿的影响逻辑

任何农户的决策行为均在特定的家庭资本禀赋背景之下，牧户作为草原养殖技术需求与采纳的微观主体也不例外。因而在分析牧户养殖技术需求时，除了从牧户的技术偏好进行分析，还可从资本禀赋角度进行探讨（周建华等，2012）。因而，本研究从资本禀赋的视角，分析草原牧户对技术需求的影响因素。资本禀赋是影响个体行为决策的资源与权力，包括经济资本、文化资本和社会资本3个方面（布迪厄、华康德，1998）。鉴于布迪厄和华康德对资本禀赋研究的权威性，本研究在分析牧户资本禀赋时也从经济资本、文化资本和社会资本3个方面进行讨论（图6-2）。

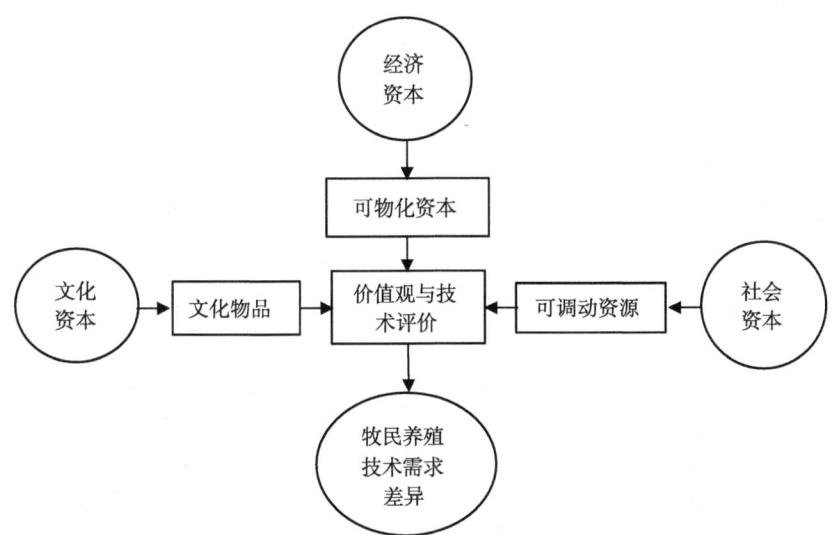

图6-2 家庭资本禀赋对牧户养殖技术需求的影响逻辑

在Bourdieu资本理论框架中，经济资本处于基础性地位，是指牧户所拥有的可变现的各种财务资产的总和，在特定条件下是可物化的资本，可促进人们形成"理性"的习惯，进而促进或约束行为决策（Bourdieu，1986）。在农户技术需求影响相关研究中，经济资本已经受到众多学者关注，但尚未形成一致的结论。有学者认为农户在获取农业技术时需要付出一定代价，对于经济资本较丰富的家庭，不仅有经济实力获取新技术，也能承担新技术失败带来的损失，因而经济资本较丰富的家庭对新技术的需求与采用的倾向性更高（徐世艳，李仕宝，2009；王景旭等，2010），也有学者认为经济资本薄弱的家庭更有通过采用新技术改变家庭经济状况的愿望，因而经济资本越低的家庭技术需求越强烈（王浩，刘芳，2012）。出现上述研究差异的原因是没有细分技术类型，对于资本禀赋较丰富的家庭对高层次技术需求较高，对基本技术需求较低而经济资本较为薄弱的家庭刚好相反，这一点也可在肉羊产业相关研究中得到印证。如张蕾（2013）认为经济资本较丰富的家庭对科学养殖技术需求强烈，而经济资本较薄弱的家庭则更需要动物疫病防控。据此，提出如下研究假说：

H6-1：在其他因素控制的条件下，经济资本对技术需求有显著正向影响。

文化资本是通过教育传递的文化物品，具有身体形态、客观形态和制度形态3种形式（Bourdieu，1986），是能够对社会成员造成一定影响的实践、信念、传统和价值的总称（思罗斯比，潘飞，2004）。一般而言，文化资本包括制度化文化资本和非制度化文化资本，制度化文化资本主要指文化程度。已有研究表明，文化程度的提高对农户技术需求有显著的正向影响（秦军，2011；杨传喜等，2011）。结合西藏牧区实际，牧户养殖技术需求与非制度文化资本（如宗教信仰）联系密切。非制度文化资本是指人们在长期生产、生活中形成的家庭文化和传统习俗。家庭文化与传统习俗不仅影响人们的价值观，还会影响对新技术的情感，在宗教信仰浓厚地区甚至会制约新技术的采用与扩散（邢小强，薛飞，2010）。据此，提出如下研究假说：

H6-2：在其他因素控制的条件下，文化资本对养殖技术的需求有显著影响。

H6-2a：在其他因素控制的条件下，制度性文化资本越丰富对养殖技术需求越高。

H6-2b：在其他因素控制的条件下，非制度性文化资本越丰富对养殖技术需求越低。

社会资本是嵌入个体的关系网络，是存在于人际关系和社会结构中能够为个体行为提供便利的一种生产性资源（科尔曼，1992）。一般认为，社会资本可分为传统社会资本、转型时期社会资本和现代社会资本3类（汪红梅，2011）。在西藏农牧区，由于地缘广阔及宗教信仰浓厚，转型期社会资本较为薄弱。传统社会资本是依托于地缘、血缘和宗族关系的社会资本（吴开松，2012），传统社会资本可以通过互信和互惠规范影响牧户养殖行为，使得技术模仿较为容易，进而促进牧户对新技术的需求与采用（汪红梅，余振华，2009）。现代社会资本是以牧户自组织（如合作社）为载体，以自组织规范为约束的社会资本。在牧户自组织内部，由于牧户交际的异质性，自组织成员获取技术信息的渠道更为广泛，新技术获取采用的成本被分摊，降低了新技术采用的风险，加上自组织还会受到政策支持，因而现代社会资本的丰富可以显著提高牧户的技术需求。据此，提出如下研究假说：

H6-3：在其他因素控制的条件下，社会资本越丰富养殖技术的需求越强烈。

H6-3a：在其他因素控制的条件下，传统社会资本越丰富养殖技术的需求越强烈。

H6-3b：在其他因素控制的条件下，现代社会资本越丰富养殖技术的需求越强烈。

6.2.2 劳动力外流对牧户草原生态保护意愿的影响逻辑

养殖技术需求强弱是牧户经营理性选择的集中表现。牧户的决策能力并不弱（刘炎周等，2016），养殖技术需求决策以实际牧户资本禀赋和收入来源偏好为依据追求利益最大化。一方面，草原是牧户赖以生存的基本生计资产，具有保障和生产功能（宋丽弘，2015）。但随着西藏城镇化的推进，部分牧民离开草原，走进城镇，加上草地流转的推进，草原的生计资产地位发生转化，流动资产功能逐步显现。在现有制度安排下，草原流动资产的体现是草原使用权在一定时期内的有偿让渡（宋丽弘，2015），生计资产和流动资产不能兼得。因而，牧户养殖技术需求取决于家庭收入来源偏好。首先，劳动力全部外流的家庭呈现非牧业化经营，偏好草原资源的流动资产属性，家庭草原流转出去，却促进其他牧户养殖规模扩大，间接提高了养殖技术的需求。其次，劳动力部分外流的家庭，外出人员拓展了视野、增长了见识，由于肉羊养殖仍是家庭经营的重要组成部分，通过技术改良能够提高养殖效率，实现家庭增收，也将增加对养殖技术的需求。最后，劳动力未流出的家庭，家庭生计要求扩大养殖规模。由于草原承载力和生态保护，家庭养殖规模受到限制，但草原流入带来扩大规模的契机，也对养殖技术有新的需求。已有研究表明农业经营规模越大，对技术需求越强烈（Lee and Stewart，1983；Khanna，2001），草原肉羊养殖规模对牧户养殖技术需求同样有正向影响作用（石晶，肖海峰，2014）。在现行土地流转框架下，草地流转促进牧户草原承包转向了家庭承包+租用的模式，一部分牧户肉羊养殖资料进一步丰富，进而扩大了家庭肉羊养殖（图6-3）。据此，提出如下研究假说：

H6-4：在其他因素控制的条件下，劳动力的外流有助于牧户对养殖技术的需求。

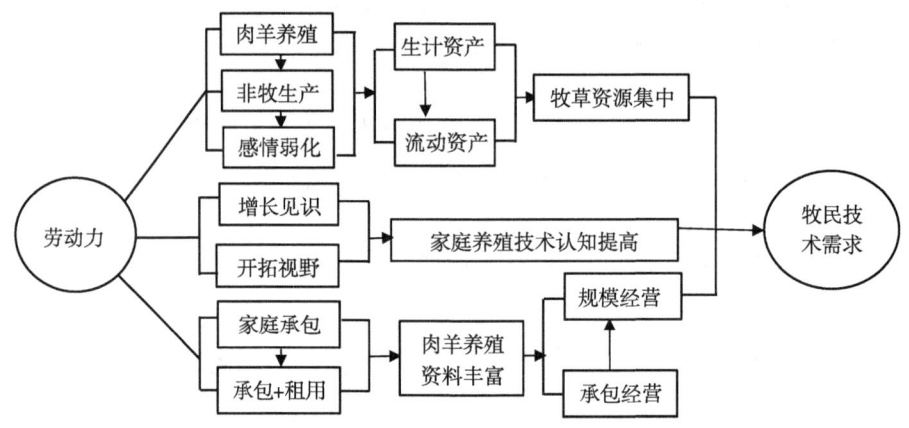

图 6-3　劳动力外流对牧户养殖技术需求的影响逻辑

6.2.3　数据来源、变量设置

(1) 数据来源与特征

①数据来源。2016 年 12 月至 2017 年 2 月，调查团队对西藏下辖各地（市）进行的农牧民专项调查①，本研究利用此次调查中获取的那曲市和日喀则市下辖各县牧户入户调查数据（885 份），其中那曲市样本 338 例，占 38.19%，日喀则市样本 547 例，占 61.81%。选择那曲市和日喀则市作为研究区域的原因是：其一，两地牧草资源丰富。藏北草原是我国五大牧场之一，而那曲市所在的羌塘草原是藏北草原的主体；日喀则市是一江两河流域草地面积最为丰富的地区，草地面积达 1 275.84hm²，占该流域草地面积的 56.67%。其二，两地肉羊养殖规模均远高于其他地（市）。截至 2017 年年底，日喀则市和那曲市的肉羊存栏量分别为 377 万只和 319 万只，分别占西藏肉羊总量的 34.68% 和 29.35%；在出栏量方面，日喀则市和那曲市的肉羊出栏量分别为 127.95 万只和 116.43 万只，分别占西藏肉羊出栏量的 31.47% 和 28.63%②。因而，研究区域具有较强的代表性。

②样本基本特征。由表 6-1 可知，样本女性偏多，达 58.42%，这可能与牧户男劳动力外出务工有关；在年龄分布上，以中青年为主，其中 31～50 岁样本接近 60%；受教育年限方面，小学和文盲的比例分别占 42.82% 和 28.47%，高

---

①　在本次调查中，西藏农牧学院院长助理、扬州大学李卫星博士做了大量组织与协调工作，西藏农村经济发展研究中心宋连久和刘天平老师对问卷进行了筛选，2016 级农林经济管理本科班学生李倩、李慧和张中慧同学对问卷进行了统计，在此表示感谢

②　该部分数据根据 2018 年西藏自治区统计年鉴和 2018 年内蒙古自治区统计年鉴整理而得

中比例仅为6.33%，牧民文化程度偏低；在交通状况方面，认为不方便的仅占14.58%，交通状况较好；在家庭收入水平上，10 001~50 000元的比例最高，达46.21%，但50 000元以上的样本偏低；在养殖业收入方面，2016年超过80%的样本养殖收入在5 000元以下，而且1 000元及以下比例高达57.49%，这也进一步验证了牧户畜牧养殖中"惜杀惜售"及"放生"现象。值得注意的是，2016年牧户收入和肉羊养殖收入差异较大，除种植业收入、务工收入影响外，牧区草原奖补政策也是造成数据差距较大的原因。

表6-1 样本的基本特征

特征	样本特征分类	人数（人）	比例（%）	特征	样本特征分类	人数（人）	比例（%）
性别	男	368	41.58	交通状况感知	不方便	129	14.58
	女	517	58.42		一般	449	50.73
年龄	30岁及以下	240	27.12		方便	307	34.69
	31~40岁	250	28.25	2016年家庭收入	5 000元及以下	239	27.01
	41~50岁	267	30.17		5 001~10 000元	203	22.94
	51~60岁	118	13.33		1 0001~50 000元	409	46.21
	61岁及以上	10	1.13		5 0001元及以上	34	3.84
文化程度	文盲	252	28.47	2016养殖业收入	1 000元及以下	472	57.49
	小学	379	42.82		1 001~5 000元	237	28.87
	初中	198	22.37		5 001~10 000元	73	8.89
	高中及以上	56	6.33		10 001元及以上	39	4.75

（2）变量设置

①被解释变量：按照前文分析，本章对肉羊养殖相关技术进一步细化，即主要包括圈舍修建、圈舍防寒、肉羊繁育、饲料配比、疾病控制、剪羊毛（羊绒）、羊毛（羊绒）分级、放牧技术等。其中圈舍修建、圈舍防寒、圈舍消毒、疾病控制是家庭肉羊养殖的基础，属于基础圈舍管理技术；肉羊繁育、饲料配比、放牧技术有利于提高养殖规模与肉羊保膘增肥，属于增产保肥技术；剪羊毛（羊绒）、羊毛（羊绒）分级有利于提高副产品价值，属于副产品粗加工技术。

②核心解释变量1：借鉴布迪厄和华康德（1998）对资本禀赋的研究，将牧户的家庭资本禀赋分为经济资本、文化资本和社会资本三类指标进行分析。基于丰军辉等（2014）和张翠娥等（2016）对资本禀赋相关变量的度量，对以上三类指标测度如下：经济资本具体包括2016年家庭货币总收入（包括种植业收入、

肉羊养殖收入、务工收入、经商收入及其他收入)与肉羊养殖收入的比重。文化资本从正式教育和非正式教育两个维度测量,正式教育包括户主文化程度和家庭成员平均文化程度,非正式教育为家庭 2016 年宗教信仰支出。社会资本包括村干部经历、经济或社会组织身份、村民关系、村民信任等 4 个变量。

③核心解释变量 2:为详细分析劳动力外流因素对牧户养殖技术需求的影响,从两个角度测度劳动力外流,分别为劳动力外出经历和外出务工人次。

④控制变量:为准确分析核心解释变量对牧户养殖技术需求的影响,需要对一些变量进行控制,这些变量包括被调查者的基本特征、交通状况感知、养殖培训经历、养殖技术认知。相关变量含义及统计分析结果见表 6-2。

表 6-2 相关变量含义及统计分析结果

变量类型		变量名称	含义及赋值	均值	标准差
被解释变量		圈舍管理技术	根本不需要=1,比较不需要=2,一般=3,比较需要=4,非常需要=5	2.85	0.86
		增产保肥技术		2.84	0.83
		副产品粗加工技术		3.23	1.08
核心解释变量 1	经济资本	2016 年家庭总收入	(2016 年家庭总收入-均值)/均值	0	0.95
		养殖收入比重	家庭养殖收入/家庭总收入	18.78	23.77
	文化资本	户主文化程度	文盲=0,小学=1,初中=2,高中及以上=3	0.99	0.80
		家庭平均文化程度	家庭各成员文化程度乘以各阶段学习年数除以家庭人数	5.34	2.22
		宗教信仰支出	2016 年家庭购买信仰用品及寺庙捐赠支出	129.78	267.08
	社会资本	村干部经历	有村干部经历=1,没有=0	0.10	0.30
		合作社参与	参加养羊合作社=1,没有=0	0.13	0.33
		村民间相处情况	很难相处=1,比较难相处=2,一般=3,比较好相处=4,很好相处=5	3.44	0.98
		村民间信任情况	非常不能信任=1,比较不能信任=2,一般=3,比较能信任=4,非常能信任=5	3.12	0.74
核心解释变量 2	劳动力外流	外出务工经历	有外出务工人员=1,没有=0	0.85	0.36
		外出务工人次	2016 年家庭实际外出务工人次	2.49	1.86

（续表）

变量类型	变量名称	含义及赋值	均值	标准差
控制变量	性别	男=1，女=0	0.42	0.49
	年龄	被调查者的实际年龄（岁）	37.97	11.27
	文化程度	文盲=0，小学=1，初中=2，高中及以上=3	1.07	0.87
	交通便利情况感知	不方便=1，一般=2，方便=3	2.20	0.67
	养殖技术培训	培训过=1，没有=0	0.09	0.29
	养殖技术认知	没有作用，主要靠经验=1；有些作用，等政府推广=2；作用大，看邻居和做得好的就行=3；作用大，想学习=4	1.95	1.08

6.2.4 研究方法

牧户对各类肉羊养殖技术的需求为有序分类变量，即"根本不需要""比较不需要""一般""比较需要"和"非常需要"，与之对应的数值为1、2、3、4、5，由于被解释变量存在较强的排序关系，因而采用有序 Logistic 模型来分析牧户技术需求的影响因素，模型表述如下：

基于前文假设，构建第 j 个牧户对第 i 类技术的需求模型为：

$$demand^*_{ij} = \beta' x_{ij} + \varepsilon_{ij} \tag{6-1}$$

式（6-1）中 $demand^*$ 是无法观测的潜变量，x_{ij} 为解释变量向量，β' 为待估参数向量，ε 为服从 Logistic 分布的误差项。观测值 $demand$ 与 $demand^*$ 的关系为：

$$\begin{cases} demand_i = 1 & if \quad demand_i^* \leq \mu_1 \\ demand_i = 2 & if \quad \mu_1 < demand_i^* \leq \mu_2 \\ \cdots\cdots \\ demand_i = m & if \quad \mu_{m-1} < demand_i^* \end{cases} \tag{6-2}$$

式（6-2）中 $demand_i = m$（$m=1,2,3,4,5$）表示牧户对第 i 类养殖技术根本不需要、比较不需要、一般、比较需要、非常需要；μ_i 为临界点，且满足 $\mu_1 < \mu_2 < \mu_3 < \mu_{m-1}$。给定 X_j 时因变量 $demand_i$ 取每一个值的概率如式（6-3）所示，式中 $F(\cdot)$ 表示分布函数。

$$\begin{cases} prob(demand_i = 1 \mid X_i) = F(\mu_1 - \beta' x_i) \\ prob(demand = 2 \mid X_i) = F(\mu_2 - \beta' x_i) - F(\mu_1 - \beta' x_i) \\ \cdots\cdots \\ prob(demand = 5 \mid X_i) = 1 - F(\mu_{m-1} - \beta' x_i) \end{cases} \quad (6-3)$$

6.2.5 牧户肉羊养殖技术需求的描述性统计分析

确定牧户肉羊养殖技术需求的程度和类型是技术推广的基础。在问卷调查中分别询问基础圈舍管理技术、增产保肥技术及副产品粗加工技术的需求程度。数据统计结果显示（图6-4），牧户副产品粗加工技术需求最高，非常需要和比较需要的比例分别占18.53%和16.84%，基础圈舍管理技术和增产保肥技术需求较低，且差别不明显，非常需要的比例仅为2.94%和1.92%，比较需要的比例分别为17.06%和17.74%。牧户不同类型养殖技术需求程度差异基本符合西藏肉羊养殖实际情况。调查发现，西藏肉羊养殖基本处于粗放型发展阶段，肉羊养殖方式以放牧为主，因而圈舍管理技术需求偏低；增产保肥技术可以缩短养殖周期，有利于提升肉羊养殖效益，但受"羊数的多少象征着家庭财富的多寡""羊是家庭的一份子""宗教文化重放生忌杀生"等观念影响，"惜杀惜售"现象客观存在，因而对增产保肥技术的需求也较低。随着西藏经济发展和城镇化推进，牧户收获的羊绒和羊毛在满足自家需求的同时销售数量有所增加，因而对副产品粗加工技术需求较高。

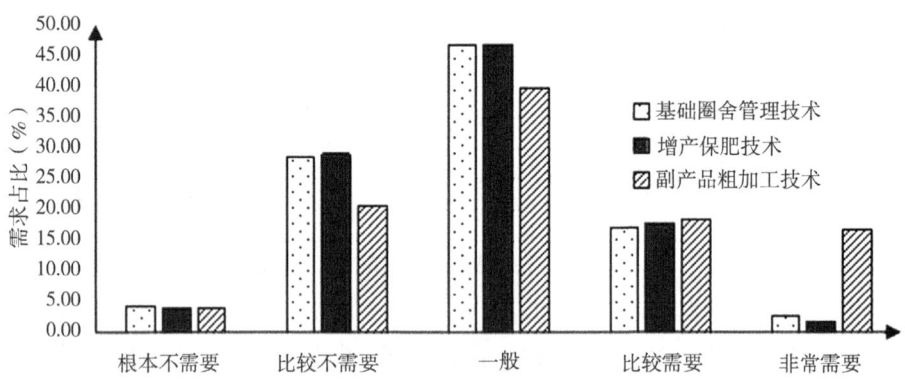

图6-4 牧户不同养殖技术需求情况

在肉羊养殖技术需求类型上（表6-3），副产品粗加工技术的选择比例最高，羊毛（羊绒）分级和剪羊毛（羊绒）方面技术的选择比例分别为22.15%和18.98%，排在第一位和第三位。基础圈舍管理技术中，疾病控制技术的选择比例最高，占20.56%，居第二位，因而肉羊养殖中的疾病防控问题仍是牧户养殖管理的核心；增产保肥技术中，牧户选择肉羊繁育技术的比例最高，达17.85%，这与西藏肉羊养殖周期长、单体生产能力低、自然条件恶劣背景下形成的牲畜数量偏好有关（罗绒战堆，2009）。

表6-3 牧户对肉羊不同养殖技术的选择

项目	基础圈舍管理技术				增产保肥技术			副产品粗加工技术	
	圈舍修建	圈舍防寒	圈舍消毒	疾病控制	肉羊繁育	饲料配比	放牧技术	剪羊毛（羊绒）	羊毛（羊绒）分级
选择数（例）	68	28	51	182	158	21	13	168	196
占比（%）	7.68	3.16	5.76	20.56	17.85	2.37	1.47	18.98	22.15

6.2.6 回归结果分析

在模型估计前，运用皮尔逊方法对自变量相关性进行检验。结果显示，绝大多数自变量的相关系数均低于0.2，所有自变量相关系数低于0.5，说明自变量之间不存在严重的多重共线性问题。根据前文变量设置及研究方法分析，利用Stata13.1对有序Logit模型进行估计，估计结果如表6-4所示，其中模型1为圈舍管理技术估计结果，模型2为增产保肥技术估计结果，模型3为副产品粗加工技术估计结果。三个模型中LR chi2（17）分别为225.67、213.28和218.62，Prob>chi2均为0，模型均通过了显著性检验，整体拟合效果较好。

（1）经济资本的影响

牧民家庭收入水平越高，肉羊养殖收入比例越大，对养殖技术需求越强。统计结果显示，在基础圈舍管理技术上，家庭收入为"5 000~10 000元""10 001~50 000元"和"50 000元以上"的牧户选择"根本不需要"的比例较家庭收入"5 000元及以下"牧民分别低5.49%、5.53%和2.07%，而选择"非常需要"的比例分别高出1.13%、3.32%和7.99%。可见，家庭收入不同形成了牧户经济资本的差异，进而影响对肉羊养殖技术的需求。在肉羊养殖收入比重层面，肉羊养殖收入比重为"10.01%~30%""30.01%~50%"和"50%以上"的牧户选择"根本不需要"的比例较"10%及以下"的牧民分别低2.93%、1.11%和2.46%，而选择"非常需要"的比例分别高出13.80%、11.64%和

10.19%。经济资本是牧户生活、生产的基础，受自然条件限制，牧户资本偏低且积累缓慢，经济资本薄弱牧户获取新技术的实力弱，新技术失败的承受能力也低，但相对富裕牧户，技术革新也许是提高家庭经济资本积累速度的动力。对各种类型技术需求均为正向影响，这可能与西藏牧户资本禀赋整体偏低有关，H6-1基本得到验证。

（2）文化资本的影响

户主文化程度越高、宗教支出越少，牧户对养殖技术的需求越高。统计结果显示，在增产保肥技术上，高中文化程度的牧户选择"比较需要"和"非常需要"的分别占28.33%和6.67%，而文盲文化程度的牧民选择比例仅为8.85%和1.77%，同时选择"根本不需要"和"比较不需要"的也较高，分别占6.19%和38.94%。从以上发现，文化程度的不同影响户主对养殖技术的认知，进而影响牧户养殖技术需求。但是，"家庭平均文化程度"变量不显著，可能与牧户家中学生尚未参与经营决策有关，H5-2a基本得到验证。在非制度文化方面，2016年宗教消费支出"50元及以下"的牧户选择"根本不需要"和"比较不需要"的比例分别为2.59%和26.49%，而宗教消费支出"200元以上"牧户的选择分别占5.69%和40.65%，几乎翻了一倍。由此可见，宗教信仰是影响牧民生活和生产诉求重心，进而影响养殖技术需求，H6-2a基本得到验证。需要指出的是，尽管文化程度与养殖技术需求正相关，但牧户整体副产品粗加工技术需求相对较高，而肉羊繁育技术需求较低，这与牧区宗教信仰氛围浓厚、自然环境恶劣形成的养殖模式及近几十年市场因素的渗入关系很大。

（3）社会资本的影响

从社会资本的影响来看，家庭成员有村干部经历或与村民相处越好的牧户的养殖技术需求越高。这是因为村干部经历拓展了牧户交际范围，影响了家庭经营的视野，对养殖技术的认知与需求偏高。同样，与村民相处越为融洽的牧户与村民信息交流的频次较多，对新技术相关信息了解较深，进而增加对养殖技术的需求。合作社参与变量不显著，这可能与牧区合作社较少、管理松散、牧民参与率低有关。统计结果显示，仅有112户样本表示参与了养羊合作社，仅占样本的12.66%。村民间信任状况变量也不显著，这是因为牧区属于熟人社会，村民间信任程度较高。

6 牧户养殖技术需求意愿与采用行为研究

表 6-4 牧户对不同肉羊不同养殖技术需求的有序 Logistic 回归结果

	变量	模型 1 系数	模型 1 std. Error	模型 1 Z 统计量	模型 2 系数	模型 2 std. Error	模型 2 Z 统计量	模型 3 系数	模型 3 std. Error	模型 3 Z 统计量
经济资本	2016年家庭总收入	0.142 2**	0.071	1.98	0.170 6**	0.072 6	2.35	0.122 0*	0.067 4	1.81
	肉羊养殖收入比重	0.012 9***	0.002 8	4.56	0.011 2***	0.002 8	4.01	0.013 3***	0.002 7	4.88
文化资本	户主文化程度	0.213 0**	0.085 4	2.49	0.266 8***	0.085 4	3.12	0.262 0***	0.081 1	3.23
	家庭平均文化程度	-0.020 5	0.029 8	-0.69	-0.009 1	0.029 8	-0.3	-0.023 6	0.028 7	-0.82
	宗教信仰支出	-0.001 1***	0.000 3	-4.51	-0.000 6***	0.000 2	-2.6	-0.000 7***	0.000 2	-3.10
社会资本	村干部经历	0.587 4***	0.219 3	2.68	0.307 4	0.221 2	1.39	0.356 1*	0.210 9	1.69
	合作社参与	0.202 2	0.198 8	1.02	0.072 0	0.196 7	0.37	0.264 1	0.193 0	1.37
	村民间相处情况	0.539 3***	0.071 3	7.57	0.602 1***	0.071 2	8.45	0.559 3***	0.068 7	8.14
	村民间信任情况	0.120 9	0.090 8	1.33	0.061 1	0.091 2	0.67	0.129 9	0.087 2	1.49
劳动力外流	外出务工经历	-0.196 5	0.223 1	-0.88	-0.163 0	0.221 2	-0.74	0.000 4	0.215 9	0.00
	外出务工人数	0.161 4***	0.042 9	3.76	0.149 9***	0.042 7	3.51	0.137 5***	0.041 0	3.36
控制变量	性别	0.219 3	0.133 6	1.64	0.107 2	0.133 9	0.8	0.120 2	0.129 3	0.93
	年龄	-0.013 9*	0.007 1	-1.95	-0.018 1**	0.007 1	-2.53	-0.009 7	0.006 9	-1.4
	文化程度	0.315 2***	0.095 9	3.29	0.242 9**	0.094 6	2.57	0.324 1***	0.091 3	3.55
	交通便利情况	0.153 5	0.099 1	1.55	0.217 6**	0.099 6	2.19	0.189 1**	0.095 3	1.98
	养殖技术培训	-0.141 1	0.233 3	-0.6	-0.058 9	0.229 6	-0.26	-0.042 6	0.219 8	-0.19
	养殖技术认知	0.265 2***	0.061 0	4.34	0.234 9***	0.061 7	3.81	0.214 4***	0.058 4	3.67

（续表）

变量		模型 1			模型 2			模型 3		
		系数	std. Error	Z统计量	系数	std. Error	Z统计量	系数	std. Error	Z统计量
临界点	cut1	-0.016 0	0.616 5		-0.135 0	0.615 6		0.313 8	0.596 7	
	cut2	2.674 5	0.612 6		2.619 9	0.610 0		2.622 0	0.590 7	
	cut3	5.164 2	0.629 8		5.114 0	0.627 6		4.670 9	0.604 4	
	cut4	7.451 1	0.666 6		7.814 1	0.679 2		5.798 2	0.612 8	
模型整体检验统计量		观测数：885 Log likelihood=-1 000.849 8 LR chi2（17）= 225.67 Prob>chi2=0 Pseudo R^2=0.101 3			观测数：885 Log likelihood=-981.576 1 LR chi2（17）= 213.28 Prob > chi2=0 Pseudo R^2=0.098 0			观测数：885 Log likelihood=-1 161.413 8 LR chi2（17）= 218.62 Prob > chi2=0 Pseudo R^2=0.086 0		

注：表中***、**和*分别表示变量在1%、5%和10%统计水平上显著。

(4) 劳动力外流的影响

家庭外出务工人次变量在1%水平下对3类肉羊养殖技术需求均有正向影响，与预期判断一致，H6-4得到验证。在副产品粗加工技术上，统计结果显示，没有外出务工的牧户选择"一般""比较需要"和"非常需要"的比例分别为37.59%、12.03%和16.54%，而外出务工3次及以上的牧户这3项的选择比例分别为43.19%、19.90%和16.49%。外出务工开拓了牧民视野，对家庭肉羊养殖模式有更为深刻的认识，家庭外出务工人次越多，也说明家庭劳动力资源越丰富。在西藏草原肉羊养殖数量限制的政策下，牧户具有通过技术革新提高家庭肉羊养殖效率的动力。同时，西藏牧区草地流转较少，牧草资源集中在养殖大户手中的比例不高，这也导致了尽管外出显著正向影响养殖技术需求，但养殖技术需求整体不高。

(5) 其他因素的影响

在控制变量方面，被访问者文化程度、养殖技术认知对3类养殖技术需求均有显著正向影响。这说明，被调查者的文化程度越高，对技术重要性认知越高，对技术需求也越高。被访问者年龄对基础圈舍管理技术和增产保肥技术存在显著负相关影响，而对副产品粗加工技术影响不显著，这可能因为年龄越大、思想越保守对已有圈舍管理模式和传统育肥技术的黏性越强。交通状况认知变量对增产保肥技术和副产品粗加工技术均有显著正向影响，这与牧户较容易接近市场有关。

6.2.7 稳健性检验

为了检验表6-4估计结果的有效性，需要对以上研究进行稳健性检验。为此通过改变被解释变量的设置来对模型重新进行估计，具体做法如下：首先将解释变量设置为3个维度，用1表示"根本不需要"和"比较不需要"，用2表示"一般"，用3表示"比较需要"和"非常需要"，仍采用前文构建的有序Logit模型进行估计，模型估计结果与表6-4基本一致；其次，将解释变量设置为2个维度，用1表示"根本不需要"和"比较不需要"，用2表示"一般""比较需要"和"非常需要"，采用二元Logit模型进行估计，估计结果与表6-4也基本一致（表6-5），模型具有较强的稳健性。

表 6-5 稳健性检验结果

变量类型	变量名称	模型 4 系数	模型 4 std.Error	模型 4 Z统计量	模型 5 系数	模型 5 std.Error	模型 5 Z统计量	模型 6 系数	模型 6 std.Error	模型 6 Z统计量
经济资本	2016年家庭总收入	0.114 1	0.072 1	1.58	0.156 4**	0.072 6	2.15	0.132 7*	0.073 1	1.81
	肉羊养殖收入比重	0.012 8***	0.002 8	4.53	0.011 4***	0.002 8	4.05	0.014 7***	0.002 9	5.00
文化资本	户主文化程度	0.209 5**	0.086 1	2.43	0.273 6***	0.086 5	3.16	0.322 9***	0.089 1	3.62
	家庭平均文化程度	-0.010 7	0.030 7	-0.35	-0.004 3	0.030 5	-0.14	-0.024 9	0.030 4	-0.82
	宗教信仰支出	-0.001 2***	0.000 3	-4.23	-0.000 6**	0.000 2	-2.55	-0.000 7***	0.000 2	-3.00
社会资本	村干部经历	0.654 1***	0.225 6	2.9	0.338 3	0.223 1	1.52	0.354 1	0.222 1	1.59
	合作社参与	0.126 2	0.202 3	0.62	0.054 0	0.200 7	0.27	0.147 4	0.201 9	0.73
	村民间相处情况	0.465 2***	0.071 9	6.47	0.545 7***	0.072 1	7.57	0.541 3***	0.071 6	7.56
	村民间信任情况	0.044 2	0.092 1	0.48	-0.024 4	0.092 5	-0.26	0.049 6	0.092 1	0.54
劳动力外流	外出务工经历	-0.225 1	0.228 3	-0.99	-0.232 8	0.225 2	-1.03	-0.034 1	0.223 5	-0.15
	外出务工人数	0.150 8***	0.043 4	3.47	0.136 0***	0.043 0	3.16	0.149 5***	0.043 7	3.42
控制变量	性别	0.213 4	0.136 0	1.57	0.149 5	0.136 3	1.1	0.142 3	0.135 5	1.05
	年龄	-0.013 2*	0.007 3	-1.8	-0.017 0**	0.007 3	-2.32	-0.010 1	0.007 3	-1.39
	文化程度	0.258 8***	0.097 7	2.65	0.194 5**	0.096 2	2.02	0.301 3***	0.096 9	3.11
	交通便利情况	0.108 9	0.100 9	1.08	0.170 1*	0.101 1	1.68	0.115 2	0.100 2	1.15
	养殖技术培训	-0.320 4	0.243 0	-1.32	-0.140 7	0.239 8	-0.59	-0.126 0	0.232 0	-0.54
	养殖技术认知	0.245 5***	0.061 9	3.96	0.225 9***	0.062 5	3.62	0.204 8***	0.061 5	3.33

（续表）

变量类型	变量名称	模型 4			模型 5			模型 6		
		系数	std. Error	Z统计量	系数	std. Error	Z统计量	系数	std. Error	Z统计量
临界点	cut1	1.974 8	0.624 2		1.973 6	0.620 4		2.120 6	0.612 6	
	cut2	4.450 3	0.640 2		4.448 1	0.636 9		4.173 2	0.625 7	
模型整体检验统计量		观测数：885 Log likelihood=−825.55 LR chi2 (17) =194.98 Prob>chi2=0 Pseudo R^2=0.105 6			观测数：885 Log likelihood=−827.382 4 LR chi2 (17) =187.53 Prob > chi2=0 Pseudo R^2=0.101 8			观测数：885 Log likelihood=−852.484 3 LR chi2 (17) =207.21 Prob > chi2=0 Pseudo R^2=0.108 4		

注：表中***、**和*分别表示变量在1%、5%和10%统计水平上显著。

6.3 牧户肉羊养殖技术采用行为分析

养殖技术革新是肉羊养殖效率提高的重要手段，是推进肉羊产业可持续发展的重要途径。一方面，牧户对养殖技术的提高能够切实提高西藏牧区整体养殖水平和牧户肉羊养殖效率，进而提高家庭收入，加上西藏肉羊养殖技术推进主要由政府承担，牧户具有明显的"搭便车"倾向。另一方面，肉羊养殖技术的提高意味着牧户原有的养殖方式被打破，牧户不仅需要更新养殖知识，也需要在各养殖环节进行家庭投入，这与牧区长期形成的"移动放牧""自给自足"模式难以契合。那么，西藏牧户肉羊养殖技术到底处于什么水平，哪些因素影响了牧户在肉羊养殖环节采用相关技术？相关因素对牧户技术采用决策的影响逻辑是什么？这些问题的回答不仅有利于草原肉羊产业养殖环节的技术革新，更有利于从牧户层面优化技术推进政策，促进肉羊产业可持续发展。

6.3.1 调查基本情况与样本特征

（1）数据来源

新冠肺炎疫情发生以来，西藏各地启动联防联控机制，本研究入户调查只能选择线上调查。2020年4月23日至5月4日，本研究依托西藏农牧学院学生采取微信群、QQ群的方式通过问卷星发放电子问卷，深入调查西藏肉羊养殖户技术采用情况，截至5月4日，共收回样本423份，其中有效问卷406份，有效率达95.98%。本地调查有效样本数据特征如下。

①覆盖面广。西藏牧区以那曲市和日喀则市为主，其他地也有分布。调查中除阿里地区和林芝市样本10多例以外，昌都、拉萨和山南三市的样本均在40份以上，那曲市和日喀则市的样本最高，分别为125例和111例。样本分布不仅覆盖了西藏下辖各地，样本数量分布与肉羊分布数量也有较高的一致性。

②肉羊品种全面。西藏地区广阔，肉羊品种也多样。西藏肉羊分布具有一定的地域性特征，如岗巴绵羊、阿旺绵羊、多玛绵羊、霍巴绵羊、浪卡子绵羊、江孜绵羊、日土白绒山羊、措勤紫绒山羊、尼玛白绒山羊、昌都黑山羊、亚东山羊以及扎布耶盐山羊等，各类肉羊品种大多集中在几个县。在本次调查中，肉羊品种相关各县均有样本分布。

③肉羊养殖规模层次分布合理。本次调查的有效样本中，牧户养殖规模基本呈正态分布。其中肉羊养殖数量20只及20只以下的样本47例，占11.58%；20~80只的样本315例，占77.59%；80~120只的样本32例，占7.88%；120只以上的样本12例，占2.96%。

6 牧户养殖技术需求意愿与采用行为研究

（2）样本特征分析

在样本基本特征上（表6-6），被调查者女性偏多，可能与男性居民外出务工有关；年龄分布以中青年为主，30岁以上60岁以下样本超过76%；被调查者受教育年限以小学和文盲为主，分别占43.35%和34.24%；户主文化程度与被调查者文化程度分布类似，小学比例偏高。从样本家庭收入情况来看，被调查者家庭年均收入10 000元到50 000元样本最多，接近50%。在养殖收入比重上，10%~30%的比例最高，30%~50%的样本次之，分别占45.81%和44.09%，这可能与近几年牧户非牧收入较高而肉羊销售数量不多有关。总体而言，样本与西藏被调查者文化程度不高、家庭收入不高、养殖收入占比不高等特征基本相符。

表6-6 养殖技术采用样本特征指标

特征	样本特征分类	样本数（个）	占比（%）	特征	样本特征分类	样本数（个）	占比（%）
性别	女	240	59.11	文化程度	文盲	139	34.24
	男	166	40.89		小学	176	43.35
年龄	30岁及以下	88	21.67		初中	76	18.72
	31~40岁	124	30.54		高中及以上	15	3.69
	41~50岁	123	30.30	户主文化程度	文盲	104	25.62
	51~60岁	65	16.01		小学	251	61.82
	61岁及以上	6	1.48		初中	42	10.34
养殖收入比重	10%及以下	40	9.85		高中及以上	9	2.22
	10%~30%	186	45.81	家庭收入	5 000元及以下	114	28.08
	30%~50%	179	44.09		5 001~10 000元	96	23.65
	50%以上	1	0.25		10 001~50 000元	187	46.06
					50 001元及以上	9	2.22

6.3.2 研究方法与变量选择

（1）研究方法

牧户肉羊养殖技术是有序分类变量，即各变量均存在较强的排序关系，一般采用有序Logistic模型或有序Probit模型来分析，但考虑到该方法在不同等级的有序分类结果中，只有临界点变化，而被解释变量的等级不会改变[①]。按照Bauldry & Xu的研究，我们采用不受该约束的广义有序连续比模型进行估计，设

---

① 该假设是有序Logistic模型和有序Probit模型两个重要基本假设之一，称之为平行线假设（The Parallel Lines Assumption），另一个是如何定义发生比（How The Probabilities of Interest are Defined）

广义有序连续比模型的一般形式为:

$$\Pr(y = m | y \geq m, x) = F(\tau_m - x_1\beta - x_2\gamma_m - \phi_m x_3\lambda), \quad (1 \leq m \leq M) \tag{6-4}$$

式 6-4 中 y 为有序因变量, m 表示因变量的取值 ($m = 1\cdots5$), $F(\cdot)$ 为符合 Logistic、Probit 或互补双对数累积分布函数, $x = [x_1, x_2, x_3]$ 为与保持、部分放松和放松平行线假设相对应的解释变量向量组, τ_m 为切点待估系数向量, β 为不随切点方程变化的待估系数向量, γ_m 为随切点方程变化的待估系数向量, λ 为通过公共影响因子改变切点方程的待估系数向量, ϕ_m 为公共影响因子, 在这里假定 $\phi_1 = 1$、$\phi_m = 0$, 因而有 $M - 2$ 个公共影响因子待估计。对于任意给定的被解释变量值 (m) 的概率为现阶段 (Current Stage) $y = m$ 的概率和更早阶段 (Earlier Stage) $y > m$ 的概率乘积, 即:

$$P_r(y=m|x) = \begin{cases} F\{\tau_1 - g(x)\} & m = 1 \\ \left(\prod_{j=1}^{m-1}[1 - F\{\tau_j - g(x)\}]\right) F\{\tau_m - g(x)\} & 1 < m \leq M \\ \prod_{j=1}^{M-1}[1 - F\{\tau_j - g(x)\}] & m = M \end{cases} \tag{6-5}$$

至此我们得到了利用 Stata 最大似然估计拟合广义有序连续比模型的基础方程, 式 6-5 中 $F(\cdot)$ 为符合 Logistic、Probit 或互补双对数累积分布函数, 其中

$$g(x) = x_1\beta + x_2\gamma_m + \phi_m x_3\lambda \tag{6-6}$$

(2) 变量选择

①被解释变量。为了详细对肉羊养殖技术采用情况进行分析, 并考虑与技术需求分析的一致性, 本研究结合数据的可获得性和西藏肉羊养殖技术实际, 对表 6-3 中的不同养殖技术进行进一步细化。其中, 基础圈舍管理基础中主要分析圈舍性能和疾病控制, 增肥保肥技术中主要考虑肉羊繁育和补饲, 副产品粗加工技术主要分析羊毛 (羊绒) 修剪技术和羊毛 (羊绒) 分级技术。

②核心解释变量。为了和前文技术需求分析相一致, 本研究仍从家庭资本禀赋 (经济资本、文化资本和社会资本) 和劳动力外流两类变量进行分析, 相关变量设置与前文相同。

③控制变量。为了更好地反映核心解释变量对牧户技术采用的影响, 相关变量含义及统计分析结果见表 6-7。

6 牧户养殖技术需求意愿与采用行为研究

表6-7 相关变量含义及统计特征

变量类型		变量名称	含义及赋值	均值	标准差
被解释变量		圈舍管理技术	圈舍的排水性、通风性、防疫性综合指标	2.91	0.88
		疾病防控技术	政府定期防疫参与和牧户自己防疫综合指标	2.05	0.67
		肉羊繁育技术	种公羊品种、种母羊品种、配种方式综合指标	2.81	0.81
		补饲技术	母羊、羔羊、青年羊补饲的综合指标	2.38	0.96
		副产品粗加工技术	副产品粗加工技术综合指标	3.21	1.07
核心解释变量1	经济资本	2019年家庭总收入	2019年家庭总收入	13 715.62	12 444.23
		养殖收入比重	家庭养殖收入/家庭总收入	28.01	12.11
	文化资本	户主文化程度	文盲=0,小学=1,初中=2,高中及以上=3	0.89	0.66
		家庭平均文化程度	家庭各成员文化程度乘以各阶段学习年数除以家庭人数	5.24	2.22
		宗教信仰支出	2016年家庭购买信仰用品及寺庙捐赠支出	121.19	276.44
		村干部经历	有村干部经历=1,没有=0	0.10	0.30
	社会资本	合作社参与	参加养羊合作社=1,没有=0	0.12	0.32
		村民间相处情况	很难相处=1,比较难相处=2,一般=3,比较好相处=4,很好相处=5	3.31	0.95
		村民间信任情况	非常不能信任=1,比较不能信任=2,一般=3,比较能信任=4,非常能信任=5	3.09	0.74
核心解释变量2	劳动力外流	外出务工经历	有外出务工人员=1,没有=0	0.83	0.38
		外出务工人次	2019年家庭实际外出务工人次	2.44	1.88

— 115 —

（续表）

变量类型	变量名称	含义及赋值	均值	标准差
控制变量	性别	男=1，女=0	0.41	0.49
	年龄	被调查者的实际年龄（岁）	39.31	10.95
	文化程度	文盲=0，小学=1，初中=2，高中及以上=3	0.92	0.82
	交通便利情况	不方便=1，一般=2，方便=3	2.19	0.68
	养殖技术培训	培训过=1，没有=0	0.11	0.32
	养殖技术认知	没有作用，主要靠经验=1；有些作用，看邻居和做得好的就行=3；作用大，等政府推广=2；作用大，想学习=4	1.96	1.07

注：被解释变量相关综合指标赋值方式。

6.3.3　牧户肉羊养殖技术采用的描述性统计分析

（1）牧户肉羊养殖技术采用的基本状况

确定牧户肉羊养殖技术采用现状是推进技术革新的起点。在问卷调查中分别询问圈舍管理技术、疾病防控技术、肉羊繁育技术、补饲技术及副产品粗加工技术的采用现状程度。数据统计结果显示（图6-5），牧户疾病防控技术和副产品粗加工技术采用的比例最高，经常采用的比例分别占25.12%和17.24%，基础圈舍管理技术、肉羊繁育技术和补饲技术的采用频次较低，经常采用的比例分别为4.19%、1.97%和2.71%。牧户不同类型养殖技术采用情况基本符合西藏牧户肉羊养殖实际情况。同技术需求类似，西藏肉羊养殖基本处于粗放型发展阶段，肉羊养殖方式以放牧为主，因而圈舍管理技术需求偏低；肉羊繁育技术在一定程度上能够提高肉羊养殖效率，但牧户对肉羊品种革新认知较低，甚至不知道自家肉羊品种属于哪一类，在调查肉羊品种名称时大部分牧户回答"藏羊"这一统称，种羊选择也具有较大的随意性。同时，牧户在肉羊养殖中，受养殖习惯的影响，补饲比例也不高。但是，随着西藏经济发展和城镇化推进，牧户收获的羊绒和羊毛在满足自家需求的同时销售数量有所增加，因而对副产品粗加工技术采用频次较高。疾病防控技术采用频次相对偏高，可能与西藏农牧局相关单位定期为牧户提供防疫与疫苗注射服务进行相关疾病防控宣传有关，再加上牧户对肉羊养殖疾病可能会给家庭肉羊养殖带来损失的认知，因而具有较高的采用频次。

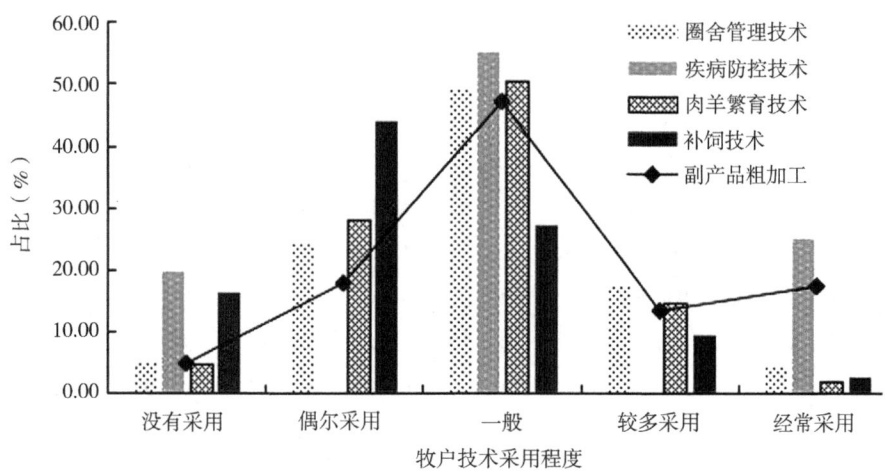

图6-5　西藏牧户肉羊养殖技术采用情况

(2) 家庭资本禀赋对牧户肉羊养殖技术采用影响的描述统计

牧民家庭资本禀赋程度是家庭肉羊养殖技术采用的基础，其丰富程度对牧户养殖技术采用有重要影响。以圈舍管理技术采用为例（表6-8），不同资本禀赋对牧户肉羊养殖技术采用影响差异较大。在经济资本上，家庭总收入和养殖收入比重的影响不明显，牧户圈舍管理技术选择采用"一般"的比例较高，"经常采用"和"较多采用"主要集中在年收入5 000~50 000元样本中。在文化资本方面，宗教信仰支出越高的牧户，圈舍管理技术采用的频次越低。其中2019年宗教信仰支出在500元以上的"经常采用"的选择比例均为0，而宗教信仰支出100元及以下的样本"经常采用"的比例为5.02%，这与前文技术需求有较高的一致性，说明宗教信仰可能也是影响牧户肉羊养殖技术采用的重要非正式制度之一。

表6-8 家庭资本禀赋对牧户圈舍管理技术采用的交叉分析

禀赋类型	题项	没有采用	偶尔采用	一般	较多采用	经常采用
2019年家庭总收入	5 000元及以下	10.53	16.67	59.65	11.40	1.75
	5 001~10 000元	3.13	26.04	46.88	19.79	4.17
	10 001~50 000元	3.21	26.74	44.39	19.79	5.88
	50 001元及以上	0	44.44	44.44	11.11	0
养殖收入比重	10%及以下	5.00	25.00	45.00	15.00	10.00
	10%~30%	4.84	22.04	52.15	15.59	5.38
	30%~50%	5.59	22.91	50.28	19.55	1.68
	50%以上	0	0	100.00	0	0
户主文化程度	文盲	5.77	28.85	45.19	16.35	3.85
	小学	5.18	21.51	52.59	17.93	2.79
	初中	4.76	30.95	40.48	19.05	4.76
	高中及以上	0	11.11	44.44	0	44.44
家庭平均文化程度	6年及以下	5.22	24.13	49.50	16.92	4.23
	6~9年	0	25.00	25.00	50.00	0
宗教信仰支出	100元及以下	4.35	20.40	52.84	17.39	5.02
	100~500元	8.60	29.03	43.01	17.20	2.15
	500~1 000元	0	72.73	9.09	18.18	0
	1 000元以上	0	66.67	33.33	0	0

(续表)

禀赋类型	题项	没有采用	偶尔采用	一般	较多采用	经常采用
村干部经历	没有	5.45	25.07	50.41	14.99	4.09
	有	2.56	15.38	38.46	38.46	5.13
合作社参与	没有参加	5.03	25.42	48.88	17.32	3.35
	参加	6.25	14.58	52.08	16.67	10.42
村民间相处情况	很难相处	41.67	41.67	8.33	8.33	0
	比较难相处	16.95	40.68	27.12	13.56	1.69
	一般	2.34	28.07	53.22	13.45	2.92
	比较好相处	1.69	16.10	51.69	23.73	6.78
	很好相处	0	4.35	67.39	21.74	6.52
村民间信任情况	非常不能信任	37.50	25.00	37.50	0	0
	比较不能信任	8.62	24.14	46.55	15.52	5.17
	一般	2.49	19.09	54.77	19.92	3.73
	比较能信任	6.82	34.09	39.77	14.77	4.55
	非常能信任	9.09	54.55	27.27	0	9.09

在社会资本方面，有村干部工作经历较没有村干部工作经历的牧户圈舍管理技术采用的比例较高，表现在"较多采用"和"经常采用"的比例大约分别高15个百分点和1个百分点，这说明，村干部工作经历对肉羊养殖技术采用有正向影响。村民间相处认知较高的牧户圈舍管理技术采用的频次也较高，表现在随着相处程度认知的提升，"没有采用"的比例呈下降趋势，而"经常采用"的比例呈上升趋势。村民间信任程度对牧户圈舍管理技术采用的影响特征不明显。

(3) 养殖技术培训对牧户肉羊养殖技术采用影响的描述统计

技术培训是牧户接触肉羊养殖新技术、新方法的主要途径之一，通过技术培训能够提高牧户养殖技术采用频次。统计结果显示（表6-9），各类肉羊养殖技术培训对牧户技术采用均有明显的影响。集中表现在，样本牧户各类肉羊养殖技术选择"没有采用"中没有培训均比有培训的比例要高，而"经常采用"中没有培训均比有培训的比例要低，这说明，养殖技术培训对牧户养殖技术采用有明显的提升作用。

表 6-9　养殖技术培训与牧户技术采用情况的交叉分布

技术类型	培训情况	没有采用	偶尔采用	一般	较多采用	经常采用
圈舍管理技术	没有培训	5.83	24.44	52.22	15.28	2.22
	有培训	0	21.74	26.09	32.61	19.57
疾病防控技术	没有培训	20.56	—	57.50	—	21.94
	有培训	13.04	—	36.96	—	50.00
肉羊繁育技术	没有培训	5.28	28.61	53.06	12.22	0.83
	有培训	0	23.91	30.43	34.78	10.87
补饲技术	没有培训	17.22	46.67	26.39	7.78	1.94
	有培训	8.70	23.91	34.78	23.91	8.70
副产品粗加工	没有培训	5.28	18.06	49.44	13.33	13.89
	有培训	0	15.22	28.26	13.04	43.48

(4) 养殖技术人员配备对牧户肉羊养殖技术采用影响的描述统计

除技术培训外，养殖技术人员也是推进西藏牧户养殖技术革新的重要手段，尤其在偏远牧区，养殖技术人员是牧区居民接触新技术的重要途径之一。统计结果显示（表 6-10），养殖技术人员对各类肉羊养殖技术均具有较明显的正向影响。在圈舍管理技术上，村内有养殖技术人员的样本"较多采用"和"经常采用"比没有养殖技术人员的样本分别高 8 个百分点和 1 个百分点，在疾病防控技术、肉羊繁育技术和副产品加工技术均有类似的现象。但在补饲技术上，村内有养殖技术人员的样本"较多采用"的比例较没有养殖技术人员的比例低 5 个百分点，这可能与牧户肉羊补饲习惯、饲料购买路途较远有关。

表 6-10　村内养殖技术人员配备情况与牧户技术采用情况的交叉分布

技术类型	养殖技术人员情况	没有采用	偶尔采用	一般	较多采用	经常采用
圈舍管理技术	没有	6.11	25.57	50.38	14.12	3.82
	有	3.47	21.53	47.22	22.92	4.86
疾病防控技术	没有	23.28	—	51.91	—	24.81
	有	13.19	—	61.11	—	25.69
肉羊繁育技术	没有	5.34	32.44	48.09	13.36	0.76
	有	3.47	20.14	54.86	17.36	4.17
补饲技术	没有	19.08	44.27	25.19	11.45	0
	有	11.11	43.75	31.25	6.25	7.64
副产品粗加工	没有	5.34	20.61	46.56	11.83	15.65
	有	3.47	12.50	47.92	15.97	20.14

6.3.4 基于广义有序连续比模型的牧户肉羊养殖技术采用的影响因素分析

模型估计前,笔者运用 Spearman 方法对自变量相关性进行检验。结果显示绝大多数自变量的相关系数均低于 0.1,所有自变量相关系数低于 0.6,说明自变量之间不存在严重的多重共线性问题。根据前文变量选择和研究方法,本文利用 stata16 对广义有序连续比模型进行估计,回归结果显示(表6-11),5 个模型的 Wald chi2 值分别为 95.44、67.11、91.44、80.26 和 84.87,Prob>chi2 的值均为 0,说明各方程均通过了显著性检验。

(1)经济资本的影响

牧户家庭总收入对肉羊繁育技术存在正向影响,且分别在10%和5%统计水平上显著;牧户家庭总收入对疾病防控技术存在负向影响,且在5%统计水平上显著。但牧户家庭总收入和肉羊养殖收入比重对圈舍管理技术、补饲技术和副产品粗加工技术采用的影响不显著,这与前面技术需求不一致。

牧户经济资本对肉羊疾病防控技术采用存在显著的负向影响,这与我们的预期相反。调查发现,家庭收入较高、肉羊养殖收入比重较高的牧户养殖规模相对偏大,在政府进行肉羊疾病防控中自然成为主要服务对象,同时,为了培育和扶持畜牧经济发展,农牧相关部门与肉羊养殖大户形成了较为和谐的服务与被服务关系,农牧相关部门进行的定期与不定期疾病防控工作大大减少了牧户自主防控工作。而在肉羊繁育技术上,由于牧户肉羊繁育时间具有较大的偶然性,家庭总收入越高的家庭采用的频次也就越高。

本研究认为,尽管家庭收入形成了牧户家庭经济资本的差异,影响了牧户技术需求,但对牧户养殖行为的影响具有一定的门槛效应,即由于牧户家庭收入相对偏低,在现阶段对圈舍管理技术、补饲技术和副产品粗加工技术需求并未形成有效的技术采用。西藏相关资源相对贫乏、气候恶劣、圈舍相关材料的类型较少,缺乏圈舍修建技术设计与施工专业人员,致使有一定经济资本积累的牧户在肉羊养殖中圈舍修建技术未能有效采用。调查发现,牧户肉羊养殖的圈舍由于季节不同往往具有临时性特征,故牧户家庭收入和肉羊养殖比重虽然稍高,圈舍管理技术的采用频次也并不高。

(2)文化资本的影响

户主文化程度、家庭平均文化程度对牧户各类肉羊养殖技术采用的影响均不显著,牧户宗教信仰支出除对牧户疾病防控技术采用影响不显著外,对圈舍管理技术、肉羊繁育技术、补饲技术和副产品粗加工技术采用均存在负向影响,且通过显著性检验,这一结果与前文牧户技术需求基本一致。

表6-11 牧户不同养殖技术采用回归结果

变量类型	变量名称	圈舍管理技术 系数	std.Error	Z统计量	疾病防控技术 系数	std.Error	Z统计量	肉羊繁育技术 系数	std.Error	Z统计量	补饲技术 系数	std.Error	Z统计量	副产品粗加工技术 系数	std.Error	Z统计量
经济资本	2019年家庭总收入	1.18E-07	7.29E-06	0.02	-0.000 01*	7.91E-06	-1.71	1.49E-05*	7.51E-06	1.98	-2.37E-06	6.92E-06	-0.34	2.80E-07	6.94E-06	0.04
	肉羊养殖收入比重	0.001 4	0.007 2	0.19	-0.015 5**	0.008 0	-1.94	0.005 8	0.007 4	0.79	-0.005 4	0.006 8	-0.79	0.000 5	0.006 7	0.08
文化资本	户主文化程度	-0.028 1	0.137 9	-0.20	0.170 7	0.153 9	1.11	-0.130 9	0.140 5	-0.93	0.038 8	0.126 9	0.31	0.076 6	0.128 4	0.6
	家庭平均文化程度	0.005 5	0.038 5	0.14	0.029 5	0.042 7	0.69	-0.021 8	0.039 8	-0.55	0.000 7 2*	0.036 2	0.20	-0.026 8	0.036 2	-0.74
	宗教信仰支出	-0.000 9***	0.000 3	-3.03	-0.000 4	0.000 4	-1.01	-0.000 5*	0.000 3	-1.71	-0.000 5**	0.000 3	-1.70	-0.000 6**	0.000 3	-2.09
社会资本	村干部经历	0.905 4***	0.298 8	3.03	0.326 1	0.322 1	1.01	0.782 1**	0.303 8	2.57	0.565 1	0.270 0	2.09	0.651 2**	0.275 3	2.37
	合作社参与	0.252 2	0.270 9	0.93	-0.048 7	0.299 4	-0.16	0.076 0	0.275 9	0.28	0.115 6	0.245 5	0.47	0.428 6*	0.254 9	1.68
	村民间相处情况	0.720 7***	0.101 4	7.11	0.602 2***	0.107 0	5.63	0.730 3***	0.104 8	6.97	0.556 5***	0.092 6	6.01	0.613 3***	0.092 9	6.6
	村民间信任情况	0.067 0	0.122 7	0.55	0.179 3	0.132 1	1.36	-0.126 1	0.124 3	-1.01	0.048 7	0.113 7	0.43	0.057 9	0.114 7	0.5
劳动力外流	外出务工经历	-0.018 1	0.282 2	-0.06	0.041 1	0.310 6	0.13	0.003 5	0.291 9	0.01	0.062 0	0.266 2	0.23	0.175 8	0.267 0	0.66
	外出务工人数	0.089 6	0.056 0	1.60	0.100 3	0.061 6	1.63	0.105 0*	0.057 9	1.81	0.080 2	0.051 8	1.55	0.053 2	0.052 1	1.02
	养殖技术培训	1.455 8***	0.287 8	5.06	1.202 9***	0.314 8	3.82	1.460 5***	0.292 4	5.00	1.122 0***	0.249 5	4.50	1.128 2***	0.267 5	4.22
控制变量	性别	0.442 9*	0.266 9	1.66	0.040 7	0.206 3	0.20	0.482 5	0.302 7	1.59	0.245 6	0.261 1	0.94	0.149 8	0.336 9	0.44
	年龄	-0.030 2**	0.016 6	-1.82	-0.019 3*	0.011 0	-1.75	-0.040 5**	0.019 5	-2.07	-0.018 9	0.011 8	-1.60	-0.035 3*	0.021 4	-1.65
	文化程度	0.595 7**	0.227 4	2.62	0.289 6*	0.165 3	1.75	0.464 9	0.291 8	1.59	0.510 9***	0.192 5	2.65	0.691 1***	0.322 3	2.14
	交通便利情况	0.443 7*	0.247 6	1.79	0.480 0*	0.186 2	2.58	0.667 1**	0.292 3	2.28	0.351 9*	0.197 4	1.78	0.645 8*	0.344 9	1.87
	养殖技术认知	0.422 1***	0.157 0	2.69	0.159 5	0.103 1	1.55	0.473 4***	0.169 2	2.79	0.308 0**	0.123 8	2.49	0.574 8***	0.196 2	2.93

（续表）

变量类型	变量名称	圈舍管理技术 系数	圈舍管理技术 std. Error	圈舍管理技术 Z统计量	疾病防控技术 系数	疾病防控技术 std. Error	疾病防控技术 Z统计量	肉羊繁育技术 系数	肉羊繁育技术 std. Error	肉羊繁育技术 Z统计量	补饲技术 系数	补饲技术 std. Error	补饲技术 Z统计量	副产品粗加工技术 系数	副产品粗加工技术 std. Error	副产品粗加工技术 Z统计量
控制变量	tau1	0.735 7	1.026 9	0.72	1.856 4*	1.028 2	1.81	0.223 5	1.160 6	0.19	1.511 4	1.003 4	1.51	0.648 6	1.277 0	0.51
	tau2	2.453 6***	0.806 4	3.04	4.523 6***	0.979 7	4.62	2.446 3***	0.916 2	2.67	3.389 4***	0.839 7	4.04	1.918 6**	0.914 5	2.1
	tau3	5.188 6***	0.905 0	5.73	—	—	—	5.005 3***	0.950 8	5.26	4.150 8***	0.843 8	4.92	3.920 7***	0.812 2	4.83
	tau4	8.155 3***	1.645 0	4.96	—	—	—	6.456 0***	1.295 1	4.98	4.571 5***	1.250 4	3.66	3.109 9***	0.787 4	3.95
	phi2	0.501 1**	0.220 3	2.27	0.896 8**	0.362 9	2.47	0.600 1**	0.235 4	2.55	0.706 9***	0.260 2	2.72	0.535 4**	0.220 6	2.43
	phi3	0.641 2**	0.269 9	2.38	—	—	—	0.524 9**	0.233 8	2.25	0.486 2	0.306 3	1.59	0.338 4**	0.166 6	2.03
	phi4	1.459 4**	0.595 2	2.45	—	—	—	0.411 5	0.440 5	0.93	0.220 5	0.598 5	0.37	0.197 0	0.185 0	1.06
模型整体检验统计量		观测数：406 Log likelihood=−440.703.1 Wald chi2 (17) =95.44 Prob>chi2=0			观测数：406 Log likelihood=−356.666 76 Wald chi2 (17) =67.11 Prob>chi2=0			观测数：406 Log likelihood=−417.203 61 Wald chi2 (17) =91.44 Prob>chi2=0			观测数：406 Log likelihood=−483.804 07 Wald chi2 (17) =80.26 Prob>chi2=0			观测数：406 Log likelihood=−494.015 36 Wald chi2 (17) =84.87 Prob>chi2=0		

注：表中***、**和*分别表示变量在1%、5%和10%统计水平上显著。

本研究认为，牧户文化程度的高低在一定程度上反映了牧户接受新知识、新技术能力的高低，较高的文化程度对牧户家庭经营具有明显的推动作用。但是，在西藏牧户肉羊养殖实践中，户主文化程度相对偏低，户主文化程度文盲的比例达 25.62%、小学样本的比例达 61.82%，可以发现牧户户主基本上以小学和文盲为主，样本中户主文化程度之间差异较小，而肉羊养殖相关技术实际采用往往与牧户之间沟通与示范有关，因而文化程度对肉羊养殖相关技术采用的影响不大（表6-6）。在非制度文化方面，牧户宗教信仰支出对肉羊养殖相关技术采用均存在负向影响，这可能是因为牧户家庭经营不仅仅是理性的，也受宗教信仰制约，甚至是家庭经济行为的指南，加上居民信仰比重较高，影响显著为负。

（3）社会资本的影响

在社会资本的影响上，村干部经历对牧户圈舍管理技术、肉羊繁育技术和副产品粗加工技术的采用呈显著的正向影响，但对疾病防控技术和补饲技术影响较弱。牧户合作社参与对副产品粗加工技术存在正向显著影响，但对其他肉羊养殖技术影响有限。村民间相处情况对肉羊养殖相关技术实际采用均存在显著的正向影响。

本研究认为，村干部经历开拓了活动范围，提高了肉羊养殖的视野，且具有村干部的家庭一般较为富裕，具有肉羊养殖相关技术由需求向采用转化的基础。同样，与村民相处越为融洽的牧户与村民信息交流的频次越多，对新技术相关信息了解越深，加上肉羊养殖相关技术需求的影响，牧户采用新养殖技术的频次也就越高。牧户合作社参与在肉羊养殖各方面增加了知识学习和交流的机会，但西藏牧区合作社较少、管理松散、牧民参与率较低，未能在根本上提高牧户技术采用水平，仅仅对副产品粗加工有一定影响。

（4）劳动力外流的影响

在各回归模型中，牧户外出务工经历对牧户养殖技术采用不显著，这与技术需求存在较大差异。我们认为，牧户外出务工虽然增长了见识，开拓了视野，对养殖技术需求存在较为显著的正向影响，但在实际肉羊养殖采用中，牧户养殖技术需求尚未对养殖技术采用产生显著影响。外出务工人数仅仅对肉羊繁育存在显著的正向影响，可能与外出务工人次越多和对肉羊品种技术认知越高有关。

（5）技术培训和技术认知的影响

统计结果显示（表6-11），除养殖技术认知对疾病防控影响不显著外，技术培训和养殖技术认知对牧户肉羊养殖相关技术采用均存在正向影响，且通过显著性检验，这表明参加技术培训和对养殖技术认知越清晰的牧户肉羊养殖相关技术采用的概率越高。

本研究认为，养殖技术培训在直观上提高了牧户对养殖技术的认知与需求，并能够通过培训案例与实地教学提高牧户技术认知，甚至在某些养殖技术培训中直接促使牧户采用肉羊养殖技术。调查发现，西藏牧区肉羊养殖技术培训主要针对高等农牧院校、农科院、农牧局、驻村工作队等部门，农牧厅等部门也有专门的新型农牧民培训项目，培训过程中对牧户不仅提供餐饮，有些养殖培训项目还向牧户发放误工费，在一定程度上提高了牧户参与技术培训的积极性。在培训过程中，培训单位往往带有与牧户肉羊养殖密切相关的技术，并通过技术信息对比的模式强化了牧户对养殖技术重要性认知，促进了牧户肉羊养殖技术采用行为实施。

（6）控制变量的影响

由于肉羊养殖技术差异，控制变量对牧户技术采用的影响差异较大。统计结果显示，除补饲技术外，被调查者年龄越高，牧户对肉羊相关养殖技术采用的概率越低；除肉羊繁育技术外，被调查者文化程度越高，越有可能采用新的肉羊养殖技术；除疾病防控技术外，养殖技术认知越清晰的牧户，采用肉羊养殖相关技术的概率越高。同时，交通越便利，牧户采用肉羊相关养殖技术的概率越高。被调查者性别对肉羊养殖相关技术影响较弱，仅对圈舍管理技术存在显著的正向影响。

6.3.5 稳健性检验

为了检验前文广义有序连续比模型估计结果的稳健性，本书以圈舍管理技术为例采用两种方法进行检验：其一，对于圈舍管理技术模型运用有序 Logit 模型进行重新估计；其二，在前文模型分析牧户资本禀赋和劳动力外流对肉羊养殖技术采用的影响中，尽管增加了被调查者特征、家庭禀赋特征、技术认知等层面的控制变量，但仍可能遗漏一些关键变量，造成结果存在偏误。因而，本书进一步将村内是否有养殖技术员进行控制仍按照前文分析方法进行估计，结果见表6-12。

表 6-12 模型稳健性回归结果

变量类型	变量名称	有序 logit 模型			增加技术下乡变量模型		
		系数	std. Error	Z 统计量	系数	std. Error	Z 统计量
经济资本	2019 年家庭总收入	$-1.21E-06$	$8.22E-06$	-0.15	$8.65E-07$	$7.32E-06$	0.12
	肉羊养殖收入比重	0.003 0	0.008 2	0.37	0.004 0	0.007 3	0.55

（续表）

变量类型	变量名称	有序 logit 模型			增加技术下乡变量模型		
		系数	std. Error	Z统计量	系数	std. Error	Z统计量
文化资本	户主文化程度	-0.073 2	0.161 8	-0.45	-0.021 4	0.137 9	-0.15
	家庭平均文化程度	0.006 3	0.044 1	0.14	0.004 1	0.038 6	0.11
	宗教信仰支出	-0.001 0***	0.000 3	-3.00	-0.001 0***	0.000 3	-3.20
社会资本	村干部经历	1.063 6***	0.344 3	3.09	0.927 8***	0.300 4	3.09
	合作社参与	0.251 6	0.300 8	0.84	0.244 6	0.272 0	0.90
	村民间相处情况	0.863 2***	0.111 7	7.73	0.735 4***	0.101 5	7.24
	村民间信任情况	0.065 1	0.138 2	0.47	0.060 8	0.122 9	0.49
劳动力外流	外出务工经历	0.025 1	0.320 6	0.08	-0.077 2	0.284 9	-0.27
	外出务工人数	0.093 3	0.063 9	1.46	0.101 7*	0.056 4	1.80
养殖技术培训		1.786 0***	0.326 6	5.47	1.384 9***	0.289 9	4.78
控制变量	性别	0.344 9*	0.201 6	1.71	0.449 5	0.273 8	1.64
	年龄	-0.020 7*	0.010 6	-1.95	-0.031 4*	0.017 0	-1.84
	文化程度	0.541 0***	0.152 6	3.54	0.602 0***	0.231 0	2.61
	交通便利情况	0.220 6	0.148 6	1.48	0.486 4*	0.257 9	1.89
	养殖技术认知	0.301 3***	0.094 3	3.19	0.423 1***	0.158 2	2.67
	养殖技术员	—	—	—	0.402 6**	0.186 1	2.16
	cut1/tau1	0.878 7	0.992 7		0.972 5	1.050 6	0.93
	cut2/tau2	3.300 7	0.993 2		2.673 4***	0.814 6	3.28
	cut3/tau3	6.131 3	1.026 3		5.405 2***	0.906 0	5.97
	cut4/tau4	8.365 2	1.073 4		8.460 9***	1.664 8	5.08
	phi2	—	—	—	0.483 3**	0.213 1	2.27
	phi3	—	—	—	0.603 4**	0.256 2	2.36
	phi4	—	—	—	1.428 2**	0.580 3	2.46
模型整体检验统计量		观测数：406 Log likelihood = -443.295 27 Wald chi2（17）= 153.60 Prob>chi2 = 0 Pseudo R^2 = 0.1477			观测数：406 Log likelihood = -438.335 38 Wald chi2（18）= 99.04 Prob>chi2 = 0		

注：表中 ***、** 和 * 分别表示变量在1%、5%和10%统计水平上显著。

通过和表6-11回归结果对比可知，无论影响方向还是显著性检验，有序

Logit 模型未有明显变化。同时发现,增加养殖技术员后,村内有养殖技术员对牧户养殖技术采用具有显著的影响,且在5%统计水平上显著。这表明,村内养殖技术人员能够切实提高牧户圈舍管理技术的采用频次。本研究认为,村内养殖技术员长期生活在牧区,与牧户较为接近,在生产生活实践中通过技术示范、非正式沟通等对牧户肉羊养殖技术认知与采用起到潜移默化的作用。若存在上述影响,则可能出现估计偏误。但增加改变量后,牧户圈舍管理技术影响因素的方向与显著性并未发生明显变化,说明表6-11中模型估计结果具有较强的稳健性。

6.4 小　结

本章理论分析了牧户资本禀赋和外出务工对技术需求与采用的影响,并通过调查数据对研究假说进行了验证,找出了西藏牧户肉羊技术革新的切入点,主要结论如下。

(1) 西藏牧民肉羊养殖技术需求整体较低,副产品粗加工技术需求稍高,这正是技术革新的切入点

同时发现,牧民家庭收入水平、肉羊养殖比重、户主文化程度、与村民相处情况、劳动力外出人次、村干部经历等因素对养殖技术需求有显著的正向影响。交通便利情况因素显著影响牧民增产保肥技术和副产品粗加工技术需求,被访问者年龄因素对牧民肉羊副产品粗加工技术需求不显著。

(2) 在牧户肉羊养殖技术采用上,疾病防控技术和副产品粗加工技术采用的比例最高,基础圈舍管理技术、肉羊繁育技术和补饲技术的采用频次较低

回归结果发现宗教信仰支出、村干部经历、村民间相处情况、外出务工人数、养殖技术培训、养殖技术认知等因素对牧户肉羊养殖技术采用存在显著影响,但不同养殖技术间影响因素存在较大差异,而养殖技术培训的影响最为广泛。

7 牧户肉羊商品化经营意愿与参与行为研究

牧户肉羊商品化经营是推进肉羊产业可持续发展的重要力量。本章首先依据调查资料分析牧户肉羊商品化经营的现状，然后依据调查数据着重分析牧户的肉羊商品化经营行为的影响因素，最后结合西藏农牧区实际分析牧户在肉羊商品化经营中的问题。

7.1 分析框架

7.1.1 牧户肉羊商品化经营行为与产业可持续发展

提高牧民肉羊商品化经营程度是缓解草原生态压力的主要手段之一。目前，我国经济正处在转变发展方式、优化经济结构、转换增长动力的攻关期，在乡村振兴战略背景下，推进畜牧产业兴旺需要提高畜牧业的商品化程度和牧民的肉羊商品化经营程度。然而，受人口老龄化和劳动力外流影响，牧区劳动力大幅减少，整体素质下降，极大地削弱了牧民参与市场的积极性。尽管2010—2014年牛、羊肉价格高位上涨，活羊与活牛市场持续活跃，较高的市场价格刺激了牧民的市场神经，但我国很多牧区牧民肉羊商品化经营思路仍明显不足。以西藏畜牧业为例，2017年，肉羊出栏率为35.14%，肉牛出栏率为27.48%，远低于全国平均水平（分别为88.9%和58.3%）。在乡村振兴背景下，牧户肉羊商品化经营是否"有活力"成为肉羊产业可持续发展的关键。

肉羊商品化经营能够提高牧户肉羊出栏率和增加家庭货币收入，进而缓解生计压力。牧户肉羊商品化经营最直接的形式即为通过市场销售成年肉羊，加快牧户羊群周转，提高出栏率，提高生计水平，增加牧户收入。

肉羊商品化经营在既定草地载畜量的前提下，在一定时期和区域内能够提高牧户肉羊养殖数量，缓解草原生态环境压力，有助于实现草原肉羊产业可持续发展目标。肉羊商品化经营的提高，解决了西藏肉羊生长周期长、周转慢、出栏率低、养殖效益不高的问题，缓解草畜矛盾与季节性不平衡问题的同时增加牧户货币收入，进而能够促进牧户生计水平提高和肉羊养殖数量的矛盾，实现产业可持续发展。

7.1.2 分析思路

西藏牧民的肉羊商品化经营度历来偏低,通常认为西藏浓厚的宗教信仰和薄弱的市场氛围限制了牧民的肉羊商品化经营度。如杨新玲等(2017)发现,由于自然条件的恶劣和长期的农奴制历史,西藏农牧民重农抑商的传统思想浓厚,且由于宗教信仰等原因,很多农牧民重视精神信仰和来世而轻视市场经济活动,导致牧民肉羊商品化经营不足。尽管相关研究对西藏牧户肉羊商品化经营不足进行了分析,但主要归结在宗教信仰、市场氛围等内容,不仅缺乏系统性,而且对肉羊商品化经营不足的原因也研究不够。本研究认为,西藏牧户肉羊商品化经营是一个复杂的系统,宗教信仰只是一个方面,更不是决定性影响因素,其背后有着符合西藏牧户生活、生产方式的经济逻辑。那么,什么因素制约了牧户肉羊商品化经营程度?其内在原因是什么?有没有针对性的破解方法?回答这些问题成为推进牧户肉羊商品化经营的关键。笔者在调查中发现,市场距离、宗教信仰及市场信息等对牧户肉羊商品化经营行为有重要影响,同时,政府为了推动牧户肉羊商品化经营,也做了很多工作。为此,本章在深入访谈的基础上,形成牧户肉羊商品化经营案例,在分析牧户肉羊商品化经营行为困境的表现基础上,探索肉羊商品化经营不足的原因,并针对西藏实际提出破解途径。同时,利用调查数据分析牧户肉羊商品化经营的影响因素,并对案例结论进行印证。本章分析框架见图7-1。

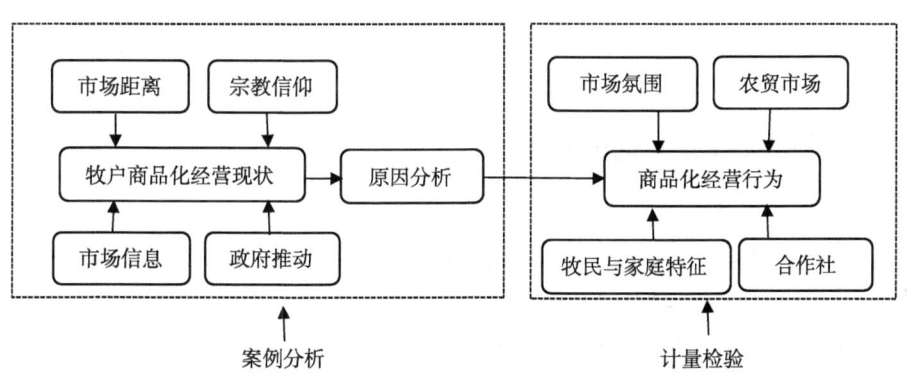

图7-1 分析框架

7.2 牧户肉羊商品化经营现状的案例分析

7.2.1 研究方法与案例背景

（1）研究方法

西藏牧户肉羊商品化经营形式不仅包括乡镇、县城、地市农贸市场，还包括牧区非正式的物资交流会。近十几年来，西藏牧区经济发生翻天覆地变化，牧户生活水平显著提高，但是，牧户市场思维发展相对缓慢，严重制约了牧区畜牧经济的发展。为了准确地获得牧户肉羊商品化经营制约因素的案例资料，本研究对藏北牧区展开深入调查。调查主要采用深度访谈的形式进行，通过藏族调查员翻译，与牧民进行完全开放性访谈。调查过程中，从牧户肉羊销售多少入手，逐步了解牧户的肉羊商品化经营现状。为了保证调查效果，调查中根据藏北牧区经济发展状况，按照案例选择的典型性和代表性，优选调查案例村庄，然后在所选调查村庄招募藏族调查员，通过调查员引领的方式确定访谈对象。在对访谈对象调查资料整理基础上，采用定性方法的归纳法先归纳出不同访谈对象在不同市场约束下的表现，然后通过整体归纳得出相关结论。

（2）案例背景

DJ村位于那曲市班戈县东部，平均海拔 4 700m 左右，距离县城较远，交通不便。该村有50多户居民，分布较为分散。户均草原面积 1 700 亩左右，分为春冬草场和夏秋草场两类，村民家庭生计以放牧为主，牲畜主要有牦牛、藏系绵羊和山羊等，马偏少。畜产品以羊毛、羊绒、酥油、牛肉、羊肉为主。2017年肉羊出栏率25%左右。

7.2.2 牧户肉羊商品化经营现状

（1）市场距离——难以跨越的"鸿沟"

市场距离是牧户肉羊商品化经营便利性的主要表现。通常，距离市场越近的牧户，其肉羊销售越方便，肉羊商品化经营程度越高。但由于西藏地域广阔，绝大多数牧户距离城镇较远，农畜产品交流会基本一年一次。因而以路途远、交通不便为代表的市场距离已经成为牧户参与市场难以跨越的"鸿沟"[①]。值得注意的是，有些牧户反映，由于路途较远，一年去乡镇的次数也很少，在访谈中有些

---

① 2016年养殖户的885份问卷调查显示，针对"您家距离最近的乡（镇）有多少千米"问题，有90%以上的样本回答说超过了30千米，有50%的样本回答说超过了50千米

牧户详细阐述了去乡镇集市的艰辛：

我们家距离乡镇60多千米，没有什么重要的事情很少去。以前主要是坐别人的农用车，但路很颠簸，去一次花两个多小时。现在虽然家里买了摩托车，但自己不会骑，主要是孩子在骑。再说，由于距离太远，来回路费也高，买的东西也不好携带，加上有时天气不是很好，去的次数就非常少。村里是有几辆电动车，但你们知道，电动车还没骑到就没电了，所以都是在村里骑。（与一位54岁女性牧民的访谈记录）

通常，西藏乡（镇）、县（区）都有正规的集贸市场可供农畜产品进行交易，城镇和农牧区还会定期或不定期举行农畜产品交流会，一般在城镇比较开阔的广场进行，农牧区一般选择比较平坦的草原进行，牧区在靠近城镇的开阔草原进行。虽然这种农畜产品交流会一定程度上满足了牧户的物资交流需要，但是由于市场距离问题，牧户的肉羊商品化经营依然受到了较大的制约。事例如下：

一般情况下，物资交流会5天左右，参加的人也很多，有的时候还会来一些其他县的牧户。但是，交流会距离我们家很远，我们一般提前十几天就开始准备东西，为了提前到达交流会地点，我们一般要提前两天出发，有时候几家人一起，拉着牛肉、羊肉和其他物品。但是到了交流会，发现卖牛肉、羊肉的很多，价格也不像他们说的那么高。我们也不能将牛肉、羊肉再拉回来，只能按照市场价格卖掉，买一些碗、炊具、调料、青稞等生活必需品。（与一位50岁男性牧民的访谈记录）

由此可见，尽管牧户有肉羊商品化经营的意愿，但不得不面临交通距离与便利性的实际问题，甚至交通因素已经成了牧户肉羊商品化经营的重要影响因素，这与西藏自治区以外情况差异很大，对肉羊产业的可持续发展也有较强的制约作用。

（2）宗教信仰——难以逾越的"规范"

随着改革开放的推进，正常宗教活动得到恢复，在思想文化领域多元化背景下，宗教得到长足发展（朱哲，李泓霏，2018），西藏农牧区也是一样，基本实现了"传统地域性宗教和社区性宗教的全面回归"（梁永佳，2015）。西藏的传统宗教大致可分为两类，一类是土生土长的苯教，另一类是藏传佛教。尽管在教义教条中有些差异，但基本上可认为是牧户生产生活行为的非正式制度规范，甚至已经成为牧户生活生产方式的"行为规范"。宗教信仰中"不杀生""惜杀惜售"观念制约着牲畜的出栏问题，降低了牧户的肉羊商品化经营程度。

在DJ村的调查中，设计了"您对肉羊销售的态度"，选择"尽量减少销售，减少罪孽"的比例最高,达54.15%,超过了半数;而选择"适量销售维持家庭生活水平"占25.52%;选择"可以大量销售提高家庭生活水平的"仅占10.49%;而选择"肉羊育肥后就应该销售,否则越养越赔钱"的仅占9.84%,可见,宗教信仰的部分教义在一定程度上限制了牧户的肉羊商品化经营。

受宗教信仰影响,一些村民认为,过多养殖牲畜会给他们来生带来厄运。前一段时间,由于我们村生态较好,外出务工的人员也较多,村里想让村中一个养殖能手适当扩大养殖规模,并通过建设肉羊养殖基地的形式对该牧户进行补贴。但让驻村工作组感到奇怪的是,他们不愿意多养。经过深入调查发现,牧户的女主人不愿意,因为他们觉得养殖肉羊的数量增加了,势必会增加肉羊的死亡数量,那么他们就造了更大的孽缘,对来生幸福有很大影响。(与一位45岁男性驻村工作组成员的访谈记录)

宗教信仰不仅影响了养殖行为,也影响到肉羊产业所需的人力资源。在DJ村的调查中,本研究设计了"您是否愿意让您的子女到屠宰场工作",绝大多数样本选择了"不愿意",其主要原因是"屠宰场杀生"的在90%以上。事例如下:

我家现在有三个孩子,老大在家里经营副业,老二基本没工作,天天在村里闲逛,老三是大学生。镇上有一个食品加工厂招工,老二就去应聘了,一个月工资大概3 000元左右,基本上一周回来一次。听孩子说是比较大的公司,主要是做猪肉制品。但听孩子说他们有专门的屠宰场,而且隔几天就要屠宰一批藏香猪,就不让孩子去了,我们觉得太残忍了。(与一位50多岁男性农户的访谈记录)

由此可见,宗教信仰作为牧区非正式制度规范,不仅会影响到牲畜的养殖环节,还会影响到销售环节。牧户养殖规模的相对固定意味着养殖模式的固化,而牧户剩余劳动力就业取向又会制约流通领域的发展,对牧户肉羊商品化经营程度的提高有一定的负向影响。

(3)政府推动——难以有效推进

在少数民族地区,政府主导是牧户肉羊商品化经营的重要形式之一,政府通过搭建交易平台、规范交易过程等措施推进了市场完善,对牧户肉羊商品化经营起到了积极作用。在西藏农牧区,尤其是藏北牧区,由于牧户肉羊商品化经营受多重因素影响,政府在市场推动过程中困难重重,政府在牧区基层的牧户肉羊商品化经营的推动中显得力不从心。事例如下:

驻村干部进入我们村以来,承担了村里面大多数行政事务,但在引导牧户卖羊的宣传中,效果并不好。每年上面(指乡政府或县政府)都会对村里下达一些让牧户卖羊、牛的通知,村里面基本上以文件传达为主,有时候会做一个板报宣传一下，但实质性推进的措施配套不了。每届驻村工作组进村后都有一些资金，但这些钱并不多，也主要用于贫困户慰问、村里面公共设施新建与维修，从来没有用于肉羊商品化经营推进。（与一位50多岁男性村干部的访谈记录）

值得注意的是，DJ村的村委会和墙体宣传都对促进肉羊销售进行了宣传，还有的村在相关发展规划中也有牲畜出栏率目标，每年乡（镇）政府和县政府及相关部门也会对村里肉羊等牲畜出栏状况进行统计，尽管出栏率在逐年递增，但村民对此并不认同。在访谈中有村民表示：

村长有时候会在开会的时候说大家要积极卖羊、卖牛，但他们自己家都不怎么卖，大家都觉得他在喊口号，应付上面交代的差事。对于驻村干部而言，他们有时候也对我们进行宣传，但他们也不清楚卖给谁、怎么卖。听说每年村干部都会上报一些牲畜出栏数情况，不知道他是怎么统计的。村干部并不知道我们是否卖了，估计上报的数量也不一定准确。（与一位56岁女性牧民的访谈记录）

总体而言，基层政府尽管在肉羊养殖中进行了出栏宣传，在一定程度上影响牧户肉羊商品化经营的积极性，但效果不是很明显，其根源是出栏宣传没有触及制约牧户"惜售"的内在因素，甚至一些因素在短期内是难以解决的。因而，其宣传往往止于文件和墙面，对牧户肉羊销售影响不大，成了止于"标语"的宣传。

（4）市场信息——滞后特征明显

肉羊的价格、供求以及其他等构成的市场信息对牧户参与市场行为有重要影响。对牧户而言，肉羊价格是市场信息的核心。在西藏畜牧业发展对策研究中，市场信息传递越来越受到学者关注，牧户牲畜养殖以满足家庭生活需要为主，难以与市场对接（王美兔，李迪强，2017）。这是因为在实践中，由于养销分离，牧户获得的价格信息往往较为滞后，难以指导肉羊销售行为，仅仅使市场价格成为牧户衡量家庭财富的工具。事例如下：

我们家里现在有100多只羊，主要是自己家里吃，逢年过节宰杀二三只，吃不完的就风干。由于距离市场很远，难以获得羊的价格信息。大家基本没有关注羊、牛价格信息。平时大家在说哪家有钱的时候，主要看房子好不好、多少只羊，对于我们来说，羊、牛的价格变化和卖不卖关系不是很大，很多时候大家按照听说的价格衡量一下自家还有多少财富。（与一位60多岁男性牧民的访谈记录）

由于历史原因，部分牧户评价"富裕"与"贫穷"并不完全是家庭货币资产的多少，而是家庭牲畜的多少。西藏牧区市场经济氛围并不浓厚，牧户生产经营活动的传统特征还比较明显，以价格衡量家庭财富和以肉羊数量衡量家庭财富本质上并没有差别，其内在原因是市场经济对其生产生活刺激不足，以致牧户很难以与市场进行有效对接。

7.2.3 牧户肉羊商品化经营不足内在原因解析

在市场经济模式下，养殖的目的是销售，销售能够进一步促进肉羊产业加快发展，肉羊养殖与肉羊销售都应该是肉羊产业发展的两个非常重要且紧密关联的环节。然而，在西藏牧区，"养殖"与"销售"却是相互分离的，牧户注重牲畜数量的风险规避养殖模式，也促成了牧户缺乏市场理念的养殖行为，致使"养殖脱离了市场，市场难以刺激养殖"。

（1）注重牲畜数量的风险规避养殖模式——养殖脱离了市场

就当前西藏牧户肉羊商品化经营而言，"养销分离"形成的传统养殖模式仍占主导地位，市场经济理念对传统肉羊养殖模式的冲击仍不充分，以致西藏牧户肉羊养殖理念仍处于"养羊保财富"的风险规避模式之中。

西藏海拔高、气温低，雪灾等自然灾害频发，形成了牧户风险规避的养殖模式。尽管我国已经改革开放了 40 多年，但是许多西藏牧户生产生活仍处于自给自足的产品经济时期，牲畜是家庭最为重要的财富象征，更是财富增加的保证。在自然灾害频发的青藏高原，雪灾对养殖数量偏少的牧户可能是致命打击。如 1989—1990 年那曲雪灾，直接导致 200 多万头牲畜死亡，而对于养殖数量较多的家庭而言，牲畜之间的相互取暖能够有效降低死亡比例。同时，对于牧户各类财富而言，牲畜还能够不断繁殖，这在资源禀赋较差、财富积累缓慢的青藏高原，更容易形成财富增加的方式。因而牲畜是西藏牧户最为耀眼的财富，也是最直接的储蓄方式（罗绒战堆，2009）。

牲畜养殖周期长、单体生产能力低、养殖技术落后等原因，促使牧户追求数量而不追求出栏，进一步固化了风险规避的养殖模式。在藏北牧区，肉羊的饲养周期基本为 3~5 年，牦牛、犏牛的饲养周期一般为 5~7 年，加上高原植被营养成分较低海拔地区偏低，缺乏补饲传统，且季节性差异明显，牲畜在枯草期掉膘现象明显，单体生产能力与西藏外牲畜相比较低。同时，由于西藏地广人稀，牲畜疾病防控技术不高且推广困难较大，牧户牲畜养殖技术较为落后，疾病也是家庭牲畜数量减少的较大威胁。为了维持家庭"财富"数量，保持一定规模养殖往往成为牧户的必然选择，这也进一步固化了风险规避的养殖模式，最终形成了以"惜杀惜售"为代表的注重牲畜数量的风险规避养殖模式。

（2）缺乏市场理念的肉羊养殖行为——市场难以刺激养殖

"养销分离"使牧户屏蔽了市场信息的渗透，肉羊市场价格难以影响牧户市场决策。就西藏牧区养殖实际而言，以价格机制为基础的市场经济模式尚未对以"羊多就是富裕"为核心的传统养殖模式产生根本性影响，导致市场经济理念在牧户畜牧养殖行为准则中带有宗教信仰痕迹。

在当前西藏肉羊养殖实践中，市场经济的推进缺乏对西藏传统文化的系统结合，尚未形成与西藏民风民俗相匹配的市场观念，牧民心中仍然存在屠宰牲畜即罪孽的认知，甚至存在以宗教信仰指导经济生活的现象。宗教信仰是很多藏族同胞的精神家园，对此无可厚非，但是在市场经济与西藏传统文化融合中，部分牧民对"过多养殖牲畜会给他们来生带来厄运"，因为"屠宰场杀生"不愿意子女去工作等认知可进一步解放思想，应当理性地将二者的关系区分开来。调查中，牧民之所以认为"自己家庭养殖肉羊的数量增加"就会"增加肉羊的死亡数量"，进而就"造了更大的孽缘"，市场经济理念尚未对其家庭经济行为形成根本性冲击。然而，对市场经济本身而言，其作用机制核心为价格传导，但在西藏牧区，"地广人稀""传统文化氛围浓厚"造成了市场作用渗透不足，最终形成了缺乏市场理念的肉羊养殖行为。

7.3 牧户肉羊商品化经营行为的影响因素分析

7.3.1 研究假说

通过对以上案例分析和西藏牧户的入户调查，并结合数据，本研究提出如下研究假说。

H7-1：市场距离对牧户肉羊商品化经营具有显著的负向影响。

H7-1a：牧户与乡镇距离越近，参与市场的概率越大。

H7-1b：牧户与县城距离越近，参与市场的概率越大。

H7-1c：牧户与农贸市场距离越近，参与市场的概率越大。

H7-2：村内市场氛围对牧户肉羊商品化经营具有显著的正向影响。

H7-3：牧户合作社参与对肉羊商品化经营具有显著的正向影响。

H7-4：村内肉羊收购商能够正向影响牧户肉羊销售行为。

7.3.2 数据来源与样本特征

（1）数据来源

本部分使用数据为 2016 年 12 月至 2017 年 2 月利用西藏农牧学院学生寒假时段对西藏牧户的入户调查，该调查主要包括西藏牧户贫困和肉羊养殖两个主题。本部分使用数据包含西藏辖下各地，样本分布与西藏各地人口分布有较大的统一性，且问卷内容包含了村干部问卷和村民问卷两部分，两者之间互相印证较好，具有较好的代表性。本次调查共发放问卷 1 200 份，收回问卷 986 份，剔除无效问卷后,共收集有效问卷929份,问卷有效率为77.42%。

(2) 数据基本特征

在地域分布上,日喀则市样本最多,为460例,占49.52%;山南市样本次之,占25.19%;拉萨市位居第三,占13.02%;阿里地区最少,仅为5例,占0.54%。可见,样本的地域分布与人口分布有较好的统一性,且日喀则市为一江两河牧区的核心区域,肉羊养殖数量较多;那曲市样本较少,仅占6.35%,这与那曲市人口较少、分布分散有关。在性别分布上,男性样本534例,占57.48%,这可能与西藏牧户男主外女主内的分工有关。在样本年龄分布上,以青壮年为主,其中21~30岁样本最多,为303例,占32.62%;20岁及以下样本次之,占23.57%;41~50岁样本排第三,占17.55%;60岁以上样本最低,仅占3.12%;31~40岁样本占比较少,可能与这一年龄段外出务工较多有关。在文化程度分布上,文盲占比最高,占43.81%;其次是小学和初中,分别占30.57%和12.276%;高中占9.80%;高中以上文化程度占比最低,为3.55%。

7.3.3 牧户肉羊商品化经营的描述性统计分析

(1) 牧户肉羊商品化经营情况的总体分析

西藏牧户肉羊销售比例较低。调查结果显示(图7-2),在929例样本中,

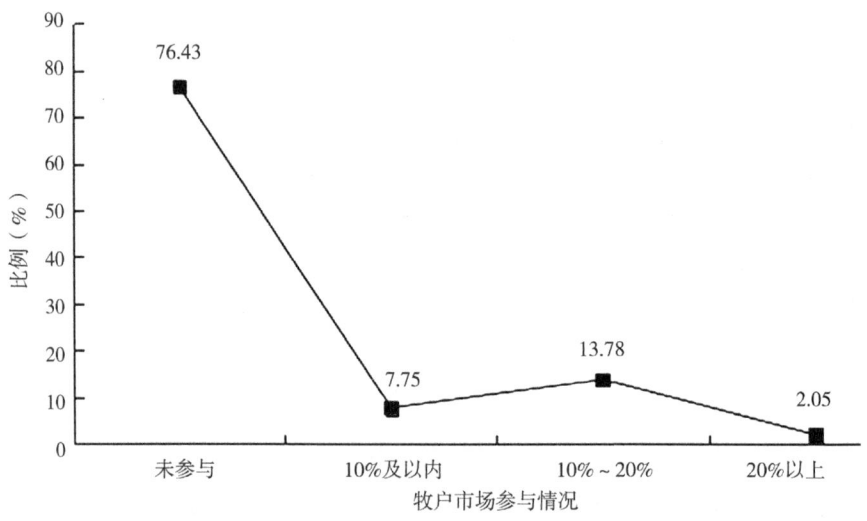

图7-2 西藏牧户肉羊市场销售情况

2016年3/4以上的牧户没有销售肉羊,在有销售肉羊的牧户中,销售数量占养羊总数的10%~20%居多,为13.78%,而20%以上的仅占2.05%。这表明,西藏牧户尚未形成肉羊销售习惯,也在一定程度上印证了前文牧户肉羊养殖处于自给自足的传统模式,整体肉羊商品化经营度不高。

(2) 市场距离与牧户肉羊商品化经营

市场距离对牧户肉羊商品化经营存在重要影响(表7-1),具体来说,在家庭与市场距离10km以内的牧户,没有销售肉羊的比例仅占16.34%,肉羊销售比例在10%~20%和20%以上的样本较高,分别占42.19%和57.89%。同时,随着家庭与市场距离的增加,没有销售肉羊的比例基本呈递增趋势,而有销售行为的牧户比例基本成递减趋势。这表明市场距离确实影响了牧户肉羊商品化经营的比例,这可能与距离市场距离越远,牧户市场意识越弱有关。

表7-1 市场距离与牧户肉羊商品化经营

距离	未参与	10%及以内	10%~20%	20%以上
10km及以内	16.34	37.50	42.19	57.89
10~30km	17.89	33.33	28.13	31.58
30~50km	19.86	16.67	15.63	0.00
50~100km	32.39	11.11	10.94	5.26
100km以上	13.52	1.39	3.13	5.26

(3) 合作社对牧户肉羊商品化经营的影响

作为农牧区畜牧产业新型主体,合作社在西藏肉羊产业可持续发展中开始显现正向作用。调查结果显示(表7-2),牧户参加合作社后能够提升牧户肉羊商品化经营的比例,在未参与市场销售的牧户中,参加合作社的比例低于未参加合作社的比例;在有销售行为的牧户中,参加合作社的比例均较高。我们认为,牧户参与合作社拓展了肉羊销售渠道,也能够获得更多的肉羊市场信息,这也验证了前文合作社参与能够提高牧户肉羊商品化经营的对策。

表7-2 合作社参与与牧户肉羊商品化经营行为

项目	未参与	10%及以内	10%~20%	20%以上
未参加	77.40	7.45	13.10	2.04
参加	68.04	10.31	19.59	2.06

（4）牧户对农贸市场的认知

为了更好地对牧户肉羊商品化经营状况进行把握，我们对牧户的农贸市场认知进行了调查。统计结果表明（表7-3），在农贸市场优势方面，牧户选择次数最高的为交易规范，占33.00%，这表明，牧户对规范的交易市场有较大的期待；排在第二位和第三位的是货款回收及时和价格透明，这些均是牧户间交易容易出现的问题，说明一些牧户已经认识到了非正式市场的不足，同时也是农贸市场的优势所在。在农贸市场劣势方面，牧户选择最多的是价格波动大，这与牧户去农贸市场的次数关系很大，很多牧户一年去农贸市场的次数不超过三次，因而对农贸市场的价格很难把握；排在第二位和第三位的分别为路太远和容易上当，这也从另一个角度表明牧户与农贸市场的交流较少，同时也说明西藏牧区农贸市场距离牧户太远，直接影响了牧户与农贸市场的联系紧密度。

表7-3 牧户对农贸市场的认知

项目	农贸市场的优势					农贸市场的劣势				
	交易规范	货款回收及时	价格高	价格透明	其他	路太远	容易上当	价格波动大	东西太少	其他
选择次数（次）	297	211	141	143	108	206	191	345	86	99
占比（%）	33.00	23.44	15.67	15.89	12.00	22.22	20.60	37.22	9.28	10.68

（5）牧户肉羊商品化经营的渠道分析

牧户肉羊如何销售到市场上是本研究关注的另一个研究重点，我们设置了3个问题进行分析，分别为肉羊销售的地点、是否有人在村中收购肉羊以及是否有人在村中收购羊毛和羊绒。统计结果显示（表7-4），牧户在本村销售的比例最低，占20.57%；在附近村销售的比例稍高，占24.31%；在农贸市场销售的比例较高，占27.31%；选择其他地点的占27.81%。在村内肉羊收购上，61.7%的样本表示有收购商到村内收购肉羊，63.33%的样本表示有收购商到村内收购羊毛和羊绒。从以上可以发现，牧户肉羊及肉羊附属品的销售渠道并不畅通，同时，接近40%的牧区没有肉羊及肉羊附属品收购商。

7 牧户肉羊商品化经营意愿与参与行为研究

表7-4 牧户肉羊及其附属品销售渠道

项目	销售地点				村内肉羊收购		村内羊毛羊绒收购	
	本村	附近村	农贸市场	其他	有	没有	有	没有
选择次数（次）	165	195	219	223	538	334	544	315
占比（%）	20.57	24.31	27.31	27.81	61.7	38.3	63.33	36.67

（6）在本村和附近村肉羊销售的原因

考虑到牧户以本村和附近村为肉羊销售的重要渠道，需要对该渠道进一步分析。首先看该销售渠道的优势，统计结果显示（表7-5），牧户对自家肉羊的认知"质量有保证"比例最高，选择次数为396次，占41.95%。这表明，随着市场对农牧区的渗透，在为牧户带来销售产品、购置物品便利性的同时，也带来了市场中的不诚信现象。由于牧户市场经验较少，为了防止上当受骗，牧户会选择同村或附近村的牧户进行物品交流。位于第二的是双方认识，占24.26%，这也进一步印证了上述结论。排第三的为"讨价还价简单"，这也是基于前面两者的原因，由于大家较为熟悉，对肉羊等产品的情况较为透明，讨价时间较短，便于牧户进行物质交流。

表7-5 牧户对牧户间肉羊销售的优势认知

项目	双方认识	价格透明	质量有保证	讨价还价简单	货款有保证	路途较近
选择次数（次）	229	105	396	114	39	61
占比（%）	24.26	11.12	41.95	12.08	4.13	6.46

同村和附近村牧户肉羊销售除了上述优势外，还需要考虑销售价格和货款回收。统计结果显示（表7-6），在本村和附近村肉羊销售的价格还是能够被牧户接受，主要体现在肉羊销售价格"一般"的比例接近70%，尽管存在肉羊价格销售较低的情况，但比重较低，仅为19.19%；同时，在货款回收上，50.85%的样本表示货款有保证且没有欠款，45.02%的样本表示货款有保证但有欠款，认为欠款可能收不回的样本仅34例，占4.13%。

表7-6 牧户对牧户间肉羊销售价格及货款回收的认知

项目	肉羊销售价格			货款收回		
	较高	一般	较低	有保证无欠款	有保证有欠款	欠款可能不还
选择次数（次）	97	619	170	419	371	34

(续表)

项目	肉羊销售价格			货款收回		
	较高	一般	较低	有保证无欠款	有保证有欠款	欠款可能不还
占比（%）	10.95	69.86	19.19	50.85	45.02	4.13

7.3.4 变量抓取与研究方法

（1）变量选取

被解释变量：本节的解释变量为牧户肉羊商品化经营行为的衡量。在西藏牧区，牧户肉羊商品化经营的具体形式为肉羊销售数量，一般可用具体销售数量来表示，但考虑到具体数量不能反映牧户肉羊养殖规模的影响，本研究使用肉羊销售比例进行衡量。同时，考虑到样本中没有肉羊销售的占比较高，对有肉羊销售行为的牧户进行划分。

核心解释变量：依据前文案例分析和影响机制分析，考虑到调查数据的可得性，结合已有研究成果，本节核心解释变量主要包括3类：第一，市场距离和交通便利情况，主要包括牧户家庭到乡镇距离、县城距离、农贸市场距离以及交通状况认知4个指标；第二，村内市场氛围，主要通过村内居民肉羊销售情况和村内居民羔羊购买情况进行衡量；第三，合作社与市场刺激，主要包括牧户合作社参与情况和村内肉羊收购情况。

控制变量：为了更好地对牧户养殖行为影响因素进行分析，本研究对被调查者特征和牧户家庭特征进行控制，相关指标的描述性统计见表7-7。

表7-7 样本的基本统计特征

		变量描述	变量赋值	标准差	均值	最小值	最大值
被解释变量	牧户肉羊商品化经营行为	牧户肉羊商品化经营的层次	没有参与=0，销售10%以内=1，10%~20%=2，高于20%=3	0.80	0.41	0	3
被调查者与家庭特征	性别	被调查者的性别	男=1，女=0	0.49	0.57	0	1
	年龄	被调查者的年龄	被调查者的实际年龄（岁）	14.12	43.14	17	70
	文化程度	被调查者的文化程度	文盲=0，小学=1，初中=2，高中=3，高中以上=4	1.13	0.99	0	4
	户主文化程度	户主的文化程度	文盲=0，小学=1，初中=2，高中=3，高中以上=4	0.63	0.98	0	4
	村干部经历	家庭是否有村干部工作经历	有=1，无=0	0.41	0.21	0	1
	养羊数量	牧民家庭养羊数量	牧民家庭实际养羊数量（只）	51.90	48.44	15	500

（续表）

		变量描述	变量赋值	标准差	均值	最小值	最大值
市场距离与交通	家庭到乡镇距离	牧户到乡镇距离	牧户到乡镇实际距离（km）	26.45	15.99	0	311
	家庭到县距离	牧户到县城距离	牧户到县城实际距离（km）	37.21	36.08	0	250
	家庭到市场距离	牧户到农贸市场距离	牧户到农贸市场实际距离（km）	49.08	54.14	0	200
	交通变量情况认知	牧户对到市场交通情况认知	不方便=1，一般=2，方便=3	0.62	1.75	1	3
村内市场氛围	居民肉羊销售情况	村内居民肉羊销售情况	非常少=1，比较少=2，一般=3，比较多=4，非常多=5	1.07	2.24	1	5
	村民羔羊购买情况	村内村民羔羊购买情况	非常少=1，比较少=2，一般=3，比较多=4，非常多=5	1.03	2.30	1	5
合作社与市场刺激	合作社参与	牧户参与合作社情况	参加=1，未参加=0	0.31	0.10	0	1
	市场收购	村内是否有收购羊的商贩	有=1，无=0	0.49	0.58	0	1

（2）模型构建

由于牧户肉羊商品化经营属于有序变量，可以选择有序 Logit 或 Probit 模型进行分析，但考虑到该模型的前提假定是所有样本的误差同方差特征，其参数估计也是有偏的，因而考虑误差同方差的异构选择模型进行分析。根据 Williams 的研究，构建第 i 个牧户参与市场行为模型为：

$$y_i^* = \alpha_0 + \alpha_1 x_{i1} + \cdots + \alpha_K x_{iK} + \sigma \varepsilon_i \tag{7-1}$$

式中，y_i^* 是无法观测的潜变量，x_i 为解释变量向量，α 为待估参数向量，ε_i 为服从 Logistic 或标准（0，1）分布的残差项，σ 为能够上下调整方差的参数。y 与 y^* 的关系为：

$$\begin{cases} y = 1 & if \quad y^* < k_1 \\ y = 2 & if \quad k_1 < y^* < k_2 \\ \quad \vdots \\ y = m & if \quad k_{m-1} < y^* \end{cases} \tag{7-2}$$

式中，$y_i = m(m=1, 2, 3, 4, 5)$ 表示牧户肉羊商品化经营行为的选择，k_i 为临界点，且满足 $k_1 < k_2 < k_3 < k_4 < k_5$。由于 y_i^* 是无法观测的潜变量，我们难以估算待估参数向量 α，因而可以通过估算向量 β 来估算 α，两者的关系为：

$$\beta_k = \alpha_k / \sigma \quad k = 1, 2 \cdots K \tag{7-3}$$

在异构选择模型中，σ 可以通过区分不同样本修正异方差，因而式（7-1）可以转化为：

$$y_i^* = \sum_k x_{ik}\beta_k + \varepsilon_i \qquad (7-4)$$

方差方程可以写为：

$$\sigma_i = \exp\left(\sum_j z_{ij}\gamma_j\right) \qquad (7-5)$$

式中，z 表示在牧户商品经营潜变量定义中具有不同误差方差的第 i 个观测值 j 维向量，γ_j 表示 z_{ij} 影响方差的程度。对于有序因变量而言，使用 Logit 关联的异构选择模型可以写为：

$$\begin{aligned} P(y_i > m) &= invlogit\left\{\frac{\sum_k x_{ik}\beta_k - k_m}{\exp\left(\sum_j z_{ij}\gamma_j\right)}\right\} \\ &= invlogit\left(\frac{\sum_k x_{ik}\beta_k - k_m}{\sigma_i}\right), \quad m = 1, 2 \cdots M - 1 \end{aligned} \qquad (7-6)$$

式中，$invlogit(x)$ 表示解释变量向量（x）的逆 Logit 函数，其值为 $\exp(x)/\{1 + \exp(x)\}$，$\exp\left(\sum_j z_{ij}\gamma_j\right)$，$k_0 = -\infty$，$k_M = +\infty$。

7.3.5 计量回归结果与牧户肉羊商品化经营行为影响因素剖析

（1）计量回归结果

在模型回归前，本书从多重共线性角度对自变量进行了检验，发现绝大多数自变量间相关系数的绝对值均小于 0.25，仅被调查者年龄的值大于 0.5，通过计算膨胀因子（VIF）发现，最大值为 1.41，平均值为 1.17，因而多重共线性程度可以接受。依据前文研究方法，本书采用 Stata13.1 软件对模型进行拟合，结果见表 7-8。在本研究中，模型 1 是仅加入被调查者和牧户家庭特征的模型，该变量是异构变量；模型 2 是增加市场距离与交通状况的模型；模型 3 为增加村内肉羊市场氛围的模型；模型 4 为增加合作社和市场刺激的模型。4 个模型中 LR chi2 的值分别为 17.57、141.93、154.88 和 225.08，除第一个模型 Prob>chi2 值为 0.006 9 外，其他模型的 Prob>chi2 值均为 0，核心解释变量的模型均通过了显著性检验，拟合效果较好，且增加解释变量后解释能力更强。下面我们依据模型 4 进行分析。

表 7-8 基于异构选择模型的回归结果

变量		模型1 系数	模型1 Z统计量	模型2 系数	模型2 Z统计量	模型3 系数	模型3 Z统计量	模型4 系数	模型4 Z统计量
市场距离与交通	家庭到乡镇距离	—	—	-0.006 1 (0.004 6)	-1.32	-0.007 9* (0.004 7)	-1.67	-0.005 6 (0.004 9)	-1.15
	家庭到县距离	—	—	0.003 1 (0.002 4)	1.31	0.003 3 (0.002 4)	1.39	0.004 4* (0.002 5)	1.73
	家庭到市场距离	—	—	-0.024 9*** (0.002 8)	-8.81	-0.025 1*** (0.002 8)	-8.86	-0.025 7*** (0.002 9)	-8.75
	交通变量情况认知	—	—	-0.042 7 (0.128 5)	-0.33	-0.079 3 (0.132 9)	-0.60	-0.128 7 (0.145 4)	-0.89
村内市场氛围	居民肉羊销售情况	—	—	—	—	0.255 4*** (0.085 1)	3.00	0.279 0*** (0.090 1)	3.10
	村民羔羊购买情况	—	—	—	—	0.055 6 (0.092 3)	0.60	0.197 5** (0.100 6)	1.96
合作社与市场刺激	合作社参与	—	—	—	—	—	—	0.612 6** (0.266 9)	2.30
	市场收购	—	—	—	—	—	—	1.547 8*** (0.214 0)	7.23
lnsigma	性别	0.329 1** (0.163 2)	2.02	0.364 3** (0.174 2)	2.09	0.364 8** (0.175 7)	2.08	0.358 4* (0.184 9)	1.94
	年龄	0.003 0 (0.005 9)	0.52	-0.001 4 (0.006 3)	-0.22	0.001 2 (0.006 4)	0.18	0.007 2 (0.007 1)	1.01
	文化程度	0.225 7*** (0.071 5)	3.16	0.270 0*** (0.077 3)	3.50	0.331 3*** (0.080 8)	4.10	0.304 1*** (0.086 3)	3.52
	户主文化程度	-0.019 2 (0.123 3)	-0.16	0.055 5 (0.127 8)	0.43	0.046 2 (0.128 9)	0.36	0.032 6 (0.135 6)	0.24
	村干部经历	0.031 1 (0.187 3)	0.17	0.111 3 (0.195 6)	0.57	0.105 4 (0.196 7)	0.54	0.056 0 (0.209 2)	0.27
	养羊数量	0.002 9** (0.001 2)	2.33	0.002 2* (0.001 3)	1.71	0.001 7 (0.001 3)	1.31	0.000 7 (0.001 4)	0.53
临界点	cut1	1.894 1	4.20	0.940 1	1.75	1.667 3	2.80	3.071 4	4.54
	cut2	2.397 5	5.28	1.500 6	2.79	2.234 4	3.74	3.712 6	5.44
	cut3	4.608 0	9.13	3.805 3	6.53	4.560 5	7.10	6.221 8	8.47
模型整体检验统计量		样本数:929 LR chi2(6)=17.75 Prob>chi2=0.006 9 Pseudo R^2=0.012 6 Log likelihood=-693.748 6		样本数:929 LR chi2(10)=141.93 Prob>chi2=0 Pseudo R^2=0.101 0 LLH=-631.660 7		样本数:929 LR chi2(12)=154.88 Prob>chi2=0 Pseudo R^2=0.110 2 LLH=-625.186 58		样本数:872 LR chi2(14)=225.08 Prob>chi2=0.006 9 Pseudo R^2=0.168 3 LLH=-555.944 87	

注：表中***、**和*分别表示变量在1%、5%和10%统计水平上显著，括号内为标准误。另外，出于表格美观考虑，后面3个模型中的 LLH 表示 Log likelihood。

(2) 牧户肉羊商品化经营影响因素剖析

①市场距离与交通状况对牧户肉羊商品化经营的影响。回归结果显示，牧户家庭到乡镇和县城的距离对牧户肉羊商品化经营影响不显著，而牧户到农贸市场距离呈负向影响，且在1%统计水平上显著。调查发现，西藏牧区一般距离乡镇和县城较远，牧户之间差异性不显著，加上牧户去乡镇和县城的频次较低，影响并不显著。农贸市场是牧户农牧交易的主要场所之一，正如案例分析的那样，牧户参与牧区农贸市场的频次与家庭距离农贸市场距离关系很大。在西藏牧区，自给自足的畜牧生产方式比例较高，牧户以牛、羊为财富象征的思想较深，甚至存在以物易物现象。因而，牧户距离农贸市场越近，参与市场的机会也就越多，市场理念的养殖模式也更难以推进。

②村内市场氛围对牧户肉羊商品化经营的影响。牧户肉羊商品化经营不仅受自家行为与意愿的影响，也受周边环境的影响，而村内居民的肉羊商品化经营情况对牧户肉羊商品化经营行为也有重要影响。回归结果显示，村内居民肉羊销售情况和村内居民羔羊购买情况对牧户肉羊商品化经营存在正向影响，且分别在1%和5%统计水平上显著，这表明，村内居民肉羊销售和羔羊购买越多的村庄，牧户参与市场行为的概率也就越高。我们的解释是，村内居民肉羊商品化经营行为对牧户肉羊商品化经营行为的影响分为两个方面：其一，若村内居民均进行肉羊销售，村内也就缺乏市场交易的土壤和环境，这将负向刺激牧户肉羊商品化经营；其二，村内居民频繁进行肉羊销售与羔羊购买，牧户养殖行为也将受到村民示范的影响。

③合作社与市场刺激对牧户肉羊商品化经营的影响。正如案例分析和描述性统计分析的那样，参与合作社能够提高牧户肉羊商品化经营行为。回归结果显示，参与合作社对牧户肉羊商品化经营行为存在显著的正向影响，且在5%统计水平上通过显著性检验，这表明参与合作社的牧户越有可能积极参与肉羊市场。尽管西藏合作社建立与运行主要靠政府主导，为了提高牧户生计水平和养殖效益，合作社往往通过各种渠道拓展牧户肉羊销售途径、宣传市场运行对畜牧业发展的影响、引导牧户提高牲畜出栏率。调查发现，在西藏牧区，畜牧合作社通过联合大户和养殖基地的模式，能够就近收购牧户青年羊，缩短了牧户与市场的距离，对提高牧户肉羊商品化经营起到积极作用。市场刺激对牧户肉羊商品化经营也存在显著的正向影响，且在1%统计水平上通过显著性检验，这表明到村内收购肉羊能够实现牧户肉羊销售，提高牲畜出栏率。

④控制变量对牧户肉羊商品化经营的影响。被调查者的性别和文化程度对牧户肉羊商品化经营存在正向影响，且分别在10%和1%统计水平上通过了显著性检验，表明文化程度越高的牧民参与市场的概率越高，而女性参与的概率小于男

性。这是因为，文化程度越高越能够提高牧民市场行为意识，也更能引导牧户积极参与市场运作并提高养殖效率。

7.4 小　结

本章在牧户肉羊商品化经营不足的背景和理论研究的基础上，构建了本章分析框架，结合研究重点对西藏牧户肉羊商品化经营现状进行了详细的讨论，并利用调查数据对牧户肉羊商品化经营不足与破解方式等关键因素进行了检验。主要结论如下：

（1）牧户肉羊商品化经营不足，产销脱节严重

通过对牧户的问卷调查，发现近几年西藏肉羊出栏量呈下降趋势，同时肉羊出栏率偏低。在肉羊商品化经营上，牧户肉羊商品化经营频次较低，参与渠道不畅，对规范的交易市场有较大的期待；通过典型调查发现市场距离远、宗教信仰非正式约束力强、政府推动力量有限、市场信息不对称等是牧户肉羊商品化经营现状的表象，其内在原因是产销脱节，致使养殖脱离了市场，市场难以刺激养殖。这些现象表明，西藏肉羊产业的现代市场运行机制需要结合西藏牧区实际进行优化。

（2）计量分析验证了影响牧户肉羊商品化经营的关键影响因素

研究发现市场距离、村内市场氛围、合作社及村内收购商等因素对牧户肉羊商品化经营影响显著。

8 主要研究结论与政策建议

本书在对西藏肉羊产业可持续发展理论分析的基础上,运用主成分分析方法,对影响肉羊产业可持续发展的草原生态环境综合指标、技术进步综合指标和市场综合指标进行了分析,构建了基于可持续发展的西藏牧户肉羊养殖行为分析框架。通过入户调查获取牧户肉羊养殖相关一手资料,运用 TOPSIS 熵值法从牧户行为层面对肉羊产业可持续发展进行了综合评估,并运用半非参数估计方法、S-Logistic 模型、有序 Logistic 模型、广义有序连续比模型、异构选择模型以及案例分析等多种方法,从西藏草原肉羊产业可持续发展的牧户养殖环节进行了分析,得出了较为可靠的结论,最终提出促进西藏肉羊产业可持续发展的政策建议。

8.1 主要研究结论

8.1.1 西藏草原肉羊产业可持续发展水平较低,牧户草原保护行为、养殖技术采用行为以及肉羊商品化经营行为对产业可持续发展正向作用明显

基于"压力—状态—效应—响应"模型原理及数据的可得性,构建了牧户视角西藏草原肉羊产业可持续发展评估指标体系,并运用 TOPSIS 熵值法对 2019 年西藏七地综合草原肉羊产业可持续发展进行评估。整体来看,西藏肉羊产业可持续发展综合指数偏低。在牧户养殖规模维度,牧户肉羊养殖极小规模和极大规模对肉羊产业可持续发展具有正向作用,而中等规模不利于产业可持续发展。但是,西藏极小规模牧户影响产业肉羊供给,制约牧户生计水平提高,属于较低水平的可持续发展模式,与西藏经济发展阶段相脱离。而极大规模牧户数量偏低,尽管通过增加疾病防控、繁育育肥、补饲等技术提高了可持续发展指数,在牧草丰富的地区有一定的草原牧草基础,但也不具备大面积推广特征。技术采用水平维度,牧户技术采用对草原肉羊产业可持续发展具有明显的正向影响,但传统型没有新技术的比例高,而使用各种新技术的比例非常低,说明牧户养殖技术采

用确实能够提高肉羊产业可持续发展水平，但技术采用频次偏低，对产业可持续发展的影响有限。在肉羊商品化经营维度，与养殖技术采用类似，牧户通过肉羊商品化经营能够缩短养殖周期进而提高养殖效率，但2019年超过2/3的牧户销售肉羊只数为0，说明牧户肉羊商品化经营程度不高，肉羊商品化经营层面推进西藏肉羊产业可持续发展还有很大潜力。

8.1.2 西藏草原生态环境相对脆弱，牧户参与意愿与行为偏弱，牧户生计水平提高与草原生态环境保护的矛盾尚未较好解决

（1）西藏牧草资源丰富，分布广，但草质相对较差，地域差异显著，脆弱性特征明显

草原资源以高寒类为主，理论载畜量差异较大，草原零碎化严重，肉羊饲养难以形成规模，且牧草资源与肉羊饲养数量并不匹配。同时西藏草原毒草类型多，危害大，尤其是近几十年来，西藏草原的有毒植物接近90种，并有逐年增多的趋势。品种复杂的有毒植物不仅挤占了牧草种群的生长空间，也加剧了牧草之间、牧草与毒草之间的土壤养分、光照等有限资源的竞争。在牧草种群萎缩的同时有毒杂草逐渐蔓延、草原系统结构失调、生态脆弱性增加，直接影响了草原畜牧业的可持续发展。

（2）牧户草原生态环境认知影响保护参与意愿

研究发现，牧户对草原退化认知越充分，草原生态保护意识也越强，增加养殖数量的激励也就越低。但是，西藏草地类型丰富多样，草甸与草原草地类型有7个，牧户草原退化认知源于周围草场的变化，致使牧户对草原生态环境的认知缺乏全面性和系统性，使得牧户对草原生态认知存在空间差异。同时，对草原生态环境认知越贴合西藏草原实际的牧户，草原生态变化带来的认知冲击越大。伴随着国家实施草原奖补政策，牧户往往希望和国家政策保持一致，减少养殖数量保护草原的意愿也很高。同时，对草原奖补政策了解较深的牧户，通过减少养殖规模提高草原生态环境的意愿也较高。另外政府对牧户养殖数量监督越到位、越严格，牧户越有可能由于超出养殖规模限制而拿不到草原奖补资金，甚至会得到相应的惩罚，因而更有可能拓展其他收入渠道以弥补养殖数量下降带来的家庭财富的减少，在有效降低养殖规模、提高出栏率的同时也提高了草原生态环境保护参与的激励。

（3）牧户草原保护行为与家庭生计提高存在冲突，其草原生态环境保护行为取决于生计水平和非正式制度约束

研究表明人均草地面积、住房条件较好的牧户肉羊养殖规模控制的概率越高，尽管兼业化能够提高牧户非牧收入、降低牧户对草原肉羊养殖依赖，但兼业

化程度较低,尚未对牧户家庭生计产生显著影响,因而对养殖规模约束影响不显著。随着西藏经济发展,牧户对家庭生计提出更高要求,如何在现有养殖政策和草原养殖生态环境中找到平衡点,事关西藏肉羊产业可持续发展的基础稳固。

8.1.3 西藏肉羊养殖技术相对落后,牧户对肉羊养殖技术需求和采用水平总体偏低

(1) 西藏养殖技术相对落后,严重制约了养殖效率的提高

具体表现在:其一,补饲比例低且随意性强。牧户对种公羊基本没有补饲,这将影响种公羊的体质,进而影响种公羊的精液质量。其二,种羊选择不科学,配种随意性大。牧户在种羊选择时,往往根据公羊或母羊体格进行留种,这在青年羊数量较多的牧户容易获得较好的种羊,但在青年羊相对较少的牧户,种羊品质相对较差。其三,疾病防控意识弱。由于自然条件和疾病意识的影响,牧户对口蹄疫等疾病了解程度不够,造成了一些肉羊体质较弱,有些甚至因病致死,直接影响了牧户的家庭收入,对家庭肉羊体质的提高也存在一定威胁。

(2) 牧户对肉羊养殖技术需求总体偏低,且不同类型技术需求的影响因素差异明显

增产保肥技术有利于肉羊养殖效益的提升,具有周期短、见效快的特点,但受"羊数的多少象征着家庭财富的多寡""羊是家庭的一份子""宗教文化重放生忌杀生"的观念的影响,牧户"惜杀惜售"问题明显,因而对增产保肥技术的需求也较低。在技术采用影响因素方面,牧户资本禀赋和劳动力外流两方面有重要影响。牧户收入水平越高、肉羊养殖比重越大、户主文化程度越高、家庭宗教支出越少、与村民相处越融洽、家庭劳动力外出人次越多,牧户对养殖技术需求越强;牧户成员有村干部工作经历的牧户,养殖技术需求更强。同时,养殖技术认知和被访问者文化程度因素对牧户各类肉羊养殖技术需求均有显著影响,交通状况认知因素显著影响牧户增产保肥技术和副产品粗加工技术需求,被访问者年龄因素对牧户肉羊副产品粗加工技术需求不显著。

(3) 牧户的肉羊养殖技术采用情况整体偏低,养殖模式相对固化

研究结果显示,西藏牧户肉羊养殖技术以"一般采用"为主,疾病防控和副产品粗加工技术"经常采用"的频次稍高。在技术采用的影响因素中,牧户资本禀赋影响加大,而劳动力外流的影响偏弱。其中,家庭总收入对疾病防控呈显著的负向影响,对肉羊繁育技术的影响为正,宗教信仰支出影响牧户肉羊养殖技术采用较为普遍,牧户劳动力外流对养殖技术采用影响较弱,这些结论说明牧户肉羊养殖长期形成了固有模式。值得庆幸的是,研究发现技术认知、技术培训和配备养殖人员对牧户肉羊养殖技术采用具有显著的影响,这可以作为西藏肉羊

养殖技术推进的途径之一。

8.1.4 西藏肉羊产业市场发育相对滞后，牧户肉羊市场供给不足，牧户销售渠道不畅，肉羊商品化经营程度不高

（1）城镇居民羊肉消费区域特征明显

随着城镇居民和农牧区居民收入水平的提高，肉羊消费需求在不断增加，从城镇居民消费来看，城镇居民羊肉消费具有明显的差异化特征，即品牌消费与大众消费共存、外来羊肉消费需求和牧户羊肉渠道消费共存。研究发现，西藏居民羊肉消费具有较强的民族情怀，藏族同胞销售羊肉易得到居民认同。同时，在羊肉消费安全隐患上，绝大多数被调查者表示隐患较少。

（2）牧户肉羊市场供给不足

西藏和平解放后，西藏牲畜存栏数有了显著提高，并在长期处于较高水平。由于草原奖补政策约束牧户肉羊养殖规模，牧户兼业化收入比重提高以及虫草采集收益的提高等原因，从 2004 年开始，肉羊的存栏量开始下滑，尽管肉羊养殖数量的减少减缓了超载过牧造成的草原退化，但是肉羊存栏数量的下降势必会影响居民羊肉消费的数量，进而影响西藏居民日益增长的美好生活需要，因而，提高出栏率成为提高羊肉供给的重要方面。但是西藏肉羊出栏率并不高，这与西藏高原自然环境恶劣、牧户传统养殖模式有关。

（3）牧户销售渠道不畅，肉羊商品化经营程度不足，养销分离是根本原因

调查发现牧户已经认识到了非正式市场的不足，对规范的交易市场有较大的期待。在销售渠道方面，牧户肉羊及羊肉附属品的销售渠道并不畅通，具体表现在接近 50% 的村民销售渠道为农村，在城镇销售的比例偏低。同时，接近 40% 的牧区没有肉羊及其附属品收购商。实证研究表明，牧户到农贸市场的距离对牧户肉羊商品化经营行为存在显著的负向影响，村内居民肉羊销售、羔羊购买行为以及参与合作社对牧户肉羊商品化经营行为存在显著的正向影响。通过分析这些牧户肉羊商品化经营行为的影响因素，我们认为，牧户肉羊商品化经营程度较低的原因在于"养殖"与"销售"的相互分离，使得牧户注重牲畜数量的风险规避养殖模式，也促成了牧户缺乏市场理念的养殖行为，致使"养殖脱离了市场，市场难以刺激养殖"。

8.2 政策建议

通过对西藏草原肉羊产业可持续发展综合评估以及牧户草原生态环境、养殖技术采用、肉羊商品化经营行为分析，得出有重要参考价值的研究结论，据此提

出以下几点政策建议。

8.2.1 加强草原生态环境治理与监督，增强牧户草原生态环境危机意识，强化草原生态环境状况与政策宣传，引导牧户参与环境保护

（1）加强草原生态环境治理与监督

为了对草原有毒植物进行全方位监测与有效防控，西藏需要在农牧部门建立草原防控机构，配备专门人员和监控资金，并和西藏自治区农牧科学院或西藏以外有毒植物研究单位进行合作，建立多方合作、共同发力的防控人员体系，从各方面进行整体掌控和区域防治，促进草原生态向可持续方向发展。有毒植物防控主要有人工机械清除和生物防治，西藏高原生态较为脆弱，有毒植物的人工机械对草原植被破坏很大，不能大面积展开，而药物防治尽管能够起到一定的控制作用，但对草原上其他生物存在误伤的可能，因而在药物防治时需要加强专有药剂研发，针对不同有毒植物进行定向清除。同时加强生物防控技术的研发，这方面已有类似成功案例。我国已经出台了《中华人民共和国草原法》《中华人民共和国水土保持法》《中华人民共和国土地管理法》等法律法规，西藏自治区也依据国家法律法规制定了相关政策，但在法律法规执行中仍较为薄弱，尤其是监管方面力度不强。这是因为西藏草原地域广阔、牧户居住较为分散，草原监督部门除草原监督外还有很多事情要做，人力难以满足监督要求。因而需要对执法人员进行扩充，并加强考核。在西藏牧区，较为可行的方法是将部分牧户纳入草原监督体系，加强牧户间的监督作用，贯彻执行草原相关法律。草原荒漠化治理一直是西藏草业研究者重视的课题，也是西藏各级政府关注的对象。近20多年来，西藏草原荒漠化治理有了一些成绩，但尚未进行大范围推广。在后续的草原植被恢复中需要加强草原恢复类项目的投入，引导草业类专家结合西藏高寒草原实际，针对不同地区、不同海拔的草原进行深入研究。同时，以农牧部门为依托，加强科研项目的推广工作，提高科研成果的实际效用。为了有效治理西藏草原鼠害，政府部门需要增设专门机构，或者专门配备专业人员对鼠害防控进行总体统筹，加大鼠害防控力度。对于高原鼠害而言，最直接的办法仍是药剂，但在进行药剂灭鼠时，为了防止鼠类的抗药性和对其他食肉动物的间接伤害，需要加大对鼠类药剂的研制与开发。因而，相关政府机构可以委托科研部门，或者通过药剂引进的方式改善现有药剂的品种与性能。

（2）加强生态环境现状与环境政策宣传

在西藏后续草原奖补政策实施中，应当明确将政策宣传作为宣传部门的核心工作，摆脱牧户拿到了补贴但不知道是什么补贴的尴尬局面。在政策宣传中，不

仅需要对补贴标准进行宣传，还需要对国家草原奖补政策出台初衷、草原变化趋势等进行宣传，消除牧户获得奖补资金的或然性，使得牧户在获得奖补资金的同时增强自我生态环境保护的积极性。在草原奖补政策宣传的同时，需要加强牧户对肉羊养殖规模和草原政策执法的监督。调查发现，一些牧户在获得政府草原奖补政策资金的同时，并没有控制家庭肉羊的养殖规模，甚至有扩大养殖规模的可能，这不仅不利于草原奖补政策的落实，更不利于草原生态环境的保护，不仅会对牧户承包的草场带来压力，还会对周边公用草场增加负担，甚至会对附近村民造成不良影响，影响了草原奖补政策落实的基础环境。

（3）强化牧户草原生态环境危机意识，提高牧户草原生态环境保护参与度

牧户草原生态环境不强和认识不够是草原生态环境恶化难以遏制的主要原因，这与西藏牧区长期与外界联系较少、牧户对草原的认知往往以自家草原或者自家长期放牧的草原为主要感观对象有关。在草原逐步退化的进程中，一些老牧民对此有较为明显感知，但新生代牧民感知较为模糊。因而需要加强对牧户草原生态保护宣传，通过宣传片、宣传手册、宣传视频等手段对比草原整体变化情况，并通过老一代牧户的访谈、描述等手段提高牧户生态意识，使牧户自觉约束家庭牲畜养殖规模、保护草原生态环境。考虑到西藏草原面积较为广阔，且具有较强的零碎化和特殊化性质，而西藏农牧部门人员相对偏少，单靠行政人员难以完成对草原生态环境的防控，因而需要吸纳牧户参与其中。牧户分布较为分散，且有一定的组织性。通过设计有效的牧户参与机制和激励措施，来鼓励牧户积极参与。加强草原生态环境知识的普及与宣传，提高牧户对草原生态环境的认知程度，从而促进牧户自主参与草原生态环境防控的队伍。草原生态环境恶化的根本原因是由牧户牲畜养殖规模的增加造成的对草原优质牧草的过度啃食和践踏，因而要改善草原生态环境，需要进一步控制牲畜养殖规模。在现行的草原奖补政策中，国家通过草原补助与牲畜补助对牧户养殖规模进行了补贴，同时限制了牧户养殖规模。但由于牧户生计条件提高的激励，牧户养殖规模超出政府规定的数量，为解决这一矛盾，需要进一步完善草原奖补政策，提高奖补标准，同时加强牧户监督，控制牧户牲畜养殖规模，以促进草原生态可持续发展。

8.2.2 加强西藏牧区肉羊养殖技术推广，强化养殖技术认知，提高牧户肉羊养殖技术接触面

（1）以副产品粗加工技术为切入点，加强西藏牧区肉羊养殖技术推广

西藏肉羊养殖以家庭传统养殖模式为主，从事人口多，边际效益低，具有明显的"内卷化"特征。由于西藏宗教信仰氛围浓厚，牲畜"惜杀惜售"现象明显，养殖技术推广受到一定限制。羊毛（羊绒）作为牲畜的副产品，加工与销

售不属"杀生"范畴，牧户技术需求偏高，易于推广。

（2）加强肉羊养殖技术宣传与培训，强化养殖技术认知

养殖技术培训是提高技术需求的有效途径。考虑到西藏牧区地广人稀、交通不便、技术传播受到限制，牧户无从比较新技术与传统技术的优劣，导致了技术需求偏低。因而，地方政府需要依托职业院校、科研机构进行宣传与培训，强化牧户对新技术的认知，为肉羊产业可持续发展提供不竭动力。

（3）加强牧区肉羊养殖技术培训频次，扩大牧户接触新养殖技术的接触面

养殖技术培训是提高牧户肉羊养殖技术采用频次的主要手段。但是，西藏牧户联系不如农户紧密，肉羊养殖以传统游牧为主，加上西藏畜牧类研究机构、科研院所相对较少，养殖技术研发相对迟缓。因而，地方政府需要加强与西藏自治区以外的肉羊养殖类科研机构、科研院所、养殖大户的交流，获取适合西藏牧户肉羊养殖相关技术，并向牧户进行传播。在技术传播过程中，需要加大人员投入以弥补西藏地广人稀的影响，提高牧户肉羊养殖技术的接触面与培训频次，增强技术对肉羊产业可持续发展的推动力。

8.2.3 加强基地建设，树立羊肉品牌，转变牧户观念，加强农牧市场建设，丰富销售渠道，加强牧户与市场的联系

（1）加强基地建设，树立羊肉品牌，加强市场监督，加大品牌宣传

城镇羊肉消费是肉羊产业发展的助推剂，西藏草原面积广阔，有丰富的牧草资源，但牧户与城镇市场对接程度不高，影响了肉羊产业的出栏率。针对城镇市场居民羊肉消费状况，以城镇拉动草原肉羊产业可从以下几个方面入手。一是加强羊肉物流建设，建立临时饲养基地。由于城镇居民对新鲜羊肉有较强的偏好，因而保证羊肉供给新鲜尤为重要。考虑到运输的不便性，可以在拉萨等城镇周边建立肉羊临时饲养基地，将大批量运到城镇的肉羊进行临时饲养，再根据羊肉市场消费需求，不断提供新鲜羊肉。二是塑造当地品牌。鉴于居民羊肉消费对西藏本地羊肉有较好的偏好，对藏族销售者有亲近感，因而在羊肉销售中应注重羊肉来源的宣传，树立当地羊肉产地特色，引导居民消费。同时辅助藏族肉类销售商，培训销售技巧，提高销售能力，以提高城镇居民对羊肉销售商的亲近感和信任感，进而提高羊肉销售量。三是加强羊肉监管，完善监督标志。政府监管是提高羊肉市场食品安全的保证，在加强肉羊屠宰环节的同时，需要增加官方检验标志，或者通过二维码等形式建立羊肉的可追溯体系，减少居民羊肉消费顾虑。四是加大羊肉品牌宣传。宣传是推进肉羊销售的重要途径，在现阶段，西藏自治区内外居民对羊肉品牌认知度不高，对羊肉店铺的忠诚度不够，在提高羊肉品质与特色的同时，加强宣传尤为重要。可借助媒体、网络、广告牌等形式，加强羊肉

品牌宣传,将西藏羊肉特色向广大居民进行传播,以达到促进西藏肉羊产业发展的目的。

(2) 转变牧户观念,加强农牧市场建设,推进"村村通"工程,建立肉羊合作社

西藏牧区具有较强的羊肉市场供应能力,但现阶段核心问题是牧户肉羊出栏率低,造成这一现象的原因很多,如宗教信仰约束、传统饲养模式制约、市场发育不完全、西藏地域广阔形成的交通不便、牧户参与度不高等。因而在羊肉供给方面促进产业可持续发展,可以从以下几点入手。一是以市场为依托,转变牧户肉羊饲养观念,提高出栏率。借助城镇化推进、新农村建设等背景,从市场经济出发,提高牧户收入,转变牧户肉羊养殖观念,提高出栏率。二是加强农贸市场建设,规范市场运行。在牧户间肉羊交易中,交易不规范会出现各种问题,同时也制约了肉羊交易的范围。但现阶段西藏市场较少,距离牧区较远,不利于牧户参与。因而以牧户生活集中地为依托,建立定期与非定期市场交流活动,加强牧户与市场的联系,在提高牧户参与的同时也能提高肉羊出栏率。三是进一步加大牧区村村通工程,加强牧户间交流的便利性,拓展牧户交际圈范围,也能影响牧户饲养模式的转变。四是建立肉羊专业合作社,规范牧户肉羊养殖模式,提高肉羊养殖销量,减少肉羊掉膘现象,同时建立合作社与外界的合作关系,以"牧户+合作社+市场"模式提高单只肉羊利润,刺激牧户提高养殖销量。五是进一步推进城镇化,将偏远牧区纳入城镇辐射范围之内,以城镇市场经济氛围影响牧户的养殖观念,促进牧户改变"惜杀惜售"理念,提高肉羊出栏率。

(3) 丰富销售渠道,加强牧户与外界的交流,优化养殖模式

销售渠道太少制约了西藏牧户肉羊出栏率。西藏地处偏远,很多牧户表示村内没有收购肉羊的,牧户肉羊以自家食用为主,羊的附属品也主要是家庭编制一些羊毛制品,这大大制约了牧户肉羊销售的积极性。鉴于西藏地区广阔,农贸市场不完善,以肉羊收购商为基础的肉羊购买能够有效促进牧户肉羊商品化经营。因而,对于城镇羊肉销售商而言,从牧户收购也能保证货源充足,但考虑到运输成本较高,在牧户和羊肉销售商之间可通过政府角度建立连接渠道,加大流通渠道补贴,减少收购商财务压力,也能提高肉羊出栏率,同时也降低了羊肉价格,有利于产业的可持续发展。另外,牧户肉羊出栏率低的另一个因素是牧户力量单一,缺乏与外界的交流,同时在肉羊育肥和出栏标准上缺乏较好的参考,西藏政府现在推广的农业专业化能够解决这一难题。通过建立肉羊养殖合作社加强牧户间的联系,同时能够加强牧户间养殖经验的交流,在圈舍设计、放牧时间、补饲育肥等各方面能够互相促进。同时由于牧户形成了一个统一的整体,在对外交流中能够与城镇超市、大型农贸市场及相关羊肉经营机构等进行有效对接,提高肉

羊及附属品的收购价格，在提高牧户收入的同时也推进了肉羊产业的可持续发展。

8.2.4 进一步优化奖补政策，规范草原流转流程，拓展牧户专业合作社覆盖面，加强非正式制度引导

（1）进一步提高和扩大草原奖补标准和范围

考虑到草原生态奖补政策执行给牧户所带来的经济损失和牧户的长远生计，补贴标准和补贴范围都有提高和扩大的必要。西藏草原生态奖补政策基本实现了全覆盖，但补贴标准偏低，在补贴层面弥补牧户肉羊数量控制的作用不大。在补贴范围方面，除现有肉羊补贴、草场补贴外，可将肉羊销售补贴、养殖技术采用补贴相结合，形成以补促销、以补促技术革新的模式，从各方面促进牧户肉羊养殖行为优化。在补贴标准方面，可依据当地经济发展水平、海拔高度等因素，在国家奖补政策标准上适当增加地方奖补配套，提高牧户奖补资金获得额度。另外，在奖补资金发放中，简化资金发放程序，缩短发放时间，明确奖补资金发放标准，提高牧户奖补资金获得的认知程度，在一定程度上能够提高牧户对奖补政策的认知程度，强化奖补资金作用的提升。

（2）规范草原流转流程，促进草原向养殖大户集中

相关研究表明，草原牲畜超载主要以小规模牧户为主。小规模牧户的典型特征是草原人均面积少但牲畜养殖数量偏多，再加上西藏草原畜牧业以散养为主，圈养比例较低，小规模养殖牧户饲料投入不高。牧户通过草地流转、适度规模养殖也能提高补饲比例，也通过推广牲畜养殖技术来减轻草原压力。

（3）拓展牧户专业合作社覆盖面，规范专业合作社管理

作为经济互助组织，牧户合作社不仅承担着牧业生产经营有关技术与信息共享职能，更是畜牧业政策传递的渠道。合作社通过技术共享与信息互动拓展了牧户传统养殖的技术外延与市场外延，通过政策传导使得牧户对国家政策更为了解。因而合作社覆盖面的扩大与规范经营不仅能提高牧户养殖效率，还可以加大牧户的草原政策认知，降低肆意扩大养殖规模比例。

（4）加强非正式制度引导，弥补正式制度不足

在西藏牧户养殖规模控制中，以草原奖补政策为核心的正式制度需要与牧户实际相结合。宗教信仰氛围浓厚是牧户最大的实际，宗教信仰不仅是牧户的精神依托，甚至还是牧户决策的"行为指南"。因而从草原保护角度对西藏宗教中的教条、教义进行重新解释，通过非官方渠道进行传播，能够在一定程度上约束牧户扩大养殖规模的行为，保证奖补政策实施效果。

8.3 不足与展望

本书以西藏为研究区域,以牧户养殖行为为研究重点,基于肉羊产业可持续发展构建了牧户养殖行为分析框架。在分析西藏草原肉羊产业发展特征、总结面临问题的基础上,从牧户行为层面对西藏肉羊产业可持续发展进行了综合评估,并从草原生态环境保护、养殖技术采用和牧户肉羊商品化经营3个角度阐述了牧户养殖行为对产业可持续发展的影响。以此为基础,利用调查数据分析了牧户对草原生态环境保护意愿与行为、养殖技术采用需求与行为以及牧户肉羊商品化经营现状与行为,得出了对西藏肉羊产业可持续发展较为可靠的结论,提出了有针对性的政策建议。但是,由于资料的可获得性、调查时间的限制、统计资料的缺失等原因,在分析具体问题时只能从一个侧面进行讨论。另外,由于西藏地域广阔,调查费时、费力、费资金,调查时间的限制使得本研究难以收集更为广泛的数据,调查路途的限制要求调查要用更多的调查员,尤其是调查资金的限制,每次调查只能优选若干个重点调查区域,这使得调查收集的资料不够全面。同时,由于本书的调查数据是依据不同调查主题在不同时间进行的调查,调查数据以截面数据为主,因而在分析中缺乏数据的连续性,使得研究中意愿分析和行为分析中难以分析一致性或背离性。最后,由于西藏远离内地,西藏肉羊养殖的专家相对较少,而西藏外专家对西藏肉羊产业了解程度不够,因而在专家咨询中获得的信息不够全面、系统,这也使得研究专题稍显片面。不过,随着本研究的推进,已经从一个侧面对西藏肉羊产业发展进行了相对系统分析,也收集到较多的一手资料,为西藏肉羊产业相关研究的推进打下了一定基础,为本研究进一步对西藏肉羊产业和其他牲畜产业可持续发展研究的理论与实证分析有较好的借鉴。后续将以牧户为重点研究对象,以牧户经济行为为研究内容,进一步分析牧户经济行为对肉羊产业可持续发展的影响。

参考文献

（俄）A. 恰亚诺夫，1996. 农民经济组织[M]. 萧正洪，译. 北京：中央编译出版社.

敖仁其，2003. 草原产权制度变迁与创新[J]. 内蒙古社会科学（汉文版）（4）：116-120.

敖仁其，2014. 对合作放牧制度的实证与理论思考[J]. 内蒙古社会科学（汉文版）（6）：188-191.

巴旦卓玛，措姆，洛桑卓玛，等，2013. 那曲中西部大风特征分析[J]. 西藏科技（3）：64-65.

蔡键，唐忠，2013. 要素流动、农户资源禀赋与农业技术采纳：文献回顾与理论解释[J]. 江西财经大学学报（4）：68-77.

蔡宁，郭斌，1996. 从环境资源稀缺性到可持续发展：西方环境经济理论的发展变迁[J]. 经济科学（6）：59-66.

陈海燕，2013. 农牧户对草原生态保护补奖政策的评价与期望——基于内蒙古等6省区绒毛用羊养殖户问卷调查数据的分析[J]. 农业经济与管理（5）：73-81.

陈海燕，肖海峰，2013. 牧户对草原生态保护政策的评价与期望——基于可持续发展背景下的考察[J]. 现代经济探讨（8）：42-46.

陈琼，2010. 城乡居民肉类消费研究[D]. 北京：中国农业科学院.

陈秋红，2010. 草原生态敏感地区牧户畜牧业生产经营行为及影响因素分析[J]. 农业技术经济（11）：65-75.

陈永福，2004. 中国食物供求与预测[M]. 北京：中国农业出版社.

陈佐忠，汪诗平，2006. 关于建立草原生态补偿机制的探讨[J]. 草地学报（1）：1-3.

程金花，王海涛，朱慈根，等，2015. 江苏省养猪业科技需求现状分析与对策研究[J]. 江苏农业学报，31（5）：1 184-1 190.

程名望，黄甜甜，刘雅娟，2015. 农村劳动力外流对粮食生产的影响：来自中国的证据[J]. 中国农村观察（6）：15-21，46，94.

参考文献

程支中,2009. 中国畜牧业产业化经营问题研究[D]. 成都：西南财经大学.

崔亚楠,李少伟,余成群,等,2017. 西藏天然草原生态保护补助奖励政策对农牧民家庭收入的影响[J]. 草业学报（3）：22-32.

戴胡萱,2016. 基于社区感知的三江湿地保护区生态系统保护意愿研究[D]. 哈尔滨：东北林业大学.

戴其文,2010. 生态补偿对象的空间选择研究——以甘南藏族自治州草地生态系统的水源涵养服务为例[J]. 自然资源学报（3）：415-425.

戴维·思罗斯比,潘飞,2004. 什么是文化资本？[J]. 马克思主义与现实（1）：50-55.

德吉央宗,占堆,2016. 西藏草场制度研究——以制度经济学的视角[J]. 西藏大学学报（社会科学版）,31（4）：141-148.

丁丽娜,2014. 中国羊肉市场供求现状及未来趋势研究[D]. 北京：中国农业大学.

丁丽娜,肖海峰,2013. 我国城乡居民羊肉消费现状及前景分析——基于山东、内蒙古等16个省市城乡居民羊肉消费调研数据[J]. 价格理论与实践（9）：90-91.

丁丽娜,肖海峰,2014. 我国羊肉供求的影响因素及未来趋势——基于局部均衡模型的分析与预测[J]. 农业技术经济（9）：22-31.

董谦,2015. 中国羊肉品牌化及其效应研究[D]. 北京：中国农业大学.

杜靖,2009. 产业发展理论探析[J]. 山西财经大学学报（S2）：59-60.

杜三强,2019. 牧民收入与草原生态补偿政策满意度研究[D]. 兰州：兰州大学.

段英杰,何政伟,诸丽娟,等,2012. 基于MODIS的西藏荒漠化动态监测研究[J]. 广西大学学报（自然科学版）(2)：312-316.

范垄基,2015. 蔬菜产业发展框架下的农户行为研究[D]. 北京：中国农业大学.

范远江,2008. 西藏草场制度变迁的实证分析[J]. 华东经济管理（7）：35-39.

丰军辉,何可,张俊飚,2014. 家庭禀赋约束下农户作物秸秆能源化需求实证分析——湖北省的经验数据[J]. 资源科学（3）：530-537.

冯逃,李冬梅,高蜀晋,2013. 农业产业形成及可持续发展的实证分析——基于一个村庄的实践案例[J]. 农业经济问题,34（7）：56-61.

盖美,钟利达,柯丽娜,2018. 中国海洋资源环境经济系统承载力及协调性的时空演变[J]. 生态学报 (22): 7 921-7 932.

盖庆恩, 朱喜, 史清华, 2014. 劳动力转移对中国农业生产的影响[J]. 经济学 (季刊) (3): 1 147-1 170.

高雷, 张陆彪, 2012. 草地产权制度变革与草地退化关联性分析——基于对新疆传统牧区的调查[J]. 武汉科技大学学报 (社会科学版) (6): 618-621.

高鹏, 刘燕妮, 2012. 我国农业可持续发展水平的聚类评价——基于2000—2009年省域面板数据的实证分析[J]. 经济学家 (3): 59-65.

高珊, 黄贤金, 2010. 基于PSR框架的1953—2008年中国生态建设成效评价[J]. 自然资源学报, 25 (2): 341-350.

高源汉, 1985. 云南绵羊[J]. 中国养羊 (2): 8-12.

葛鹏飞, 吕萍, 2015. 草原畜牧业产业链国内外研究综述[J]. 黑龙江畜牧兽医 (21): 139-142.

耿宁, 李秉龙, 2013. 中国肉羊生产技术效率的影响因素及其区域差异分析——基于随机前沿分析方法[J]. 技术经济 (12): 25-32.

耿仲钟, 肖海峰, 2016. 中国羊肉价格上涨的经济效应研究[J]. 北京航空航天大学学报 (社会科学版) (2): 77-82.

龚大鑫, 金文杰, 窦学诚, 等, 2012. 牧户对退牧还草工程的行为响应及其影响因素研究——以高寒牧区玛曲县为例[J]. 中国沙漠, 32 (4): 1 169-1 175.

巩芳, 2015. 草原生态四元补偿主体模型的构建与演进研究[J]. 干旱区资源与环境 (2): 21-26.

巩芳, 长青, 王芳, 等, 2011. 内蒙古草原生态补偿标准的实证研究[J]. 干旱区资源与环境 (12): 151-155.

巩芳, 常青, 2010. 复合型多层次草原生态补偿机制研究[J]. 内蒙古社会科学 (汉文版) (6): 96-100.

巩芳, 王芳, 长青, 等, 2011. 内蒙古草原生态补偿意愿的实证研究[J]. 经济地理 (1): 44-148.

郝翠, 李洪远, 孟伟庆, 2010. 国内外可持续发展评价方法对比分析[J]. 中国人口·资源与环境, 20 (1): 161-166.

郝海广, 李秀彬, 田玉军, 等, 2010. 农牧交错区农户耕地流转及其影响因素分析[J]. 农业工程学报 (8): 302-307.

何晨曦, 白爽, 赵霞, 2015. 内蒙古地区草畜平衡奖励政策满意度及影响因素的实证研究[J]. 中国草地学报 (2): 1-6.

何欣, 2013. 制度视域下的草地资源利用和管理研究[D]. 呼和浩特：内蒙古大学.

何咏琪, 黄晓东, 侯秀敏, 等, 2013. 基于3S技术的草原鼠害监测方法研究[J]. 草业学报 (3)：33-40.

贺雪峰, 2009. 村治模式：若干案例研究[M]. 济南：山东人民出版社.

侯建昀, 霍学喜, 2017. 信息化能促进农户的市场参与吗？——来自中国苹果主产区的微观证据[J]. 财经研究 (1)：134-144.

侯学煜, 1982. 中国植被地理及优势植物化学成分[M]. 北京：科学出版社.

胡芳肖, 张美丽, 李蒙娜, 2014. 新型农村社会养老保险制度满意度影响因素实证[J]. 公共管理学报 (11)：95-104, 143.

胡敬斌, 2011. 民族地区可持续发展的内在机理：一个制度经济学的分析视角[J]. 贵州民族研究 (6)：47-54.

胡伶, 2008. 教育政策评估标准体系的架构研究[J]. 教育理论与实践 (34)：20-24.

胡勇, 2009. 亟须建立和完善草原生态补偿机制[J]. 宏观经济管理 (6)：40-42.

胡振通, 柳荻, 靳乐山, 2016. 草原生态补偿：生态绩效、收入影响和政策满意度[J]. 中国人口·资源与环境 (1)：165-176.

黄世华, 曹素珍, 曹建军, 2008. 玛曲草地生态补偿机制和补偿资金初探[J]. 草原与草坪 (5)：73-76.

黄涛, 李维薇, 张英俊, 2010. 草原生态保护与牧民持续增收之辩[J]. 草业科学 (9)：1-4.

黄宗智, 1986. 华北的小农经济与社会变迁[M]. 北京：中华书局.

姜安印, 曹颖, 陈云霞, 2018. 我国羊肉市场价格周期性波动及价格预测研究[J]. 当代畜牧 (27)：1-6.

姜法竹, 于海龙, 2005. 黑龙江省发展肉羊与肉牛产业的比较与讨论[J]. 农业技术经济 (4)：77-80.

金樑, 孙莉, 崔慧君, 等, 2014. 青藏高原东缘高寒草原有毒植物分布与高原鼠兔、高原鼢鼠的相关性[J]. 生态学报 (9)：2 208-2 215.

靳乐山, 胡振通, 2014. 草原生态补偿政策与牧民的可能选择[J]. 改革 (11)：100-107.

李秉龙, 李金亚, 2014. 中国草原肉羊产业可持续发展的政策研究[M]. 北京：中国农业科学技术出版社.

李秉龙,尚旭东,2013. 中国农产品地理标志运行机制研究——以四川简阳羊肉为例[M]. 北京:中国农业科学技术出版社.

李秉龙,夏晓平,2011. 中国肉羊产业发展动力机制研究[M]. 北京:中国农业科学技术出版社.

李秉龙,薛建良,2012. 中国草原肉羊生产可持续发展研究[M]. 北京:中国农业科学技术出版社.

李秉龙,叶云,2016. 基于市场导向的肉羊产业链优化分析[J]. 现代畜牧兽医(9):47-54.

李博,1999. 生态学[M]. 北京:高等教育出版社.

李德,2010. 农村社区"非精英"权力运作的实践逻辑[J]. 南京社会科学(10):94-100.

李国祥,2014. 2020年中国粮食生产能力及其国家粮食安全保障程度分析[J]. 中国农村经济(5):4-12.

李红涛,付少平,2008. "理性小农"抑或"道义经济":观点评述与新的解释[J]. 社科纵横(5):39-41.

李惠梅,张安录,杨欣,等,2013. 牧户响应三江源草地退化管理的行为选择机制研究——基于多分类的Logistic模型[J]. 资源科学(7):1 510-1 519.

李嘉祺,张华,孙建明,2018. 羊肉价格波动分析和预测[J]. 中国畜牧杂志,54(11):133-139.

李建平,罗其友,2002. 我国畜产品比较优势和国际竞争力的实证分析[J]. 管理世界(1):83-92.

李金亚,2014. 中国草原肉羊产业可持续发展政策研究[D]. 北京:中国农业大学.

李金亚,薛建良,尚旭东,等,2014. 草畜平衡补偿政策的受偿主体差异性探析——不同规模牧户草畜平衡差异的理论分析和实证检验[J]. 中国人口·资源与环境(11):89-95.

李先东,李录堂,2019. 社会保障、社会信任与牧民草场生态保护[J]. 西北农林科技大学学报(社会科学版),19(3):132-141.

李祥妹,彭元柳,岳洁,2019. 旅游产业发展背景下高寒牧区退化草地生态治理途径[J]. 草业科学,36(5):1 435-1 444.

李晓华,吕铁,2012. 国外产业发展研究前沿综述[J]. 社会科学管理与评论(2):66-84.

李颖明,2006. 国内外农业可持续发展评价理论、方法与应用[J]. 林业经济（1）：67-72.

李玉新，魏同洋，靳乐山，2014. 牧民对草原生态补偿政策评价及其影响因素研究——以内蒙古四子王旗为例[J]. 资源科学（11）：2 442-2 450.

李云龙，周宇庭，张宪洲，等，2013. 羌塘牧民对"退牧还草"工程的认知与响应[J]. 草业科学（5）：788-794.

梁永佳，2015. 中国农村宗教复兴与"宗教"的中国命运[J]. 社会（1）：161-183.

廖祖君，2009. 要素价格变化、技术进步与草地产权制度变迁[J]. 农业经济问题（4）：64-69.

刘成奎，2012. 新农村建设中农民满意度分析——基于湖北省的经验数据[J]. 中南财经政法大学学报（6）：3-7.

刘春雷，王金满，白中科，等，2011. 干旱区草原露天煤矿土地复垦技术分析[J]. 金属矿山（5）：154-157.

刘健，2004. 可持续发展指标系统的构建[J]. 财经科学（5）：117-120.

刘军弟，霍学喜，黄玉祥，等，2012. 基于农户受偿意愿的节水灌溉补贴标准研究[J]. 农业技术经济（11）：29-40.

刘茹，2011. 民勤肉羊产业可持续发展的影响因素分析[D]. 兰州：甘肃农业大学.

刘思华，1997. 对可持续发展经济的理论思考[J]. 经济研究（3）：46-54.

刘祥琪，陈钊，赵阳，2012. 程序公正先于货币补偿：农民征地满意度的决定[J]. 管理世界（2）：44-51，187-188.

刘晓学，冯柯，严杜建，等，2015. 西藏天然草原有毒植物危害与防控技术研究进展[J]. 中国草地学报（3）：104-110.

刘晓昀，李娜，2007. 贫困地区农户散养生猪的销售行为分析[J]. 中国农村经济（9）：60-65.

刘兴元，2011. 藏北高寒草地生态系统服务功能及其价值评估与生态补偿机制研究[D]. 兰州：兰州大学.

刘兴元，巩建锋，牟月亭，2012. 青藏高原草地生态补偿博弈分析[J]. 中国草地学报（4）：1-7.

刘雪芬，2013. 基于农户行为的水禽产业竞争力提升问题研究[D]. 武汉：华中农业大学.

刘炎周，王芳，郭艳，等，2016. 农民分化、代际差异与农房抵押贷款接受度[J]. 中国农村经济（9）：16-29.

刘玉凤，王明利，石自忠，等，2014. 我国肉羊生产技术效率及科技进步贡献分析[J]. 中国农业科技导报（3）：156-161.

刘玉满，2008. 我国肉羊业发展应深入产业化经营面向产业化转变[J]. 农村养殖技术（4）：4-6.

娄秀伟，覃宗泉，雷会义，2012. 安顺市肉羊产业发展现状与对策[J]. 草业科学（8）：1 329-1 332.

卢福营，2009. 村民自治发展面临的矛盾与问题[J]. 天津社会科学（6）：62-67.

罗绒战堆，2009. 藏族地区"惜杀惜售"问题的研究[J]. 西南民族大学学报（人文社科版）（11）：13-17.

罗万纯，2011. 中国农村政策效果评价及影响因素分析——基于村干部视角[J]. 中国农村经济（1）：15-26.

罗万纯，陈怡然，2015. 农村公共物品供给：研究综述[J]. 中国农村观察（6）：84-91.

马崇勇，张卓然，单艳敏，等，2017. 内蒙古草原鼠害及其绿色防控技术应用现状[J]. 中国草地学报（5）：108-115.

马桂英，2006. 内蒙古草原生态恶化的制度因素与制度创新[J]. 兰州学刊（9）：182-184.

马向平，龙朝双，2004. 我国农民参与民主自治的政治文化调查研究[J]. 广西社会科学（11）：153-156.

马歇尔，1981. 经济学原理：上卷[M]. 北京：商务印书馆.

迈克尔. 波特著，李明轩、邱如美译，2002. 国家竞争优势[M]. 北京：华夏出版社.

孟祥海，2014. 中国畜牧业环境污染防治问题研究[D]. 武汉：华中农业大学.

苗红萍，朱美玲，2010. 影响新疆牧民生产行为目标偏好因素的实证分析——以新疆阿勒泰地区富蕴县为例[J]. 新疆农业科学（11）：2 313-2 318.

苗红萍，朱美玲，关全力，2013. 新疆传统牧区牧民生产行为目标偏好的实证分析[J]. 干旱区资源与环境（4）：24-29.

穆贤清，黄祖辉，张小蒂，2004. 国外环境经济理论研究综述[J]. 国外社会科学（2）：29-37.

聂博，马宁，朱厚强，等，2014. 我国西部地区农户保持退耕还林成果意愿影响因素分析[J]. 林业经济（4）：72-76.

聂学敏，李志强，2013. 三江源区生态移民实施现状及绩效分析[J]. 江西农业学报，25（8）：120-122，126.

潘佳, 2015. 草原生态补偿关系的主体及其权利义务内涵——基于甘肃省天祝县草原补奖政策的分析[J]. 哈尔滨工业大学学报（社会科学版）（4）: 37-44.

潘家华, 1999. 可持续发展的系统机理分析[J]. 中共成都市委党校学报（综合性思想理论）（2）: 13-16.

潘家华, 2002. 人文发展分析的概念构架与经验数据——以对碳排放空间的需求为例[J]. 中国社会科学（6）: 15-25, 204.

皮埃尔·布迪厄, 华康德, 1998. 实践与反思——反思社会学导引[M]. 李猛, 李康, 译. 北京: 中央编译出版社.

蒲勇健, 1997. 可持续发展经济增长方式的数量刻画与指数构造[M]. 重庆: 重庆大学出版社.

秦军, 2011. 影响农户选择农药使用技术的因素分析[J]. 河南农业科学（4）: 6-9.

阮荣平, 郑风田, 刘力, 2011. 中国当前农村公共文化设施供给: 问题识别及原因分析——基于河南嵩县的实证调查[J]. 当代经济科学（1）: 47-55.

尚华, 2012. 牧户行为对草地退化的影响分析[D]. 南京: 南京农业大学.

佘永新, 纪素玲, 田发益, 1997. 西藏天然草地主要有毒植物及其防除[J]. 草业科学（2）: 32-33.

沈满洪, 何灵巧, 2002. 外部性的分类及外部性理论的演化[J]. 浙江大学学报（人文社会科学版）（1）: 152-160.

石国庆, 任航行, 柳楠, 2007. 欧洲肉羊生产及国内发展现状[J]. 新疆农垦科技（1）: 57-59.

石晶, 肖海峰, 2014. 养殖户畜牧养殖技术需求及其影响因素研究——基于绒毛用羊养殖户问卷调查数据的分析[J]. 农村经济（3）: 56-60.

石志恒, 晋荣荣, 穆宏杰, 2018. 信息传播培养理论视域下的农户亲环境行为研究——对甘肃省19个县（区）542农户的调研分析[J]. 西部论坛（2）: 17-25, 49.

史清华, 张改清, 2003. 试行"费改税"后农民负担问题研究——以山西省农村203个农户的调查为例[J]. 农业经济问题（8）: 8-14, 79.

舒尔茨, 梁小民译, 2003. 改造传统农业[M]. 北京: 商务印书馆.

宋金田, 祁春节, 2013. 农户农业技术需求影响因素分析——基于契约视角[J]. 中国农村观察（6）: 52-59.

宋丽弘, 2015. 我国草原资源使用权流转制度探析[J]. 中国草地学报（4）:

1-6.

宋丽弘,唐孝辉,2012.我国草原生态补偿制度探析[J].理论与现代化(2):60-64.

隋雪,董雪艳,2014.山东省肉羊养殖成本收益分析[J].山东农业大学学报(社会科学版)(4):39-44.

孙俊峰,2010.现代养羊新技术[M].天津:天津大学出版社.

孙前路,李秉龙,孙自保,2018.环境认知与家庭禀赋差异对肉羊养殖规模的影响——基于西藏牧区885户肉羊养殖户的调查[J].中国畜牧杂志(4):137-142.

孙前路,刘天平,乔娟,等,2019.牧民牲畜养殖:市场参与困境、内在原因与破解途径——基于西藏牧区DJ村的田野调查[J].西藏大学学报(社会科学版)(1):159-166.

孙前路,乔娟,李秉龙,2018.干部工作效率与程序公平对牧民草原奖补政策满意度的影响——以西藏肉羊养殖户为例[J].农业现代化研究(2):284-292.

孙前路,乔娟,李秉龙,2018.家庭资本禀赋与劳动力外流对牧民养殖技术需求的影响——基于西藏885户肉羊养殖户的入户调查[J].中国农业大学学报(5):178-190.

孙前路,乔娟,李秉龙,2018.生态可持续发展背景下牧民养殖行为选择研究——基于生计资本与兼业化的视角[J].经济问题(11):84-91.

孙筱,2015.基于草原畜牧业产业链建设的牧民增收研究[D].兰州:兰州交通大学.

孙自保,孙前路,宋连久,等,2012.西藏草地资源保护中牧民行为策略研究[J].草地学报(5):805-811.

谭淑豪,2020.牧业制度变迁对草地退化的影响及其路径[J].农业经济问题(2):115-125.

涂友仁,1989.中国羊品种志[M].上海:上海科学技术出版社.

万伦来,麻晓芳,方宝,2008.淮河流域农业可持续发展能力研究——基于安徽淮河流域的经验证据[J].生态经济(3):84-87.

汪红梅,2011.社会资本变迁:我国农业技术扩散的新视角[J].农村经济(4):102-104.

汪红梅,余振华,2009.提高我国农业技术需求的有效途径——基于社会资本视角的分析[J].农村经济(10):86-88.

王国宏,张新时,2003.从生态地理背景论草地畜牧业产业在黄土高原农业可持续发展中的战略地位[J]. 生态学报（10）：2 017-2 026.

王浩, 刘芳, 2012. 农户对不同属性技术的需求及其影响因素分析——基于广东省油茶种植业的实证分析[J]. 中国农村观察（1）：53-64.

王建林, 常天军, 李鹏, 等, 2009. 西藏草地生态系统植被碳贮量及其空间分布格局[J]. 生态学报（2）：931-938.

王景旭, 齐振宏, 杨凡, 等, 2010. 农户对水稻主要技术需求及其影响因素的实证研究——以湖北省为例[J]. 农村经济（10）：32-36.

王丽佳, 刘兴元, 2016. 甘肃牧区草地退化影响因素分析——以甘南、肃南和天祝牧户为例[J]. 内蒙古农业大学学报（社会科学版），18（5）：12-17.

王美兔, 李迪强, 2017. 基于统计数据及111户牧户调查的藏北高原畜牧经济发展探析[J]. 山西农业大学学报（社会科学版）（12）：18-24.

王明利, 王济民, 谢双红, 2005. 北方牧区牧民保护与建设草地的行为分析[J]. 中国农村经济（12）：53-60.

王琪, 2007. 海洋管理从理念到制度[M]. 北京：海洋出版社.

王士权, 2017. 中国肉羊产业市场绩效研究[D]. 北京：中国农业大学.

王舒婷, 陈铁飞, 钟真, 2012. 我国畜产品供需状况与产业发展预测[J]. 重庆社会科学（4）：93-99.

王文智, 武拉平, 2013. 中国城镇居民肉类需求的单位价值弹性估计偏差研究[J]. 统计与信息论坛（8）：97-101.

王小鹏, 赵成章, 张海涵, 2015. 退牧还草区农牧民环境认知差异及其行为偏好[J]. 人民黄河（4）：94-97.

王学恭, 白洁, 赵世明, 2012. 草地生态补偿标准的空间尺度效应研究——以草原生态保护补助奖励机制为例[J]. 资源开发与市场（12）：1 093-1 095.

王雪娇, 肖海峰, 2017. 不同养殖模式下肉羊生产技术效率和全要素生产率分析[J]. 农业经济与管理（3）：90-98.

王娅, 张文波, 窦学诚, 2014. 基于钻石模型适用性的肃南县草地畜牧业竞争力培育[J]. 草业科学（3）：531-537.

王艳洁, 郑小贤, 2001. 可持续发展指标体系研究概述[J]. 北京林业大学学报（3）：103-106.

韦惠兰, 宗鑫, 2014. 草原生态补偿政策下政府与牧民之间的激励不相容问题——以甘肃玛曲县为例[J]. 农村经济（11）：102-106.

魏建洲, 刘彦平, 2015. 退牧还草博弈分析[J]. 中国草地学报（1）：1-6.

魏琦, 侯向阳, 2015. 建立中国草原生态补偿长效机制的思考[J]. 中国农业科学（18）：3 719-3 726.

魏学红，孙磊，2016. 草业政策与法规[M]. 北京：中国农业大学出版社.

吴春梅，邱豪，2011. 论乡村治理中的沟通网络[J]. 理论探讨（3）：151-154.

吴建尼玛，王月英，杨葆春，2008. 我国肉羊业生产现状与发展对策分析[J]. 中国畜禽种业（15）：13-14.

吴开松，2012. 社会资本与民族地区农村社会管理创新[J]. 华中师范大学学报（人文社会科学版）（2）：15-22.

夏茂林，王佺珍，白松，等，2011. 西藏日喀则高寒草甸鼠害动态研究[J]. 草业科学（3）：449-453.

夏晓平，李秉龙，2012. 中国肉羊产业发展特征、矛盾及对策[J]. 农业经济与管理（1）：54-63.

夏晓平，李秉龙，隋艳颖，2009. 中国肉羊生产的区域优势分析与政策建议[J]. 农业现代化研究（6）：719-723.

夏晓平，李秉龙，隋艳颖，2011. 中国肉羊产地移动的经济分析——从自然性布局向经济性布局转变[J]. 农业现代化研究（1）：32-35.

晓梅，2018. 内蒙古羊肉价格波动原因及其影响的经济学分析[D]. 呼和浩特：内蒙古师范大学.

邢纪平，柴军，刘芳，等，2009. 新疆牧民风险意识的调查研究[J]. 新疆农业科学（1）：191-196.

邢小强，薛飞，2010. 基于实物期权的新技术项目风险管理研究[J]. 科学管理研究（5）：98-101.

徐芳，郝庆升，2018. 黑龙江省肉羊养殖生产效率分析[J]. 黑龙江畜牧兽医（14）：12-15，246.

徐敏云，2014. 草地载畜量研究进展：中国草畜平衡研究困境与展望[J]. 草业学报，23（5）：321-329.

徐世艳，李仕宝，2009. 现阶段我国农民的农业技术需求影响因素分析[J]. 农业技术经济（4）：42-47.

许贵善，2013. 20~35kg 杜寒杂交羔羊能量与蛋白质需要量参数的研究[D]. 北京：中国农业科学院.

许荣，肖海峰，2019. 技术采用对畜牧业生产技术效率的影响效应分析——基于4省细毛羊养殖户的实证分析[J]. 中国农业大学学报（5）：214-223.

杨传喜，张俊飚，徐卫涛，2011. 农户技术需求的优先序及影响因素分析——以河南、山东等食用菌主产区种植户为例[J]. 西北农林科技大学学报（社会科学版）（1）：41-47.

杨开忠，1994. 一般持续发展论（上）[J]. 中国人口·资源与环境（1）：15-19.

杨其元，夏锋，2008. 百名"三农"专家对农村基本公共服务现状的看法[J]. 中国农村观察（3）：75-81.

杨松武，2013. 草原过度放牧的一个演化博弈分析[J]. 开发研究（4）：95-98.

杨小闽，2013. 激发廉政教育新活力研究[J]. 求实（S1）：44-45.

杨新玲，张静，柳婷婷，2017. 西藏农牧区贫困统计指标体系研究[J]. 西藏大学学报（社会科学版）（1）：184-190，206.

叶晗，2014. 内蒙古牧区草原生态补偿机制研究[D]. 北京：中国农业科学院.

尹春洋，白雪娟，2017. 宁夏肉牛养殖规模经营效率及其影响因素研究[J]. 黑龙江畜牧兽医（18）：22-25.

余红，李秉龙，2012. 新疆肉羊产业发展制约因素及对策研究[J]. 畜牧与饲料科学（1）：79-81.

袁久和，祁春节，2013. 基于熵值法的湖南省农业可持续发展能力动态评价[J]. 长江流域资源与环境（2）：152-157.

詹姆斯·科尔曼，1992. 社会理论的基础[M]. 北京：社会科学文献出版社.

湛志伟，2004. "公地悲剧"及其治理的博弈分析[J]. 经济评论（3）：49-52.

张翠娥，李跃梅，李欢，2016. 资本禀赋与农民社会治理参与行为——基于5省1 599户农户数据的实证分析[J]. 中国农村观察（1）：27-37.

张德鹏，2007. 我国肉羊产业面临问题与对策[J]. 畜牧兽医杂志（3）：74-75.

张广裕，2013. 自然资源与环境经济理论的演进述评[J]. 甘肃联合大学学报（社会科学版）（5）：26-34.

张红富，周生路，吴绍华，等，2009. 基于农业可持续发展需求的江苏土地资源支撑能力评价[J]. 农业工程学报（9）：289-294.

张蕾，2013. 牧民畜牧业技术需求状况与获取渠道分析——以内蒙古锡林郭勒盟为例[J]. 中国畜牧杂志（16）：17-22.

张莉，2018. 西藏岗巴羊产业发展思考与建议[J]. 西藏农业科技（4）：1-3.

张立中，2005. 肉羊生产及贸易趋势与中国牧区肉羊业[J]. 世界农业（3）：17-20.

张立中，王云霞，2004. 中国草原畜牧业发展模式的国际经验借鉴[J]. 内蒙古社会科学（汉文版）（6）：119-123.

张美艳，董建军，辛姝玉，等，2017. 锡林郭勒盟草原流转牧户的技术效率研究——基于 DEA-Tobit 模型的分析[J]. 干旱区资源与环境（11）：62-68.

张目，朱国亮，2004. 资源限制阻碍我国草原畜牧业研究[J]. 草业科学（1）：14.

张松荫，1985. 中国绵羊地方品种的形成探讨[J]. 中国养羊（1）：3-6.

张永泽，蒋柳艳，李瑾梁，2014. 企业可持续竞争力概念与内在机理分析[J]. 中国人口·资源与环境（S3）：375-379.

张正峰，吴沅箐，杨红，2013. 两类农村居民点整治模式下农户整治意愿影响因素比较研究[J]. 中国土地科学（9）：85-91.

张正河，2004. 中国牧区村庄决策权研究——以新疆和甘肃为例[J]. 管理世界（1）：71-81.

张志民，延军平，张小民，2007. 建立中国草原生态补偿机制的依据、原则及配套政策研究[J]. 干旱区资源与环境（8）：142-146.

赵成章，龙瑞军，马永欢，等，2005. 草地产权制度对过度放牧的影响——以肃南县红石窝乡的调查为例[J]. 草业学报（1）：1-5.

赵贯锋，余成群，苗彦军，等，2015. 西藏高原特色的草业科学技术体系构建与实践[J]. 西藏科技（3）：17-21.

郑宝江，2006. 环境梯度变化对松嫩草地有毒植物影响的研究[D]. 哈尔滨：东北林业大学.

郑广瑁，2016. 村委会选举公正程度、村干部行为与农村干群关系——基于对辽宁省 8 市 1205 个村民的问卷调查[J]. 中国农村观察（5）：37-50.

郑华伟，张文秀，周福星，等，2008. 阿坝州草地退化中的牧户行为分析——来自红原和若尔盖的调查[J]. 新疆农垦经济（9）：9-14.

郑玉铜，谢文宝，2016. 生态补偿机制下新疆牧民草地保护意愿研究[J]. 新疆农垦经济（2）：6-10,16.

中国科学院青藏高原综合科学考察队，1981. 西藏家畜[M]. 北京：科学出版社.

中国科学院西藏综合考察队，1964. 西藏那曲、日喀则、江孜地区畜牧业考察报告[M]. 北京：科学出版社.

周建华，杨海余，贺正楚，2012. 资源节约型与环境友好型技术的农户采纳限定因素分析[J]. 中国农村观察（2）：37-43.

周立华，樊胜岳，张明军，等，2001. 祁连山区草原畜牧业的可持续发展问题与发展模式[J]. 山地学报（6）：516-521.

周蕊, 2016. 巴彦淖尔市肉羊养殖现状及其成本收益比较研究[D]. 大庆: 黑龙江八一农垦大学.

周小平, 席炎龙, 钟玲, 2017. 农户耕地保护意愿影响因素研究[J]. 地域研究与开发 (1): 164-169.

周杨, 郝庆升, 李彩彩, 2017. 我国4种规模奶牛养殖生产要素配置现状及其优化研究——基于Translog-SFA的技术效率分析[J]. 中国畜牧杂志 (12): 119-124.

朱冰莹, 董佳, 沈明星, 郑建初, 2019. 基于能值分析的秸秆—羊—田循环系统生产效率与可持续性评估[J]. 农业工程学报 (6): 235-243.

朱美玲, 苗红萍, 海力且木·斯依提, 2013. 新疆牧区不同收入游牧民生产行为目标偏好差异性分析[J]. 中国农业资源与区划 (6): 37-42.

朱萌, 齐振宏, 邬兰娅, 等, 2015. 新型农业经营主体农业技术需求影响因素的实证分析——以江苏省南部395户种稻大户为例[J]. 中国农村观察 (1): 30-38.

朱玉春, 唐娟莉, 罗丹, 2011. 农村公共品供给效果评估: 来自农户收入差距的响应[J]. 管理世界 (9): 74-80.

朱哲, 李泓霏, 2018. 论新时代积极引导宗教与社会主义社会相适应问题[J]. 世界宗教研究 (4): 1-7.

AMANKWAH K, KLERKX L, OOSTING S J, et al., 2012. Diagnosing constraints to market participation of small ruminant producers in northern Ghana: An innovation systems analysis[J]. NJAS-Wageningen Journal of Life Sciences, 60: 37-47.

ANDERSON J A, 1984. Regression and ordered categoricalvariables [J]. Journal of the Royal Statistical Society. Series B (Methodological): 1-30.

ATHREYE S, GODLEY A, 2009. Internationalization and technological leapfrogging in the pharmaceutical industry[J]. Industrial and Corporate Change, 18 (2): 295-323.

BAULDRY S, XU J, FULLERTON A S, 2018. gencrm: A new command for generalized continuation-ratio models[J]. The Stata Journal, 18 (4): 924-936.

BOURDIEU P, 1986. The Forms of Capital. In handbook of theory and research for the sociology of education [M]. Westport: Greenwood Press.

CHEN Y, ZHU W, CHEN Z, et al., 2018. The determinants of mutton consumption-at-home in urban China using an IHS double-hurdle model[J]. British Food Journal, 120 (5): 952-968.

CHIPASHA H, ARIYAWARDANA A, MORTLOCK M Y, 2017. Smallholder goat farmers' market participation in Choma District, Zambia[J]. African Journal of Food, Agriculture, Nutrition and Development, 17 (1): 11 691-11 708.

DALY H E, 1990. Carrying capacity as a tool of development policy: the Ecuadoran Amazon and the Paraguayan Chaco[J]. Ecological Economics, 2 (3): 187-195.

DAVIS F D, BAGOZZI R P, WARSHAW P R, 1989. User acceptance of computer technology: a comparison of two theoretical models[J]. Management science, 35 (8): 982-1 003.

DING L, SHAO Z, ZHANG H, et al., 2016. A comprehensive evaluation of urban sustainable development in China based on the TOPSIS-Entropy method [J]. Sustainability, 8 (8): 746.

ELLIS J, GALVIN K A, 1994. Climate patterns and land-use practices in the dry zones of Africa[J]. BioScience, 44 (5): 340-349.

FERNANDEZ-GIMENEZ M E, ALLEN-DIAZ B, 1999. Testing a non-equilibrium model of rangeland vegetation dynamics in Mongolia[J]. Journal of Applied Ecology, 36 (6): 871-885.

GALLANT A R, NYCHKA D N, 1987. Semi-nonparametric maximum likelihood estimation [J]. Econometrica (55): 363-390.

GANI O, HOSSAIN E, 2015. Market participation decision of smallholder farmers and its determinants in Bangladesh[J]. Ekonomika poljoprivrede, 62 (1): 163-179.

GREEN D R, 1989. Rangeland restoration projects in western New South Wales [J]. The Rangeland Journal, 11 (2): 110-116.

HLONGWANE J J, LEDWABA L J, BELETE A, 2014. Analyzing the factors affecting the market participation of maize farmers: A case study of small-scale farmers in greater Giyani Local Municipality of the Mopani District, Limpopo Province[J]. African journal of agricultural research, 9 (10): 895-899.

HOPKINS D L, 2011. Processing technology changes in the Australian sheep meat industry: an overview[J]. Animal Production Science, 51 (5): 399-405.

KHANNA M, 2001. Sequential adoption of site-specific technologies and its implications for nitrogen productivity: A double selectivity model[J]. American Journal of Agricultural Economics, 83 (1): 35-51.

LEE L K, STEWART W H, 1983. Landownership and the adoption of minimum tillage[J]. American Journal of Agricultural Economics, 65 (2): 256-264.

LEVENTHAL G S, KARUZA J, FRY W R, 1980. Beyond fairness: A theory of allocation preferences[J]. Justice and social interaction, 3 (1): 167-218.

LIU X, 2014. Fitting stereotype logistic regression models for ordinal response variables in educational research (Stata) [J]. Journal of Modern Applied Statistical Methods, 13 (2): 528-545.

LIVERMAN D M, HANSON M E, BROWN B J, et al., 1988. Global sustainability: toward measurement [J]. Environmental management, 12 (2): 133-143.

LONG J S, FREESE J, 2006. Regression models for categorical dependent variables using Stata [M]. Texas: Stata Press Publication.

MADDEN T J, ELLEN P S, AJZEN I, 1992. A comparison of the theory of planned behavior and the theory of reasoned action[J]. Personality and social psychology Bulletin, 18 (1): 3-9.

MONTOSSI F, FONT-I-FURNOLS M, DEL CAMPO M, et al., 2013. Sustainable sheep production and consumer preference trends: Compatibilities, contradictions, and unresolved dilemmas [J]. Meat science, 95 (4): 772-789.

MÉREL P, HOWITT R, 2014. Theory and Application of Positive Mathematical Programming in Agriculture and the Environment[J]. Annu. Rev. Resour. Econ., 6 (1): 451-470.

PEACOCK C, SHERMAN D M, 2010. Sustainable goat production—Some global perspectives[J]. Small Ruminant Research, 89 (2-3): 70-80.

PETHICK D W, BALL A J, BANKS R G, et al., 2011. Current and future issues facing red meat quality in a competitive market and how to manage continuous improvement[J]. Animal Production Science, 51 (1): 13-18.

POPKIN S, 1980. The rational peasant [J]. Theory and society, 9 (3): 411-471.

RATNER B D, MEINZEN-DICK R, MAY C, et al., 2013. Resource conflict, collective action, and resilience: an analytical framework [J]. International Journal of the Commons, 7 (1): 183-208.

REES W E, 1992. Ecological footprints and appropriated carrying capacity: what urban economics leaves out[J]. Environment and Urbanization, 4 (2): 121-

130.

RIPOLL-BOSCH R, DÍEZ-UNQUERA B, RUIZ R, et al., 2012. An integrated sustainability assessment of mediterranean sheep farms with different degrees of intensification[J]. Agricultural systems, 105 (1): 46-56.

SAHIN A, YILDIRIM I, DENIZ A, et al., 2014. A comparative study on urban and rural households preferences of fresh mutton meat consumption (a case study in eastern region of Turkey-Heckman Model) [J]. British Food Journal, 116 (12): 1 897-1 908.

SOSSIDOU E N, LIGDA C, MASTRANESTASIS I, et al., 2013. Sheep and goat farming in Greece: implications and challenges for the sustainable development of less favoured areas[J]. Scientific Papers Animal Science and Biotechnologies, 46 (2): 446-449.

STERN P C, DIETZ T, GUAGNANO G A, 1995. The new ecological paradigm in social-psychological context [J]. Environment and behavior, 27 (6): 723-743.

STEWART M B, 2004. Semi-nonparametric Estimation of Extended Ordered Probit Models[J]. Stata Journal, 4 (1): 27-39.

THEODORIDIS A, RAGKOS A, ROUSTEMIS D, et al., 2012. Assessing technical efficiency of Chios sheep farms with data envelopment analysis[J]. Small Ruminant Research, 107 (2): 85-91.

UCHEZUBA I D, MOSHABELE E, DIGOPO D, 2009. Logistical estimation of the probability of mainstream market participation among small-scale livestock farmers: a case study of the Northern Cape province[J]. Agrekon, 48 (2): 171-183.

WORLEY T, ELLERMAN J, MANGIONE D, et al., 2004. Meat-goat Market Analysis: A Pilot Study of the Somali Market in Columbus, OH[J]. Journal of Food Distribution Research, 35 (1): 182-187.

WOZNIAK G D, 1993. Joint information acquisition and new technology adoption: late versus early adoption [J]. The Review of Economics and Statistics, 75 (3): 438-445.

ZHANG W S, LI F M, XIONG Y C, et al., 2012. Econometric analysis of the determinants of adoption of raising sheep in folds by farmers in the semiarid Loess Plateau of China[J]. Ecological Economics, 74: 145-152.